A EMERGÊNCIA DOS REMANESCENTES. QUILOMBO ÁGUA MORNA-PR

SUA MEMÓRIA ANCESTRAL E O CONFLITO AGRÁRIO NO TEMPO PRESENTE

Editora Appris Ltda.
1.ª Edição - Copyright© 2024 do autor
Direitos de Edição Reservados à Editora Appris Ltda.

Nenhuma parte desta obra poderá ser utilizada indevidamente, sem estar de acordo com a Lei nº 9.610/98. Se incorreções forem encontradas, serão de exclusiva responsabilidade de seus organizadores. Foi realizado o Depósito Legal na Fundação Biblioteca Nacional, de acordo com as Leis nos 10.994, de 14/12/2004, e 12.192, de 14/01/2010.

Catalogação na Fonte
Elaborado por: Dayanne Leal Souza
Bibliotecária CRB 9/2162

S237e 2024	Santos, Davi dos A emergência dos remanescentes. Quilombo Água Morna-PR: sua memória ancestral e o conflito agrário no tempo presente / Davi dos Santos. – 1. ed. – Curitiba: Appris, 2024. 347 p. : il. color. ; 23 cm. – (Coleção Ciências Sociais - História). Inclui referências. ISBN 978-65-250-6858-9 1. Ancestralidade. 2. Território. 3. Quilombo. 4. Liberdade. I. Santos, Davi dos. II. Título. III. Série.
	CDD – 306.089

Livro de acordo com a normalização técnica da ABNT

Appris
editora

Editora e Livraria Appris Ltda.
Av. Manoel Ribas, 2265 – Mercês
Curitiba/PR – CEP: 80810-002
Tel. (41) 3156 - 4731
www.editoraappris.com.br

Printed in Brazil
Impresso no Brasil

Davi dos Santos

A EMERGÊNCIA DOS REMANESCENTES. QUILOMBO ÁGUA MORNA-PR
SUA MEMÓRIA ANCESTRAL E O CONFLITO AGRÁRIO NO TEMPO PRESENTE

Appris
editora

Curitiba, PR
2024

FICHA TÉCNICA

EDITORIAL	Augusto Coelho
	Sara C. de Andrade Coelho

COMITÊ EDITORIAL

- Ana El Achkar (Universo/RJ)
- Andréa Barbosa Gouveia (UFPR)
- Antonio Evangelista de Souza Netto (PUC-SP)
- Belinda Cunha (UFPB)
- Délton Winter de Carvalho (FMP)
- Edson da Silva (UFVJM)
- Eliete Correia dos Santos (UEPB)
- Erineu Foerste (Ufes)
- Fabiano Santos (UERJ-IESP)
- Francinete Fernandes de Sousa (UEPB)
- Francisco Carlos Duarte (PUCPR)
- Francisco de Assis (Fiam-Faam-SP-Brasil)
- Gláucia Figueiredo (UNIPAMPA/ UDELAR)
- Jacques de Lima Ferreira (UNOESC)
- Jean Carlos Gonçalves (UFPR)
- José Wálter Nunes (UnB)
- Junia de Vilhena (PUC-RIO)
- Lucas Mesquita (UNILA)
- Márcia Gonçalves (Unitau)
- Maria Aparecida Barbosa (USP)
- Maria Margarida de Andrade (Umack)
- Marilda A. Behrens (PUCPR)
- Marília Andrade Torales Campos (UFPR)
- Marli Caetano
- Patrícia L. Torres (PUCPR)
- Paula Costa Mosca Macedo (UNIFESP)
- Ramon Blanco (UNILA)
- Roberta Ecleide Kelly (NEPE)
- Roque Ismael da Costa Güllich (UFFS)
- Sergio Gomes (UFRJ)
- Tiago Gagliano Pinto Alberto (PUCPR)
- Toni Reis (UP)
- Valdomiro de Oliveira (UFPR)

SUPERVISORA EDITORIAL	Renata C. Lopes
PRODUÇÃO EDITORIAL	Daniela Nazario
REVISÃO	Camila Dias Manoel
DIAGRAMAÇÃO	Andrezza Libel
CAPA	Mateus de Andrade Porfírio
REVISÃO DE PROVA	Jibril Keddeh

COMITÊ CIENTÍFICO DA COLEÇÃO CIÊNCIAS SOCIAIS

DIREÇÃO CIENTÍFICA   Fabiano Santos (UERJ-IESP)

CONSULTORES

- Alícia Ferreira Gonçalves (UFPB)
- Artur Perrusi (UFPB)
- Carlos Xavier de Azevedo Netto (UFPB)
- Charles Pessanha (UFRJ)
- Flávio Munhoz Sofiati (UFG)
- Elisandro Pires Frigo (UFPR-Palotina)
- Gabriel Augusto Miranda Setti (UnB)
- Helcimara de Souza Telles (UFMG)
- Iraneide Soares da Silva (UFC-UFPI)
- João Feres Junior (Uerj)
- Jordão Horta Nunes (UFG)
- José Henrique Artigas de Godoy (UFPB)
- Josilene Pinheiro Mariz (UFCG)
- Leticia Andrade (UEMS)
- Luiz Gonzaga Teixeira (USP)
- Marcelo Almeida Peloggio (UFC)
- Maurício Novaes Souza (IF Sudeste-MG)
- Michelle Sato Frigo (UFPR-Palotina)
- Revalino Freitas (UFG)
- Simone Wolff (UEL)

AGRADECIMENTOS

A Deus, por ter concedido o dom da vida e por me proporcionar condições de saúde para que eu pudesse desenvolver sem grandes dificuldades esta obra.

A minha família, pela compreensão de que era preciso me envolver com a pesquisa, por várias vezes me distanciando de casa e do convívio para melhor me concentrar e refletir sobre os caminhos a serem seguidos no dia a dia de pesquisa.

Um agradecimento especial ao meu orientador Prof. Dr. Roger Domenech Colacios, pelo exemplo de humanidade e pelo profissionalismo, pela indicação das bibliografias, pelas leituras atentas dos capítulos escritos, pelas sugestões e críticas tão fundamentais para o amadurecimento enquanto pesquisador e enquanto pessoa, pelos momentos de aprendizagem durante a escritura desta obra.

À comunidade Água Morna, por ter me recebido durante os dias em que permanecia conversando com membros a respeito de suas histórias de vida, suas angústias e seus anseios, especialmente por ter me proporcionado momentos riquíssimos de aprendizagem, de convivências, de visão de mundo, o meu muito obrigado.

*Nenhum poder na Terra é capaz de deter
um povo oprimido,
determinado a conquistar sua liberdade.*

(Nelson Mandela)

PREFÁCIO

O ano era de 1997. No auditório da APP-Sindicato de Curitiba, acontecia uma reunião com alguns professores e lideranças do movimento social negro sobre um tema que poucas vezes rondou aquele espaço. A denúncia era grave! Famílias negras estavam acampadas à beira da estrada, na região de Guarapuava. Resistiam às ameaças por reivindicarem o direito às terras herdadas pelos antepassados, após o período de escravização. Foi uma das primeiras vezes que ouvimos a informação de que, no estado do Paraná, havia uma comunidade quilombola. O presidente da APP-Sindicato na época, o professor Romeu Gomes de Miranda, e os demais presentes na reunião tiveram a ideia de criar um comitê de apoio à comunidade negra Invernada Paiol de Telha. Um vídeo feito na época denunciou a situação daquelas famílias para todo o país.

Ouso dizer que esse foi um momento significativo para um processo, mesmo que lento, de retirada da invisibilidade das comunidades negras quilombolas do Paraná. De lá para cá, muitas outras lutas se sucederam. Em 2004, é criado, pelo Governo do Estado do Paraná, o Grupo de Trabalho Clóvis Moura (GTCM), que pela primeira vez iniciou um levantamento das comunidades remanescentes de quilombo do estado. Chegou a mapear mais de 80 comunidades. Hoje, 48 destas já conquistaram o reconhecimento como comunidade quilombola pela Fundação Palmares. Infelizmente, apenas uma, coincidentemente o quilombo Paiol de Telha, conseguiu a titulação das terras, após anos de luta e demandas judiciais.

Vinte e seis anos depois daquela noite histórica, sou presenteado com a leitura da pesquisa do amigo, professor e pesquisador Davi dos Santos. O livro *A Emergência dos Remanescentes. Quilombo Água Morna-PR: Sua memória ancestral e o conflito agrário no tempo presente* é resultado da dissertação apresentada ao Programa de Pós-Graduação em História da Universidade Estadual de Maringá; é, sem sombra de dúvidas, um registro histórico construído de pesquisas e, especialmente, de depoimentos carregados de vivências, dores, sonhos e esperanças de sujeitos históricos que constroem no dia a dia a utopia da justiça social e racial. Por meio das experiências, do histórico de lutas, da dinâmica social do quilombo Água Morna, o livro apresenta um panorama da resistência quilombola no Paraná e no país. As dinâmicas sociais e os desafios vividos dentro do seio da comunidade, a manutenção dos valores ancestrais pelos mais novos, a religiosidade, a relação com o mundo do trabalho, o processo educativo e a forma de produção presentes na obra são dimensões que, com certeza, permeiam as comunidades quilombolas em todo o território nacional.

O quilombo Água Morna está localizado no município de Curiúva, Paraná. Tive o prazer de visitá-lo no início dos anos 2000. Foi uma experiência marcante de pertencimento e autoconhecimento. Vi minha ancestralidade refletida no espelho. O livro do Davi, além de um minucioso registro histórico, faz-nos aproximar de uma realidade pouca conhecida pela maioria dos brasileiros; e, especialmente, permite-nos aproximar de nossas raízes identitárias, culturais e políticas. A comunidade de Água Morna foi constituída no fim do século XIX, pelo casal Maria Benedita de Jesus e Maurício Carneiro do Amaral, que, em fuga, estabeleceram na região um espaço de resistência e de reorganização de vida. Segundo laudo antropológico realizado pela Dr.ª Liliana de Mendonça Porto, da Universidade Federal do Paraná, em convênio com o Instituto Nacional de Colonização e Reforma Agrária (Incra), o território quilombola estendia-se por cerca de 480 alqueires. Hoje, limita-se a apenas 12 alqueires.

Este dado nos revela que a constituição, o desenvolvimento e a organização social das comunidades quilombolas se inserem nos conflitos agrários e nas disputas por terras. A expropriação das terras quilombolas é uma triste realidade vivenciada em todo o país. Assim, o clamor pela aceleração da titulação das terras das comunidades quilombolas é uma das principais reivindicações do movimento social negro.

Cabe destacar do livro a valorização da oralidade, dos depoimentos pessoais e coletivos como fonte de informação. As entrevistas com os moradores da comunidade de Água Morna são primorosas. Dessa forma, o autor permite-nos conhecer a história por intermédio de sujeitos concretos, fugindo, assim, de uma história contada por elites econômicas ou, como diriam alguns estudiosos, contada pelos "vencedores".

O livro está dividido em três capítulos principais. O capítulo 2, baseado na experiência histórica do quilombo de Palmares, faz um resgate sobre o processo de aquilombamento e a importância desse processo para a construção da teia social, econômica e política do país. Nesse capítulo vamos conhecer, também, outros quilombos marcantes, como o de Ambrósio, em Minas Gerais. No capítulo seguinte, valendo-se do processo de constituição e consolidação do território da comunidade quilombola Água Morna, o autor insere com maestria o processo de titulação e regularização fundiária das terras quilombolas dentro do quadro geral da questão agrária do Brasil. Neste capítulo, o leitor é levado a um conhecimento minucioso do território e da comunidade de Água Morna. E, por fim, no capítulo 4, temos uma atualização do processo de luta pela titulação dos territórios quilombolas no Brasil e, especialmente, no Paraná.

O livro é um registro histórico brilhante sobre a importância do processo de aquilombamento para a constituição do país, e dos desafios que as comunidades quilombolas enfrentam. Além disso, abre janelas, horizontes e novos roteiros de estudos. As referências apresentadas na obra pelo autor são extremamente relevantes. E, como diz o Davi, a titulação de Água Morna e dos demais territórios quilombolas extrapola a dimensão fundiária. Esse processo "[...] é fundamental para a manutenção de um modo de vida, da reprodução de seus costumes, memórias e ancestralidades" (p. 336). Segundo os estudos marxistas, o ser humano é resultado de suas circunstâncias e de suas múltiplas relações. O processo de escrita do livro do Davi corrobora esta visão. No livro, está transparente o Davi constituído de sua ancestralidade negra; o Davi professor de sala de aula; o Davi militante social movimento negro; o Davi pai e esposo; e o Davi pesquisador. A convergência destas determinações, complexas como a vida, faz do livro uma síntese de vida, de aprendizado e de conhecimentos. Esse olhar para a história, brilhantemente presente no livro, apaga silêncios históricos, resgata traços fundamentais da contribuição negra para a construção da sociedade brasileira, joga luzes de esperança, e energiza as lutas pela reconstrução de um país ainda marcado pelos traços da escravização e naturalização das desigualdades sociais e raciais.

Dezembro. Aos poucos as portas de 2023 vão se fechando. Como uma das últimas atividades do ano, lisonjeado e emocionado, finalizo a escrita do prefácio do livro, que, com certeza, contribuirá muito para o conhecimento e a reflexão sobre a realidade que vivem as comunidades quilombolas em nosso país. Um livro que trará substratos importantes para a elaboração e implementação de políticas públicas necessárias para a construção de um país justo, democrático e solidário. E, por fim, latejam as lembranças daquela reunião em 1997. Realmente, a jornada da vida é construída no dia a dia por sujeitos concretos. O livro do Davi é um presente para a história. Insere-se no contexto de visibilização da luta das comunidades negras no Paraná e no país. Esse esforço acadêmico é parte de uma luta ancestral.

Boa leitura!

Luiz Carlos Paixão da Rocha
Mestre em Educação pela Universidade Federal do Paraná

LISTA DE SIGLAS

ADCT	Atos das Disposições Constitucionais Transitórias
AGU	Advocacia-Geral da União
CF	Constituição Federal
CDR	Comitê de Decisão Regional
CRD	Conselho Regional de Defesa
CPT	Comissão Pastoral da Terra
DOU	Diário Oficial da União
EFSPRG	Estrada de Ferro São Paulo-Rio Grande
FCP	Fundação Cultural Palmares
FPCI	Fundação Paranaense para Colonização e Imigração
Funai	Fundação Nacional do Índio
GT	Grupo Técnico
GTCM	Grupo de Trabalho Clóvis Moura
Ibama	Instituto Brasileiro de Meio Ambiente
Incra	Instituto Nacional de Colonização e Reforma Agrária
Iphan	Instituto do Patrimônio Histórico e Artístico Nacional
MNU	Movimento Negro Unificado
MST	Movimento dos Trabalhadores Sem Terra
PEL	Parque Estadual das Lauráceas
RDS	Reserva de Desenvolvimento Sustentável
RTID	Relatório Técnico de Identificação e Delimitação
Seed	Secretaria de Estado da Educação

Snuc	Sistema Nacional de Unidades de Conservação
STAS	Secretaria do Trabalho e Ação Social
TQ	Território Quilombola
UCPEL	Unidade de Conservação do Parque Estadual das Lauráceas
UFPR	Universidade Federal do Paraná

SUMÁRIO

1
INTRODUÇÃO 19
   O contexto da pesquisa e o primeiro contato com o grupo 23
   Dos registros em diário de campo 25
   Caminhos da pesquisa na comunidade 26
   Segunda visita, entre os dias 20 e 21 de novembro de 2021: as entrevistas 28
   A percepção dos "de fora" sobre a comunidade 30

2
QUILOMBOS: ASPECTOS HISTÓRICOS, SOCIOLÓGICOS E JURÍDICOS 35
   2.1 Quilombos: panorama histórico 35
   2.2 As origens do quilombo em África 42
   2.3 Quilombos e mocambos: conceituação dos termos no Brasil 49
   2.4 Economia nos quilombos 51
   2.5 As fugas como movimento de luta política e social 57
   2.6 O quilombo como protesto social 66
   2.7 Escravismo e liberdade 70
   2.8 A guerra e a dinâmica das deserções 71
   2.9 Quilombos urbanos 79
   2.10 Quilombos no contexto do tempo presente 82
   2.11 Água Morna, delimitação territorial: perspectiva de titulação 88
   2.12 Água Morna e Palmares: semelhanças e diferenças 90
   2.13 O quilombo no contexto da luta por reconhecimento jurídico/político 94
   2.14 Quilombos no contexto da Assembleia Nacional Constituinte e ancestralidade ... 102
   2.15 O quilombo ressemantizado no contexto político 107
   2.16 Decreto Presidencial 4.887/2003 110
   2.17 Demarcação de território quilombola para além de questões jurídicas 117
   2.18 Quilombos: território e processo político 119
   2.19 O processo de expropriação da comunidade Água Morna 129

3
FRONTEIRA AGRÍCOLA NO BRASIL, SÉCULO XX: A TERRA COMO MERCADORIA 137
   3.1 Paraná, um caso intrigante de conflito agrário 137

3.2 A estrutura fundiária no Brasil: contexto histórico...................................137
3.3 Fronteira agrícola em expansão no Norte do país, o campesinato e a terra...... 143
3.4 Conceição do Araguaia, arranjos jurídicos e fundiários.......................... 145
3.5 Reforma agrária vs. uso privado da terra, coronelismo, especulação imobiliária e assassinato no campo .... .152
3.6 A inserção da comunidade Água Morna na estrutura fundiária no contexto do município de Curiúva 159
3.7 Sobre o relatório antropológico da comunidade quilombola de Água Morna.... 164
3.8 Água Morna, processos de expropriação territorial............................... 166
3.9 As últimas décadas de expropriação .... .174
3.10 Do procedimento de reconhecimento jurídico de territórios quilombolas pelo Estado brasileiro .... .176
3.11 A percepção de Água Morna sobre o relatório antropológico .... .181
3.12 O monge São João de Maria: origem e trajetória pelo Sul do Brasil............. 185
3.13 João Maria, a passagem por Água Morna: território e catolicismo .... .187
3.14 Festas religiosas na comunidade Água Morna 198
3.15 Membros da comunidade 199
3.16 Informações socioeconômicas 199
3.17 A questão fundiária em Água Morna .... .200
3.18 Comunidade Água Morna: terra e trabalho .... .211
3.19 Hierarquia racial, jovens quilombolas, mundo do trabalho e perspectiva ...... .213
3.20 Expansão do eucalipto, territorialização de empresas de papel celulose e desterritorialização parcial da comunidade Água Morna...................................... 222
3.21 Projeto modernizador: o campesinato negro e pressão agrária sobre o território de Água Morna.. 232
3.22 A questão da terra no Paraná: colonização dirigida do Noroeste............... 246
3.23 Comunidades quilombolas no Brasil, terra e trabalho 259

4
COMUNIDADES NEGRAS EM MOVIMENTO: A LUTA PELA TERRA .... .265
4.1 Quilombos no Paraná: processo de identificação pelo GTCM..................... 265
4.2 Comunidade quilombola Serra do Apon .... .271
4.3 Comunidade quilombola Despraiado.. 272
4.4 Comunidade Palmital dos Pretos 273
4.5 Comunidade quilombola Areia Branca.. 273
4.6 Sobre a densidade demográfica das comunidades no Paraná..................... 274
4.7 Comunidade Paiol de Telha, um caso de disputa judicial: o retorno para o território.. .275

4.8 O caso da comunidade negra João Surá, no Vale do Ribeira 284
4.9 O trabalho... 291
4.10 Sobre a titulação coletiva das terras quilombolas 292
4.11 Quilombos no Brasil identificados até o ano 2000............................ 294
Região Nordeste... 297
Região Centro-Oeste..306
Região Sudeste..309
Região Sul 313
4.12 Quilombos identificados e certificados a partir de 2003: trabalho e dimensão econômica.. 316
4.13 O quilombo Rosa: economia e trabalho 317
4.14 Quilombo São José da Serra, Valença, Rio de Janeiro..........................320
4.15 O quilombo Mocambo, Sergipe.. 323
4.16 A questão fundiária e o trabalho...329

CONSIDERAÇÕES FINAIS..333

REFERÊNCIAS 337

INTRODUÇÃO

Depois de muito estudo e muita análise de fontes, concluiu-se mais uma etapa importante. Nesse percurso fizemos alguns deslocamentos, de mais de 400 km, em direção ao município de Curiúva para entrevistar os membros da comunidade Água Morna. Foram muitas noites e madrugadas, feriados, fins de semanas, enfim, muitas horas de pesquisa e de dedicação até a conclusão desta obra. Foi nessa toada que chego ao fim de uma importante fase da vida pessoal e profissional, pois concluir com êxito este trabalho é muito importante, especialmente para um afrodescendente, tendo em vista que nem sempre as universidades públicas foram espaços democráticos, e, quanto a isto, falta um longo caminho a ser percorrido. Não obstante, a conclusão deste livro na área da história, no que se refere a comunidades quilombolas, é gratificante: quanto a isto, não restam dúvidas.

Além da história oral e do território tradicional de Água Morna como fonte principal, realizou-se uma análise da historiografia sobre a formação dos quilombos no Brasil colonial, sobretudo tendo Palmares como representação política e simbólica no processo de rebeldia contra o escravismo, e, na atualidade, que serve como modelo de luta em defesa da terra. A análise de fontes permitiu-nos pensar na historicidade e na relação de comunidades negras com o passado, no que concerne à resistência enquanto comunidades quilombolas como sujeitos históricos que buscam o direito de viver no seu território ancestral. Jeferson Vaz Martins (2019, p. 30) referiu-se à história oral da seguinte forma:

> A História Oral se tornou muito importante na América Latina, nos finais do Século XX, para a pesquisa histórica, pois incluiu novas possibilidades de pesquisas, em que não somente os "grandes acontecimentos" da História Positivista eram importantes para análise. Com este espaço novo conquistado para a produção de historiografias, a partir dos pressupostos da História Oral, novas discussões entram em cena, como a história de vida de sujeitos excluídos pela

historiografia clássica, sobretudo trabalhadores pobres, negros, indígenas, mulheres, operários, exilados, parte formadora da sociedade cuja voz não interessava à História.

O contato com a comunidade estabelecido por meio da oralidade deu uma dimensão fundamental para que se pudesse conhecer o grupo, assim como para identificar as angústias, a história, a sua visão de mundo, que elementos contém o discurso, que expectativas alimentam sobre o futuro, e, fundamentalmente, para pensar como que lidam com ancestralidade, tendo em vista a reconquista do território expropriado.

Não obstante, em se tratando da revisão bibliográfica, Clóvis Moura, em seu clássico *Rebeliões da senzala*, publicado em 1988, parte de uma interpretação marxista a respeito dos estudos sobre os quilombos. A obra de Moura vai no sentido contrário da perspectiva segundo a qual poderia existir uma relação benevolente entre os escravizados e os senhores de engenho. Nesse sentido, interessa observar que o estudioso tenta fazer uma análise não de coisificação dos escravizados, mas buscar o resgate do papel ativo dentro da estrutura do Brasil colonial. É importante pensar quais foram as táticas de resistência que os negros desenvolviam quando negavam a escravização. As fugas, o banzo, as rebeliões são sinais claros de que eles não se contentavam com a vida à qual eram submetidos. O que está em jogo é a criação de uma vida alternativa a essa da escravização colonial, longe das humilhações do cativeiro. O modo de produção escravista, reza o autor, era um componente de contradição entre escravizados e senhores de escravos, a contradição sendo a mola propulsora da dinâmica do conflito. Por outro lado, ainda que tais contradições sejam visíveis, existe uma tendência em amaciar teórica e politicamente os antagonismos existentes, quando se nota que

> [...] há uma tendência de cunho liberal de subestimar o conflito e dar mérito a acomodação por parte da massa escrava, vendo-se nisso uma estratégia de escravo (em abstrato) que procurava criar um espaço social, cultural e econômico próprio no qual a convivência com o seu senhor era conseguida através de um pacto, um acordo implícito negociado no qual as contradições eram assinaladas e substituídas pela convivência, se não harmônica pelo menos consensual. (MOURA, 2014, p. 37).

Em Reis (1996), o modelo de Palmares é o mais emblemático quando se trata da concepção de liberdade. Este se encontra fora da ideia de quilombo como lugar de negros fugitivos, longe da casa-

-grande. Sua lógica existencial é complexa. Por óbvio, mesmo diante de sua organização, não estava no horizonte a destruição do sistema escravagista, mas a possibilidade de viver em liberdade, tendo parcialmente ainda as lembranças da África como referência de organização cultural, política e social. Por outro lado, é difícil afirmar que os escravizados reproduziram de forma consciente as suas ações no ensejo da consciência de classe. O que é patente, no entanto, é que nos últimos 30 anos os historiadores começaram a ampliar seus horizontes de investigação à luz do marxismo, dando mais atenção aos estudos sobre a escravização fora do Brasil, ao mesmo tempo mantendo uma metodologia mais interdisciplinar e tendo a antropologia e a sociologia como uma possibilidade de ampliar o olhar de interpretação historiográfica acerca dos quilombos (REIS, 1996). Neste caso, Clóvis Moura traz uma perspectiva marxista como caminho teórico de interpretação dos quilombos, especialmente dando visibilidade às fugas e colocando os negros como agentes políticos em oposição à ordem colonial. Há, então, uma espécie de divergência de analítica.

Em Abdias do Nascimento (2002) os quilombos, especialmente Palmares, devem ser analisados em um sentido histórico, de resistência, negando sempre o processo de escravização como tal, qualificando os escravizados como rebeldes. Esse autor foca a questão racial como pano de fundo. Isto quer dizer que somente a questão de ordem econômica não explica por completo a dinâmica das lutas escravas. Pairam sobre isso as relações raciais como imperativo de conflito. Informa ele que, onde houve escravidão em países da América, ela foi assentada em uma supremacia branca, baseada em uma espécie de arianismo de pureza racial que se autodenominou como classe abastada, "[...] uma supremacia tão bem estruturada do ponto de vista de ter podido permanecer livre de um desafio radical durante todas as transformações sócio-políticas pelas quais tem passado a nação" (NASCIMENTO, 2002, p. 36).

Reis (1996) destaca que os rituais, aspectos simbólicos da vida em sociedade, refletem esse novo olhar sobre a historiografia, que tem preocupação central com os documentos, e não mais partindo tão somente das análises historiográficas. Para o autor, o movimento quilombola tem caráter dinâmico e multifacetado; por isso, deve ser observado em detalhes. É certo que tal ampliação metodológica advém dessas preocupações em compreender a dinâmica desses agrupamentos humanos que se constituíram diante da escravização. Estudos por meio da história do tempo presente, como fontes manuscritas e orais, ampliam os caminhos a serem percorridos quando se trata das interpretações relacionadas a esse período. No Brasil e nas Américas, os quilombos estabeleceram formas mais didáticas de negar a escravização.

A primeira investida contra Palmares deu-se no alvorecer do século XVII, no ano de 1612, o que demonstra a importância que ocupava na vida social brasileira, na medida em que as rebeliões expunham as contradições do sistema escravagista em voga. Apesar das investidas do exército colonial português, Palmares expandiu-se até o ano de 1640. Desafiando o poder instituído, constituía-se permanentemente em uma ameaça. De 1670 a 1687, foram várias as tentativas de destruição com ataques permanentes. Na ocasião de posse em 1674, o então governador de Pernambuco, Pedro de Almeida, externou a sua vontade de destruir Palmares. Em 1676, Fernão Carrinho liderou uma expedição contra o quilombo. Entre os anos de 1679 e 1692, foram constantes as incursões direcionadas a este. Gonçalo Moreira em 1679, André Dias em 1680, Manoel Lopes em 1682, Fernão Carrilho em 1683, e João Freitas em 1684. Como se vê, todas as tentativas foram frustradas (REIS, 1996). Muito embora se tenha muitas interpretações a respeito, passando de observações culturalistas a marxistas, o fato é que esse quilombo ainda desafia a historiografia.

Tudo indica que as forças coloniais não tinham condições de enfrentar o complexo de aquilombamento que compunha Palmares. Muitos esforços fracassaram, e a indústria açucareira entrou em um período de declínio e estagnação. Apesar dos estudos realizados, ainda estão sem uma interpretação substancial, em muitos aspectos culturais e políticos. A nosso ver, cada um a seu modo, o pensamento de Abdias Nascimento (2002), Clóvis Moura (1988), Florestan Fernandes (2007) e João José Reis (1996) é o que teoricamente mais dá conta de elucidar tal fenômeno. Isto se dá, em parte, pela sua grandeza e complexidade de organização e pela falta de fontes capazes de lançar um olhar sobre esse passado, ainda em aberto na história brasileira. Influências africanas, ameríndias e europeias permanecem como uma incógnita. Etnicidade, vida cultural, geografia, território, assentamento da comunidade têm muito a contribuir com a historiografia, são elementos de compreensão de uma realidade pouco conhecida.

O contexto da pesquisa e o primeiro contato com o grupo

As inquietações a respeito do silenciamento da história da África no ambiente escolar permearam a nossa prática pedagógica desde o primeiro contato com estudantes da rede estadual de ensino, na condição de docente ao longo de quase duas décadas. Portanto, há uma urgência de pensar outras formas de epistemologias que possam garantir maior pluralidade quanto aos conteúdos abordados no currículo escolar. Nunca é demais reafirmar as exigências contidas na Lei 10.684/2003, quando assegura a obrigatoriedade de se trabalhar História da África e Cultura Afro-Brasileira nos sistemas de ensino em todo o país.

A militância no movimento social negro possibilitou-nos participar de debates, congressos, seminários e conferências nacionais e estaduais de combate ao racismo e de debates em instâncias sindicais dentro e fora do Paraná, o que permitiu ampliar a percepção do racismo e seus mecanismos de controle sobre o corpo negro. O amadurecimento prático e teórico adveio desse valoroso processo. Nesse rico processo de aprendizagem, aconteceram acalorados debates acerca do tema, o que foi de uma enorme importância.

Movido pela curiosidade em conhecer o laudo antropológico, logo nos encaminhamos ao escritório do Instituto Nacional de Colonização e Reforma Agrária (Incra) no centro de Curitiba, onde foi protocolada a solicitação. Em 15 dias, estava com o documento em mãos, dando seguimento à pesquisa de conclusão de curso de especialização. O interesse por estudar comunidades quilombolas veio da atenta leitura desse relatório antropológico para fins de processo de demarcação territorial de Água Morna, cujo trabalhos na comunidade foram coordenados pela professora doutora Liliana de Mendonça Porto, da Universidade Federal do Paraná (UFPR), em convênio com o Incra. A leitura atenta desse documento fez perceber que a questão da expropriação territorial também deriva do racismo vivido por grupos quilombolas.

Considero que a participação em congressos, dentro e fora do estado do Paraná, sobre a temática racial e as leituras realizadas ao longo de mais de uma década contribuíram para a ampliação epistemológica, metodológica e política deveras importante na minha formação. Nesse sentido, pude ampliar as leituras de intelectuais negros por vezes desprezados pela historiografia oficial.

O primeiro contato com a comunidade foi previamente articulado com a ajuda de Edmundo, dirigente sindical militante do movimento negro. Primeiro, porque o contato com o laudo aguçou a curiosidade em conhecer de fato o que é um território tradicional, afinal estava prestes a conhecer sujeitos sociais desprovidos/as de direitos básicos e cujas memórias foram registradas no laudo. Viagem longa, de cerca de 420 km. Saímos de nossa residência às 2 h 30 min da madrugada, para retornarmos no mesmo dia no período da tarde.

No quilombo, nem eu nem Edmundo Silva Novais, liderança do movimento negro e dirigente sindical, estávamos em um lugar estranho. Para nós, um misto de alegria e emoção, pois os personagens ali presentes compartilhavam algo em comum, os nossos ancestrais. Sabíamos que estávamos iniciando uma pesquisa em um território de conflito agrário. Os desafios e as responsabilidades são imensos, de todos os pontos de vista. A nossa preocupação era de um possível estranhamento por parte da comunidade. No entanto, isto não ocorreu em nenhum momento durante o transcorrer da pesquisa em campo. Sempre tive o cuidado de não me colocar em posição verticalizada, ainda que a condição o impusesse, mas de uma pessoa que estava ali para aprender com a comunidade, muito embora soubesse que pairava a hierarquia de uma pesquisa científica.

Nesse primeiro contato, não demorou muito para que pudesse perceber o desejo de fala emanado dos quilombolas/as. Não era para menos, já haviam tido contato com pesquisas. As declarações dadas por eles/as remontam-se a um desejo de falar. Como já conheciam Edmundo, as conversas eram na sua maioria dirigidas a ele. Eu, então, adotei uma estratégia de observação nesse primeiro momento. Intentava saber as relações estabelecidas, as falas, os gestos, as angústias vividas, as alegrias, a religião, as festas, sobretudo os vínculos com o território.

Cada uma das visitas era única, particular. Parecia que tudo era novo. No regresso, era difícil sair do mesmo jeito. As aprendizagens acumuladas eram ímpares. Meus olhares sobre a imensidão da terra tomada, as diversas culturas, os eucaliptos, os pinos, atividades essas de exploração econômica do território, davam a dimensão das fragilidades em que se encontrava o grupo. No trajeto de 12 km da cidade de Curiúva em direção a Água Morna, Edmundo, como já conhecia o processo de luta da comunidade, ia narrando onde começava o território, e a mim cabia a observação atenta. Naturalmente, um misto de sentimentos vai tomando contato com o observador. Em diversos pontos do território expropriado, pedi para que parássemos para que eu fizesse registros de fotos.

Diante das adversidades, foi possível ver que a cada visita se configurava uma aprendizagem consistente e humanizadora diante de sujeitos históricos vilipendiados de direitos elementares, mas que, ainda assim, a cada dia buscam forjar um jeito para ressignificar a própria vida assente em valores dos ancestrais.

Dos registros em diário de campo

Em campo no território quilombola, partiu-se dos apontamentos feitos por Gisely Pereira Botega (2006, p. 22) quando afirma que o ato de "observação participante" se faz fundamental em pesquisa de campo. Essa técnica, além de ser um instrumento importante para perceber os pesquisados/as como sujeitos, dá a possibilidade de horizontalizar as relações. Outro ponto importante é o uso do diário de campo para fazer anotações de informações fornecidas pela comunidade. Para a autora, o diário de campo é importante por diversas razões,

> [...] primeiro, deve ter uma função catártica, deve ser privado, somente o pesquisador deve lê-lo e relê-lo. A segunda função é empírica, é preciso anotar tudo que chamar a atenção durante o processo de observação. A terceira função do diário é analítica e reflexiva, é necessário reler as anotações que foram feitas e problematizá-las. O diário de campo é também o espaço para escrevermos nossas angústias e preocupações. (BOTEGA, 2006, p. 22).

Além da história oral, foi possível partir dos registros em diário de campo. Nesse sentido, pudemos anotar os relatos dos/as participantes, vivenciar o campo, sentir as angústias da comunidade, seus anseios, suas expectativas diante da possibilidade da conquista do território. A autora pontua que é preciso construir uma relação com os sujeitos. A fim de preservar a veracidade da fonte, foi tomado o cuidado de relatar no diário de campo as informações de acordo com o que foi narrado pelos depoentes. Esse método se faz importante para o pesquisador, pois as partes das narrativas podem identificar se o grupo tem interesse em promover os seus relatos. Entendemos que essa relação entre ambos traz efeitos positivos na formulação da pesquisa, em uma concepção horizontal. Nesse sentido, reafirma-se que o diário de campo auxiliou até mesmo a história oral, outro importante método de pesquisa utilizado. Isso porque, desde o primeiro contato com a comunidade, as narrativas emergiram de forma espontânea, e o não registro no diário acarretaria uma perda para a nossa pesquisa (BOTEGA, 2006).

Caminhos da pesquisa na comunidade

Pretende-se apontar a metodologia utilizada na pesquisa, que se considerou importante para demonstrar os caminhos percorridos, as dificuldades e angústias encontradas no percurso da pesquisa em campo, o primeiro contato com o grupo, a melhor maneira de abordagem, a interação participativa e menos vertical possível.

A priori, sem ter tido antes nenhum contato com o grupo, elaboramos um questionário com cerca de 20 perguntas a membros da comunidade. No entanto, quando da primeira visita, foi possível perceber que não era possível seguir adiante com tais perguntas, rigidamente estabelecidas. As perguntas foram reelaboradas de acordo com o que ouvi das conversas informais registradas em diário de campo. Com base na própria dinâmica de pesquisa, optou-se por afastar-se de perguntas escritas previamente em um papel e que pudessem interferir na relação com a comunidade. As cerca de 30 questões feitas são frutos do que ouvimos previamente, o que nos redirecionou acerca das intervenções de história oral. Para nós, a relação horizontal superou esse método, pode-se dizer, mais engessado de questionário, o que não quer dizer que perguntas não foram feitas. Durante a interação e no momento das entrevistas, as perguntas foram feitas de acordo com o que se percebeu como importante pelas conversas "informais" estabelecidas desde o primeiro contato.

A dinâmica do grupo determina os encaminhamentos metodológicos. Em outras palavras, a informalidade ocasionada pela ausência de questionário foi uma experiência importante em se tratando da questão metodológica. O contato horizontalizado com o devido registro dos relatos em diário de campo, e oportunamente a história oral gravada em dispositivos eletrônicos, deu-nos possibilidade de um ambiente mais integrado e mais harmônico com o grupo em questão. A tudo o que foi questionado, a comunidade respondeu satisfatoriamente (SANTOS, 30 out. 2021, dados da pesquisa).

O contato com a comunidade Água Morna deu-se nas mediações de seu território, respectivamente nos dias 30/10/2021, 31/10/2021, 20/11/2021, 21/11/2021 e 11/12/2021. Fomos bem tratados todas as vezes em que estivemos lá. O grupo já havia tido experiência com pesquisa, quando dos estudos relacionados à escritura do laudo antropológico, o que contribuiu para que dessem respostas à pesquisa. Durante as 13 entrevistas que fizemos, deixamos claro para todos/as que as respostas seriam dadas de forma absolutamente livre. Se alguém se sentisse constrangido, que estivesse à vontade para não responder. Foi assim durante todo o processo. Contudo, nenhuma pergunta feita ficou sem resposta. Houve interação entre o pesquisador e os/as pesquisados/as.

Para evitar quaisquer problemas de natureza ética, frisa-se aqui que todas as entrevistas foram devidamente consentidas por todos/as, sem exceção. Levamos o termo de livre consentimento de entrevista, que se refere ao esclarecimento quanto aos procedimentos e objetivos, à finalidade e aos objetivos da pesquisa. Feitos os devidos procedimentos, todos os que concederam entrevistas de história oral assinaram devidamente o referido documento. As falas, além de integralmente transcritas, estão devidamente armazenadas em dispositivos tecnológicos de cartão de memória.

Nesta primeira etapa da pesquisa em campo, preocupamo-nos em fazer o levantamento etnográfico, baseado na observação nas falas da comunidade. Conversamos bastante com várias pessoas nesse dia, a fim de interagir e conhecer a realidade do grupo e qual era a sua relação com o território tradicional ancestral. Essa etapa consideramos como muito importante, porque tivemos o contato com as práticas cotidianas de pessoas que ao longo do tempo buscam reparações históricas quando reivindicam a posse de território (SANTOS, 31 out. 2021, dados da pesquisa).

Sempre acompanhado destes, andamos pela comunidade, onde pudemos conhecer as pequenas roças de milhos, feijão, arroz e amendoim. Algo que nos chamou atenção é o cuidado que eles têm com as plantações, e ao mesmo tempo criando expectativas para colher pelo menos para o consumo interno. Pedi licença para fazer algumas fotografias, o que foi autorizado.

Entende-se pelas narrativas que estão inseridos/as no contexto da luta pelas terras como a principal bandeira que unifica o grupo quilombola da comunidade Água Morna. O grupo ocupa efetivamente uma parcela ínfima de terras situadas por entre os negócios do agronegócio que há anos explora economicamente a área. De acordo com depoimentos, a perda da terra prejudica a vida em comunidade, muito embora resistam. A agressão da cultura de acumulação de riqueza é um elemento que preocupa os membros. Relatam que não têm como sobreviver trabalhando na terra, é preciso buscar outros meios de sobrevivência deslocando-se para fora. O que nos chamou atenção inicialmente é que o grupo é coeso e emergente quando trata sistematicamente de suas lutas diárias na comunidade (SANTOS, 31 out. 2021, dados da pesquisa).

Apesar da situação de poucos recursos econômicos na comunidade, paradoxalmente percebemos durante os momentos de diálogo que é grande o fluxo de carros de luxo que passam na estrada que corta a comunidade. Geralmente camionetas de grandes marcas utilizadas por empresários do agronegócio que circulam na região de forma constante.

Segundo relatos, além da ação dos latifundiários, pessoas "espertalhonas" da cidade também oferecem valores baixos na tentativa de comprar a pouca terra que resta. Uma quantidade irrisória em dinheiro, e até mesmo geladeira, já fez parte do negócio. Quando eles vêm fazer oferta para comprar a terra, já vêm com um discurso pronto, "espertalhões" que apresentam uma fala tão convincente que os moradores não conseguem oferecer uma contrarretórica diante do processo de expropriação (SANTOS, 31 out. 2021, dados da pesquisa).

Segunda visita, entre os dias 20 e 21 de novembro de 2021: as entrevistas

Nesse segundo momento da pesquisa, entendemos que já havia uma relação de proximidade e de confiança entre o pesquisador e a comunidade. Isso se deveu, primeiro, ao fato de que os moradores já tinham experiências com pesquisa, no caso, o laudo antropológico já realizado, portanto eu não era assim tão estranho a eles/as. O segundo ponto é que, quando da primeira visita, eu já havia tido bastante contato com o líder da comunidade, principalmente porque fui acompanhado por Edmundo, que tem boa relação com os membros.

Foi um dia de festa no quilombo. Nesse sábado, fui convidado a participar de duas atividades religiosas. Uma missa em uma comunidade não negra fora do território, e outra dentro da própria comunidade no fim da tarde. Foi um sábado de fato bastante movimentado. Na ocasião estava a juventude, assim como pessoas da comunidade que vivem na cidade próxima. Esse contexto estreitou os nossos vínculos, de modo que, naturalmente, havia uma condição bastante favorável para iniciarmos as nossas entrevistas — conversas — com a juventude que participou do evento religioso. E assim, posteriormente à missa, reunimo-nos no salão paroquial para darmos início às entrevistas de história oral, fonte principal de nossa pesquisa. As entrevistas foram gravadas em dispositivos eletrônicos durante três dias, todas nas dependências da comunidade e com o explícito consentimento de cada membro.

Começamos, em um clima descontraído, a falar sobre as angústias e as expectativas dos que estavam dispostos a falar de si mesmos, com uma linguagem própria e com muito valor histórico. Nesse dia pude conhecer famílias das comunidades que vivem na cidade local, mas que continuam a lutar pela terra. Estas relataram que, se um dia o território for titulado, voltam a viver na comunidade. É interessante observar que, em certo sentido, mantêm os vínculos com o território, rituais religiosos e familiares, aliás, característica marcante em um quilombola, lugar de encontro. Embora fora da comunidade, as suas raízes e relações familiares permanecem inabaladas. É a força dos ancestrais que dá coesão ao grupo.

Nesse primeiro momento das falas, como estávamos diante de moças e rapazes, tivemos o cuidado de priorizar a questão do emprego e do mercado de trabalho, a fim de verificar como são atingidos pela expropriação territorial. Ficamos surpresos pelo fato de uma ilustre depoente do laudo antropológico, que na época tinha apenas 9 anos de idade, estar presente na comunidade nessa ocasião. O depoimento desta que consta no laudo antropológico é tido por Liliana Porto como uma fala lúcida. Hoje casada, vivendo fora da comunidade, evadida em busca de emprego, pode contribuir com a nossa pesquisa como um testemunho vivo da história.

Indicamos aqui que os respectivos nomes dos/as que participaram das entrevistas serão rigorosamente mantidos no anonimato, razão fundamental para a emergência do testemunho oral e, principalmente, para a estrita garantia da proteção do grupo, em se tratando de uma comunidade há décadas em conflito fundiário.

De maneira geral, os relatos dos/as jovens constatam as dificuldades em permanecer depois que completam 18 anos de idade, quando precisam trabalhar para sobreviver. Na visão deles/as, o retorno para viver novamente na comunidade depende da titulação da terra pelo Estado brasileiro. Sem isso, torna-se difícil. Relatam que o fato de ter que trabalhar fora não quer dizer que abandonaram a luta pela terra, e que, independentemente de estarem ou não morando em Água Morna, serão sempre quilombolas.

Diante das respostas dadas, quis saber o que os motiva a lutar pela terra. As respostas apontaram para o vínculo com os ancestrais e com o território. Afirmaram, ainda, que a avó é o que os liga com o passado. Uma espécie de porta-voz deles/as com o mundo dos mortos, dos ancestrais. Nesse dia ficou evidente que, mesmo evadidos da comunidade, alimentam uma expectativa de futuro considerando a conquista do território. Foi a percepção que tivemos enquanto pesquisadores.

Enfim, conversamos com vários deles até tarde da noite. Na manhã de domingo, continuamos as nossas atividades, agora entrevistando os mais velhos. Ainda sem conclusão, tivemos que fazer um retorno para, enfim, finalizar o diálogo com eles/as. No fim da tarde do dia 21 de novembro, um domingo, regressamos a nossa casa com uma sensação de dever cumprido (SANTOS, 21 out. 2021, dados da pesquisa).

A percepção dos "de fora" sobre a comunidade

De volta à comunidade, em nossa quarta visita, dia 11 de dezembro de 2021, para darmos seguimento às conversas, intentamos saber como os de fora veem a comunidade Água Morna. Foi uma curiosidade despertada pelo contato com o grupo. Nesse dia, iniciamos as nossas atividades na cidade de Curiúva perguntando para moradores da cidade se conhecem ou não a comunidade Água Morna. Entrevistamos 20 pessoas, com idade entre 18 e 70 anos; homens, jovens, idosos e mulheres nas ruas do comércio, entre 8 h e 9 h da manhã. A ideia do público variado que mora na cidade nos dava melhor condição de avaliarmos, ainda que provisoriamente, os resultados. Nenhum/a dos/as entrevistados/as aceitou gravar as falas, nem mesmo revelar seus respectivos nomes. No máximo, permitiram que eu registrasse as respostas no diário de campo.

O resultado da simples amostragem permitiu observar que moradores/as da área urbana do município mantêm equivocadamente, a nosso ver, a ideia de "quilombo" dos tempos do escravismo, ou seja, a dimensão de isolamento sobre o grupo está no imaginário da sociedade local, visão essa obsoleta e ultrapassada. Portanto, nesse ínterim, tem-se o silenciamento que permite que grupos negros tradicionais não se integrem a grupos sociais não negros. Para Bárbara Oliveira Souza (2008), o senso comum concebe "quilombo" como algo que ficou congelado no tempo, denotando, portanto, uma perspectiva de extinção, algo que não mantém relação com a atualidade. Essa questão da invisibilidade, por certo, está alinhada à ideia de identidade nacional, "Expressa o histórico silenciamento dos espaços não hegemônicos no País" (SOUZA, 2008, p. 77). Parece inequívoco que a verbalização da titulação feita por sujeitos quilombolas é o rompimento com formas diversas de silenciamento histórico, no plano local e nacional (SANTOS, 11 dez. 2021, dados da pesquisa).

Formulei a seguinte pergunta para todos: "Você conhece a comunidade Água Morna?" As respostas foram as seguintes: o Entrevistado 01 respondeu não conhecê-la; o Entrevistado 02 não respondeu, e ficou desconfiado; o Entrevistado 03 respondeu "normal", mas ressalta-se que, apesar de ter respondido "normal", portanto não demonstrando nenhuma resignação diante da existência da comunidade, o depoente não conhece o grupo quilombola em seu próprio município; a Entrevistada 04 disse não conhecer a comunidade, mas considerá-la importante (mulher, negra); o Entrevistado 05 respondeu "só ouvi falar" (jovem, negro); o Entrevistado 06 respondeu "nunca ouvi falar" (jovem, negro); o Entrevistado 07 respondeu "acho positivo", resposta que, em princípio, não significa afeição à comunidade, por uma razão simples, não conhece o grupo rural quilombola; o Entrevistado 08 respondeu "não conheço"; o Entrevistado 09 respondeu "nunca ouvi falar"; os Entrevistados 10 a 15 responderam "só ouvi falar"; o Entrevistado 16 respondeu "nunca ouvi falar"; o Entrevistado 17 respondeu "conheço pouco"; o Entrevistado 18 respondeu "nunca ouvi falar"; os Entrevistados 19 e 20 responderam "só ouvi falar".

Depois dessa parada na cidade, por cerca de uma hora, pegamos a estrada de chão batido, para então, aproximadamente 40 minutos depois, chegar à comunidade, o que ocorreu por volta das 10 h da manhã.

Em conversa com a matriarca, ela relata pedir a Deus todos os dias para que conserve a memória dos/as mais jovens/as para que a futura geração cultive os valores dos ancestrais. Ela espera que pelo menos os filhos tenham a obrigação de guardar a memória ancestral. A fala do quilombola é uma memória densa, política. É uma *"história de vida"*, relata ela. As suas narrativas giram em torno dos ensinamentos de sua bisavó Benedita e avó de seu José, seu esposo. Ela concebe a terra como lugar de reprodução de relações familiares. "O livro da vida é um romance que nós lê todo dia e nunca termina de ler" (SANTOS, 11 dez. 2021, dados da pesquisa).

Diz a matriarca que Benedita dançou em seu casamento com seu José em 1958, no dia 15 de fevereiro. Percebe-se que, para ela, a memória ancestral é densa e significativa. Sobre esse aspecto, ela diz assim: "Nunca deixei o fio do barbante arrebentar porque pode terminar tudo" (SANTOS, 11 dez. 2021, dados da pesquisa).

Fala das dificuldades que passaram na vida, da luta pela terra e pela sobrevivência coletiva desde que os fundadores chegaram ao território. Para eles, permanecer era algo desafiador para todo o grupo quilombola. Essa memória da líder religiosa está inscrita no território tradicional por meio do catolicismo, elemento que confere coesão ao grupo. Relata as romarias e as rezas de São Gonçalo como memória. Contudo, ela comenta que deixou de praticar as recomendas das almas em razão da interferência dos de fora, que alegavam se incomodar com o barulho. Lembra que no passado as recomendas eram muito bonitas, mas que, depois que passou a entrar gente estranha, isto começou a interferir na comunidade (SANTOS, 11 dez. 2021, dados da pesquisa).

*

Considerando o exposto, no capítulo 2 foi analisada a formação do quilombo dos Palmares enquanto modelo de influência ao surgimento de outras unidades quilombolas, nos mais variados locais e contextos, enquanto lugar de pessoas livres; e como os aquilombados desenvolveram as suas estratégias de sobrevivência, ao mesmo tempo que se faziam em contraposição ao escravismo. Nesse sentido, quilombos não são uma série de fatos isolados na vegetação fechada do Brasil colonial. O movimento em direção aos quilombos foi um processo que perpassou a formação social brasileira, pois traçava as lutas de escravizados contra o trabalho compulsório, rumo às matas densas, como rota de fuga para a organização social econômica, e concomitantemente visando alcançar a vida em liberdade.

No capítulo 3, discorremos sobre a estrutura agrária conforme o processo de colonização dirigida na região Noroeste do estado do Paraná e o avanço do capitalismo no século XX, tendo como norte o discurso estatal de modernização da estrutura fundiária e como a ação do agronegócio afeta o território tradicional de Água Morna. Ao mesmo tempo, problematizou-se como a comunidade se faz enquanto sujeito de direito diante do processo de avanço da fronteira agrícola em seu território, durante o percurso do século XX. Assim, é importante pensar como a memória do casal ancestral fundador do território, Maurício Carneiro do Amaral e Maria Benedita de Jesus, orienta a permanência do grupo no território em conflito fundiário, ao mesmo tempo que aponta um discurso de resistência para fazer frente à realidade da perda lenta e continuada de seu território.

No capítulo 4, a intenção não foi fazer pormenorizadamente um estudo sobre os quilombos no Paraná e no Brasil, isto é, em linhas gerais, discorrer sobre a situação das comunidades quilombolas e a luta pela terra tendo em vista a trajetória de expropriação que as atinge historicamente. Os grupos quilombolas espalhados pelo estado do Paraná, e em todo Brasil, mantêm práticas tradicionais de seus ancestrais, vindos da África, como religiosidade, cultura, formas variadas de organização social envolvendo técnicas agrícolas milenares e também práticas tradicionais de manejo do solo, que estão inseridas no mundo agrário brasileiro há séculos.

QUILOMBOS: ASPECTOS HISTÓRICOS, SOCIOLÓGICOS E JURÍDICOS

2.1 Quilombos: panorama histórico

Neste capítulo, estudamos sobre o processo de fugas, destacando o quilombo dos Palmares enquanto modelo de influência ao surgimento de outras unidades quilombolas, nos mais variados locais e contextos, enquanto lugar de pessoas livres; e como os aquilombados desenvolveram as suas estratégias de sobrevivência, ao mesmo tempo que se faziam em contraposição ao escravismo. Nesse sentido, quilombos não são uma série de fatos isolados na vegetação fechada do Brasil colonial. A aquilombagem era um processo abrangente e relevante na formação social brasileira, pois traçava as lutas de escravizados pela liberdade. Embora situados em diversos pontos do território nacional, os quilombos apresentavam características comuns. Uma delas era a de procurar as matas densas como rota de fuga para a organização econômica social, cujo resultado era a vida em liberdade.

Da mesma forma, faremos uma análise do quilombo e o deslocamento semântico à luz da Constituição Federal (CF) de 1988, em seu Art. 68, como um marco de quando o quilombo como categoria adentra o escopo jurídico do Estado. No mesmo sentido, importa pensar como se deu a luta do movimento negro quanto à apropriação do quilombo dos Palmares na luta contra as desigualdades raciais, tendo como norte o Decreto Presidencial 4.887/2003, e como que este impacta o reconhecimento de comunidades quilombolas, especialmente a partir da data de sua publicação no *Diário Oficial da União*. Partimos de uma análise dos quilombos na atualidade para depois observar o processo histórico e da constituição destes no cenário nacional do colonialismo.

De acordo com a resposta da Coroa portuguesa à consulta do Conselho Ultramarino datada de 2 de dezembro de 1740, quilombo era "[...] toda habitação de negros fugidos que passem de cinco, em parte despovoada, ainda que tenham ranchos levantados nem se achem pilões nele [...]" (MOURA, 1989, p. 11). Conforme essa definição da metrópole, o Brasil colonial converteu-se, praticamente, em um conjunto de quilombos, todos significativos no que se refere à compreensão do processo das comunidades negras, resguardando as especificidades. Resta certo afirmar que não foi um fenômeno esporádico, mas que ocupou lugar na dinâmica social do Brasil colonial. Como tal, foi uma constante histórica cuja importância social ainda não foi plenamente detectada por sociólogos e historiadores. Esse é um dos capítulos da história brasileira que está em aberto justamente pelas várias dimensões a respeito do escravismo em um processo dialético.

Os quilombos estão espalhados por todo o território nacional, em lugares planos e acidentados, nas áreas rurais e próximo das cidades. Nas áreas que margeiam as cidades, região da Amazônia e no interior do Brasil, perfazem uma história multifacetada da formação social brasileira (MOURA, 1988).

Segundo o historiador João José Reis (1996), os registros históricos indicam que, durante o período de escravização negra nas Américas, chegaram aqui cerca de 15 milhões de escravizados, vindos de diversas regiões do continente africano via Atlântico, o que se tornou um grande empreendimento comercial, que marcou as páginas da história do mundo moderno. A escravização era parte substancial da vida no Brasil colonial e estendeu-se por todo o tecido social. As insurgências contra as senzalas fazem parte de uma epopeia negra durante o colonialismo europeu. Abdias do Nascimento faz uma ironia a este respeito ao afirmar que

> O registro histórico assinala que os primeiros africanos escravizados chegaram no Brasil logo após a invasão de Pedro Álvares Cabral às terras dos indígenas, pela orla marítima onde atualmente localiza-se o Estado da Bahia. Cabral recebeu as honras de "descobrir" um território há séculos ou milênios habitado por outros seres humanos não europeus. Logo depois, da "descoberta" em 1500, os negros africanos escravizados iniciaram o plantio da cana de açúcar. (NASCIMENTO, 2002, p. 31-32).

Segundo Clóvis Moura (2001, p. 7), a historiografia tradicional tratou os quilombos como "simples manifestações de volta às instituições africanas, expressões culturais e formas através das quais o africano reconstruiu aqui as suas diversas culturas". O autor ressalta que os quilombos são processos de transformação social que expressam a intensa luta de classes no contexto do escravismo. Nesse sentido, a tradição historiográfica restringia e fragmentava a sua real dimensão no processo histórico-social dinâmico. Quilombos não são uma série de fatos isolados na vegetação fechada do Brasil colonial. O colonialismo europeu, no entanto, atuou para eliminar a sua cultura e as suas línguas, seu estilo de vida e sua religião.

Moura (2001) critica ainda a forma pela qual a historiografia tradicional reservava espaço aos crioulos, os negros que nasceram em terras brasileiras. Os crioulos tiveram um papel atuante na luta contra a escravidão e na formação de comunidades quilombolas. A rebeldia dava-se contra os padrões de uma vida na sociedade escravista. Conforme Moura, não basta imaginar que os quilombolas fugiram somente por conta do trabalho duro nos engenhos e nas fazendas. O aquilombamento deu-se em constante contato com as vizinhanças, afirmando inequivocamente o sentido de liberdade. Nos quilombos, os/as negros/as visitavam com frequência as vilas de onde tinham fugido, a fim de comercializar e comprar produtos manufaturados, artigos, além de estimular outros a seguirem o mesmo caminho, ou seja, tornar ao caminho da selva. Trata-se, nesse sentido, de um movimento coletivo de massa, e que não se explica somente pelo rigor do cativeiro.

> Embora os documentos do tempo falem sempre em "assaltos" e "violências" dos quilombos nas regiões vizinhas, tudo indica que sob essas palavras se escondiam pretextos inconfessáveis para as expedições de captura de negros e de terras. (MOURA, 2001, p. 14).

Por certo, há de se dizer de incidentes esporádicos quanto a isso, e às vezes até sangrentos. Tais incidentes são, contudo, insuficientes para justificar sozinhos as entradas, os choques armados, como era o caso. As entradas tinham um alto valor econômico; ao governo cabia contar com o apoio de moradores de vilas locais interessados em combater os negros, tanto em mercadorias como em dinheiro. "Entrada" (MOURA, 2001) era, portanto, um termo usado para caracterizar a ação do exército colonial liderado por capitães-do-mato a fim de capturar fugitivos.

Nos quilombos havia um clima de paz social, até mesmo uma fraternidade racial, apesar da heterogeneidade e complexidade de sua população. Para sustentar sua tese, Moura (2001) afirma que o movimento dos quilombos se deu essencialmente pelas fugas, mas que estas não são derivadas de uma interpretação historiográfica baseada no quilombo como lugar de gente fugitiva. A dinâmica a ser observada por esse autor está presente nas relações comerciais de artigos manufaturados e na produção agrícola proveniente dos mocambos e dos quilombos. Para ele, o fenômeno das fugas deu-se no contexto de continuidade do processo de aquilombagem, traço fundamental, em sua análise.

Uma das formas de defesa centrava-se na geografia acidentada dos terrenos ocupados pelos quilombolas. O relevo e as montanhas eram barreiras naturais de proteção coletiva. Somente em Palmares, havia fortificações regulares com poderio militar. Nos mocambos, não havia muita segurança, e os seus habitantes, naturalmente, sentiam-se vulneráveis. Para se ter uma certa segurança, mudavam de lugar, quando invadidos. Uns passavam para os outros quilombos, e tal mobilidade completava a proteção que as florestas lhes ofereciam.

Outro elemento importante eram as disputas entre mocambos e moradores vizinhos, em função das fertilidades das terras agricultáveis. É o caso do quilombo do Rio das Mortes, que ficava no caminho dos abastecimentos para as levas de Minas Gerais. Nesse caso, podemos compreender o valor capital das terras em questão, bem como o interesse financeiro por parte dos escravizadores em capturar e destruir os quilombos. O combate aos fugitivos tem motivações econômicas claras. Mas não só. Isso se nota quando Bartolomeu Bueno do Prado, ao voltar de Vila Rica, "[...] trouxe 3.900 orelhas quilombolas [...]". O caso narrado foi a invasão do quilombo da Cartola, que era uma espécie de ajuntamento de vários quilombos em buscar lugares que, suspeitava-se, teriam alto potencial aurífero. "A iniciativa de luta jamais partiu dos negros" (MOURA, 2001, p. 15).

Maria Aparecida Silva Bento e Iray Carone (2012) oferecem subsídio para a compreensão da psicologia do medo. Advertem que o medo do outro, do diferente, é um elemento que permeia o racismo no curso da história moderna, perpassando, é claro, o colonialismo. De acordo com elas, o medo é alimentado como

> [...] forma de construção do outro a partir de si mesmo, é uma forma de paranoia que traz em sua gênese o medo. O medo do diferente e, em alguma medida o medo do semelhante a si próprio nas profundezas do inconsciente. Desse modo que está na essência do preconceito e da representação que fazemos do outro [...]. (BENTO; CARONE, 2012, p. 32).

As autoras assinalam que aquilo que é posto como padrão universal ancorado no branqueamento nasce do medo do outro como um elemento que põe em xeque o projeto hegemônico baseado no elemento da brancura. Trata-se, antes de tudo, do medo de povos africanos como se fossem supostamente ameaçadores aos europeus. O medo do outro está dentro dessa concepção. No caso em questão, a dimensão histórica do medo tem componente racial. De acordo com as mesmas autoras, a política dirigida de imigração europeia tinha como finalidade diluir o medo do contingente populacional negro, numericamente maior, que, para as elites dominantes, era tido como ameaçador ao poder instituído. Nesse sentido, é possível afirmar que os dirigentes econômicos e políticos de ascendência europeia intencionavam banir o grande medo gerado pelo contingente negro.

Individualmente, os quilombolas tinham apenas uma pequena área de terra para cultivar. Durante a invasão holandesa a Palmares, em um só dia, incendiaram cerca de 60 casas em roças abandonadas por negros. Como os plantios se localizavam no entorno dos mocambos, as pequenas roças eram arruadas nos moldes africanos, onde se davam o plantio e as colheitas. Os rios e as matas eram de uso coletivo. Destaca Clóvis Moura que a fertilidade garantia todo tipo de cultura agrícola, de todas as espécies possíveis, inclusive caça e pesca. Quanto ao papel das mulheres, os documentos são falhos, mas provavelmente produziam roupas, costuravam e ajudavam os oleiros na fabricação de cerâmicas. Os produtos retirados da terra eram trocados por objetos agrícolas e industriais, como roupas e armas de fogo, além de outros produtos manufaturados (MOURA, 2001).

Na comunidade quilombola Água Morna, a área de plantação é bastante restrita em função da invasão dos de fora no território tradicional. De modo geral, cada família planta para o sustento e, ao mesmo tempo, precisa se deslocar para fora em busca de trabalho para complementar a renda, pois o que produz nos espaços pequenos é insuficiente para o sustento. Durante a pesquisa de campo, o grupo informou que a maior dificuldade se dá pela perda do território e pelo espaço geográfico insuficiente para a plantação, o que ocasionaria dificuldades em prover as famílias com base no trabalho autônomo no território.

É interessante que, no trabalho nas pequenas roças, geralmente arroz, milho, amendoim e feijão, o papel das mulheres no cultivo e na colheita faz-se junto aos demais membros da família. Contudo, diante da perda de parte importante de suas terras, reclamam que gostariam de ter a posse definitiva do território que lhes é de direito para que as famílias possam viver com mais dignidade.

O trecho da entrevista a seguir mostra bem essa situação de deslocamento em se tratando da questão do trabalho, e relata as dificuldades que precisam enfrentar diariamente quanto a expropriação, trabalho, reprodução familiar. Diante do contexto de dificuldades apresentado por esses sujeitos sociais, é questionado o que os move a permanecer no território, e eles respondem:

> *Na verdade, as áreas que a gente planta aqui na minha família não chega um hectare nós prantamo, praticamente no quintal em roda da casa. Essa é a terra que nóis temo para fazer lavoura, é mais ou menos isso. Não dá pra tirar o sustento, sobreviver é difícil. O que move é as lembranças, e de nós ter filho daqui mesmo, né, você vê como eu tava comentando, essas áreas aqui meus avós trabalhavam aqui, a gente lembra que sempre tava tanto com meus pais e como meus avós trabalhava nos pedaços terra. Essa área aqui hô, próximo aqui da frente, antigamente era um pinhá que tinha um Pinhal aí que veio as pessoas e eles compraram os Pinheiros e acabaram ficando com as áreas de terra junto. Essa história você pode até perguntar para minha mãe ela vai te falar isso que eu tô te falando porque ela que me passou isso, era um Pinhal e eles compraram para montar Serraria e no futuro serrar as madeira e o fazendeiro acabô ficando na terra. E hó pro sê vê, espaço grande até lá no tio Gentil dá uma coisa que a gente lembra que a gente fica triste.*
> *Pergunta, então: essa área de soja no passado era coberta por pinheiros?*
> *Foi comprado o pinhal para serraria tem até hoje o sinal, e daí no futuro acabaram ficando, se apossiaram porque ficaram lá e se apossiaram da fazenda, dessa área que é uma área grande não é pequena. É que antigamente meu pai conta que meus avós morava lá na sede de onde hoje tem o sinal de onde existia serraria né, ai como o tempo depois que entrou as pessoas que montaram a serraria meus avós tiveram que mudar daí é que vieram para cá. Foram encostando, encostando e hoje tá nessa pendura do jeito que tá. [...] é como eu tava falando, agora pouco, essas áreas até aqui hoje nós estamos dizendo era assim, as pessoas chegavam e vinha como vizinho, mas sempre cutucando as pessoas querendo comprar aquela paz, e que nessa parte aqui da minha mãe a vizinha chegou e morava vizinho, e foi eles acabaro vendendo, aí foi dividida as partes dos meus*

zavam ferramentas de ferro para abrir passagem na floresta equatorial. Isso quer dizer que os grupos de línguas bantu viviam em florestas equatoriais próximo da costa e ao leste do continente africano. Não obstante, quando se fala da história do quilombo com a dos povos bantus, deve-se considerar as diferentes regiões entre Angola e Zaire.

De acordo com o Clóvis Moura, os imbengala tiveram bastante importância na formação do "kilombo", já consolidado do ponto de vista epistemológico. Entretanto, o termo "imbengala" vem da

> [...] raiz Umbundu - Vangala que significa ser bravo e ou vagar extensamente pelo território. [...] As migrações e mestiçagens tanto biológicas como culturais caracterizam todos os povos do sul da floresta equatorial de onde se originou o modelo de quilombo. (MOURA, 2001, p. 28).

Nestas regiões, as culturas são variadas, apesar de haver certa homogeneidade. Praticavam a agricultura itinerante sobre queimadas provenientes do fogo, cuja cinza servia como adubo. Nele se cultivava milho, batata-doce, mandioca, amendoim. Essas espécies talvez tenham se originado na América do Sul. O milho teria sido introduzido em 1548 e 1583 na África Central, com origem no reino do Kongo, e em 1600 a mandioca. Junto dessas culturas americanas, estão algumas das culturas africanas que, a exemplo do sorgo, vêm do Sudão. É importante pensar, nesse sentido, que, a exemplo dos quilombos atuais, além da criação de pequenos animais domésticos, como porcos e galinhas, a caça e a pesca também eram apreciadas.

Quando se trata da relação de parentesco, está ancorada no estrato social de sucessão e heranças. A prática de parentesco perpassa o tempo. Os casamentos dão-se sempre pela transferência de bens (dote) ou algumas coisas que se revertem em benefícios para a família da noiva. A autoridade maior cabe à figura masculina. Nesses casos, as aldeias são o elemento central das relações, a pedra angular, por se constituírem na menor unidade territorial e, por isso, ocuparem centralidade nas relações políticas. Das aldeias, forma-se a chefia, encabeçada pela figura real, geralmente o mais velho, além de pertencer a uma linhagem de chefes. Contudo, o poder do rei não é absoluto, pois as suas decisões têm como contrapeso as interferências de um conselho composto por chefes de aldeias e chefes de linhagens (MOURA, 2001). Nos princípios da filosofia bantu, o ser constitui-se em um arco vital de forças e energia, cuja fonte é o próprio deus criador; essa fonte

> [...] é destruída em ordem decrescente aos ancestrais e defuntos que fazem parte do mundo divino; e em seguida, ao mundo dos vivos, numa relação hierárquica, começando pelos reis, chefes de aldeias, de linhagens, pais e filhos, e finalmente o mundo animal, vegetal e mineral. (MOURA, 2001, p. 28).

Na visão antropocêntrica, a figura masculina ocupa centralidade na constituição da obra divina. A existência da vida é fundamental. Essa força também age sobre a morte, a depressão, a fadiga, o sofrimento, a injustiça, o fracasso, a miséria ou a riqueza. Não obstante,

> [...] tudo o que é positivo à vida e à felicidade humana é interpretado como aumento e crescimento da força vital; tudo o que é considerado privação, sofrimento e até perda da própria vida é interpretado como diminuição da força vital. (MOURA, 2001, p. 29).

Tal cosmovisão indica que o ser é a definição de uma força, o que dinamiza a própria dimensão humana. Nesses termos, toda força se torna mais forte ou mais fraca, ou seja, há influência entre os seres que compartilham algum tipo de relação, "Causalidade metafísica entre o criador e a criatura" (MOURA, 2001, p. 29).

Eduardo David de Oliveira (2006) afirma que a força vital é associada aos povos bantus, e a sua importância é ampla, isto é, pode ser observada em outros povos do continente africano, especialmente da parte setentrional e ocidental. É interessante que isso não se restringe ao universo homem-natureza, mas também trata dele como meio social, assim como da relação entre o ser humano e o sobrenatural. Em síntese, a força vital é "o suporte comum para que todas as coisas se conectem e formem um elo universal, que, sem ela, jamais poderia manter a unidade fundamental na concepção de mundo africano". Portanto, como categoria fundamental que estrutura a cosmovisão de mundo dos povos africanos/as, a força vital é tida como uma fonte importante de energia que se adequa à ordem natural de cada povo do continente. A força vital é ampla e entrelaça-se com todos os seres, pois age também na vida cotidiana, "[...] é a própria manifestação do sagrado que sustenta o universo e permeia a relação entre homens e entre eles e a natureza [...]" (OLIVEIRA, 2006, p. 45-46).

Para Oliveira (2006), esse conceito tem uma dimensão histórica, portanto remonta à expressão da existência coletiva. A força vital assenta-se na passagem do conhecimento por meio da oralidade, de quem é o detentor do saber, e sua transmissão para as gerações futuras. Essa palavra tem autoridade e jurisprudência dos ancestrais quanto a reuniões ou conselho familiar, portanto ela é revestida de credibilidade, porque ocupa dimensão na esfera política na tomada de decisões comunitárias. Organiza o espaço político na sua dimensão quando se fala em família ou em comunidade, demonstrando como energia transformadora a sua capacidade de inscrição e de transformação no território. "Há, portanto, uma correlação entre o mundo dos "vivos" e o mundo dos "mortos". O mundo dos homens e o mundo dos antepassados. Cada qual possui seu tempo. Mas ambos o tempo, não obstante, se relacionam" (OLIVEIRA, 2006, p. 48).

Poder-se-ia aferir que os elementos da força vital apontados por Oliveira (2006) perpassam a questão da territorialização da comunidade Água Morna. Nessa perspectiva metodológica, o autor indica uma possibilidade de análise quando se trata do apego do grupo, tendo como norte a força do casal ancestral Maria Benedita de Jesus e Maurício Carneiro do Amaral, fundadores/as do território ancestral quilombola, e sua influência na vida coletiva, quando a líder negra da comunidade Água Morna, porta-voz dos ancestrais dentro da comunidade, afirma que, segundo os antepassados, a terra seria tomada, mas que em certo momento, não se sabe qual, a terra voltaria para o domínio do grupo. Ou seja, o prenúncio indicava que a comunidade passaria por um longo período de privações, como de fato foi, mas que tempos melhores poderiam acalentar o drama coletivo quando da posse do território.

Quando em campo com as pessoas que vivem no território, identificou-se que paira sobre eles/as o drama da expropriação, o que configura o sofrimento, daí o respeito incondicional pela palavra do casal ancestral como um guia condutor e, ao mesmo tempo, um indicador de uma crença no futuro quando da conquista em definitivo do território. É certo que esse misto de sentimentos de manifestação do sagrado, tendo a figura do religioso São João Maria como difusor dessa informação aos ancestrais indicando uma vida repleta de privações, denota elementos significativos constituintes da força vital, como indica trecho da fala a seguir. Na oralidade, verificam-se os valores que estão em jogo e que a comunidade tanto preza. Trata-se do respeito às palavras dos antepassados como demarcador e organizador político da vida em comunidade.

Não obstante, os valores coletivos e sociais são importantes na construção do próprio grupo quilombola, marcado pela luta em defesa da terra e pela resistência em permanecer no território, ainda que se encontre invadido por interesses alheios à comunidade. Ainda assim, resistem à pressão das oligarquias que adentram e expropriam as terras por meios ilícitos e ilegais.

Para a comunidade, pouco importa a violência sofrida, pois no passado os ancestrais apontaram um caminho ao indicarem uma perspectiva de futuro baseada no vínculo com o território tradicional. Nesse caso, não se trata de um advento no sentido messiânico religioso, mas uma espera ancorada na certeza do retorno de algo que foi perdido, no caso, parte importante de seu território. É o que contempla a matriarca, de 80 anos de idade, a qual todos/as do grupo reverenciam como sendo legítima representante do casal ancestral; portanto, a sua palavra é revestida de autoridade, conferida pelos ancestrais. Ao indicá-lo, disse que

> *Essa época foi em 1912, o vovô Maurício com a Vó Benedita morava lá ainda na Água Grande. E eles viero participar da oração dos cervos os três dias horário da Ave Maria 6 horas da tarde e daí ela expricava que o servo São João Maria falou pra eles que a terra ia ser tomada, eles ia fica no aperto, mas passasse o tempo que passasse, um dia a terra vortará, só que vocês não vão estar, é a nova geração de vocês é que vai receber a terra de vorta. Não sei o dia nem a hora nem quando será, só o pai sabe, mas um dia vortará. Então, como diz nóis num perde a nossa fé, né, porque tudo tá na mão de Deus e só o pai sabe, nóis não sabe nada, né. A gente conversa, fala mais tudo está lá em cima, nóis temo que esperar a vontade de Deus [...]. [ENTREVISTAS], gravadas, guardando anonimato]. Entrevistador: Davi dos Santos. Curiúva; Água Morna, 2021-2022. 50 MP3 (1.500 min). 20 nov. 2021, s/p, dados da pesquisa).*

A história dessa comunidade é, assim, demarcada pela insubordinação a valores que negam a sua lógica particular de viver. Reza o grupo que a ancestral Benedita e seu esposo, Maurício, ancoram não só a história da comunidade, mas a certeza de que a posse da terra será conquistada. No plano simbólico, o casal continua vivo, orientando a luta pela terra. Há, nesse sentido, uma força vital que liga o mundo dos vivos ao mundo dos mortos, o que está explícito no testemunho da líder negra de Água Morna. É essa concepção que norteia a dinâmica existencial dos/as quilombolas/as. A coesão dos discursos remonta-se à memória e à história desse casal como algo passível de total credibilidade, alimentando expectativas quando da posse definitiva do território tradicional, morada dos ancestrais.

tios, ai, ele chegava e queria comprar, e pessoa tinha necessidade, a pessoa também precisava né, muita dívida para pagar e acabava vendendo. [ENTREVISTAS], gravadas, guardando anonimato. Entrevistador: Davi dos Santos. Curiúva; Água Morna, 2021-2022. 50 MP3 (1.500 min). 21 dez. 2021, s/p, dados da pesquisa.

Durante os vários dias em contato com o grupo, foi possível verificar que o local onde vivem as famílias está na parte mais acidentada do território tradicional quilombola. A maioria das plantações de lavoura do latifúndio local ocupa a parte mais plana, restando, nesse sentido, os grotões à comunidade para realizar suas formas de vida. A comunidade está literalmente cercada dentro do território expropriado.

Figura 1 – Comunidade Água Morna, Curiúva/PR

Fonte: o autor (2021)

Não obstante, na vizinhança, os quilombos não eram vistos com bons olhos[1]. Na atualidade, tal realidade não mudou. Com exceção do quilombo dos Palmares, outros chamam atenção para o baixo número de

---

[1] Conforme apresentado anteriormente, a pesquisa realizada junto aos habitantes da cidade de Curiúva mostra a relação de distanciamento e mesmo de desconhecimento entre o quilombo e seus arredores.

mulheres. Tal fato se deve à mobilidade permanente de pequenos quilombos. Palmares era visto, segundo Moura (2001), como um fato histórico singular na vida social brasileira, em qualquer viés de interpretação, como um estabelecimento de pessoas que negavam a escravização, e como relação humana de solidariedade, devido especialmente a sua capacidade de luta e de ramificação social. Seja como for, a ressignificação de valores de África, sob diversos aspectos, revela-se como um fato novo que ocupa um aspecto multifacetado na compreensão do processo histórico. Como "uma síntese dialética" (MOURA, 2001, p. 18), opôs-se a um estilo de vida imposto pelos brancos.

Ao longo do tempo, os quilombos construíram-se segundo os vínculos com a terra: os escravizados tiveram que se adaptar às intempéries da floresta, ancorados no cultivo das pequenas propriedades. Nesse contexto, os quilombos, dentro de um processo de expansão e constituição, serviram, em certo sentido, para desbravar as florestas densas, além de zonas de penetração de brancos e descobertas de fontes de natureza econômica (MOURA, 2001).

2.2 As origens do quilombo em África

A palavra "quilombo" é certamente originária dos povos de línguas bantu (*ki-lombo*, aportuguesado):

> Qui-lombo. No Brasil, o seu significado tem relação com algum ramo desses povos bantu cujos membros foram trazidos e escravizados nesta terra. [...] São grupos Lundo Ovibundu. Kongo Imbagala, etc cujos territórios se dividem entre Angola e Zaire. (MOURA, 2011, p. 21).

Trata-se de uma história de conflitos no entorno do poder, de buscar novos territórios e concomitantemente estabelecer relações com outros grupos. Assim, para se compreender o sentido da formação das comunidades quilombolas no Brasil, é importante se inteirar do que aconteceu nas regiões do continente africano onde há influências bantu, que ocupam centralidade dentro da África negra. Do ponto de vista cultural, "é uma palavra herdada dos estudos linguísticos ocidentais" (MOURA, 2001, p. 22).

Há pelo menos 2 mil anos, os bantus expandiram-se saindo ao sul e ao sudeste do continente africano. Isso se deu em função da difusão da metalurgia, que impulsionou o deslocamento desses grupos, pois utili-

Figura 2 – Território expropriado de Água Morna, Curiúva/PR

Fonte: o autor (2021)

Figura 3 – Território expropriado de Água Morna, Curiúva/PR

Fonte: o autor (2021)

Retomando Moura (2001), o culto aos ancestrais é a busca da conservação do crescimento permanente da força vital como fonte de vida e de futuro. "O quilombo africano, no seu processo de amadurecimento, tornou-se uma instituição política e militar trans étnica, centralizada por sujeitos masculinos submetidos a um ritual de iniciação", conta. No caso em questão, o ritual de iniciação conferia-lhes forças e qualidades específicas de grandes guerreiros; servia também para integrá-los e unificá-los ritualmente, tendo sido recrutados das linhagens "estrangeiras ao grupo de origem" (MOURA, 2001, p. 29-30).

Em relação aos pressupostos apontados pelo historiador Clóvis Moura, Henrique Cunha Junior (2010, p. 32) teceu argumentos:

> Os ancestrais mais antigos são considerados sagrados, cultuados e respeitados como iniciadores de uma determinada cultura e povo. Na ancestralidade está a definição de família, de grupos locais de etnias de povos africanos. [...] A ancestralidade implica também uma visão de mundo sobre a morte, como continuidade de vida inteligente no mundo visível e o ressurgimento desta noutra vida corpórea no mundo visível.

Como poder instituído centralizado, o quilombo tinha como chefe um guerreiro, entre os muitos guerreiros, e disciplina militar. Diante disso, Moura escreve que,

> Pelo conteúdo, o quilombo brasileiro é uma cópia do quilombo africano reconstruído pelos escravizados para se opor a uma estrutura escravocrata, pela implantação de uma outra estrutura política na qual se encontravam todos os oprimidos. (MOURA, 2001, p. 32).

Os escravizados/as organizavam-se para fugir das senzalas e das plantações para ocupar parte do território não povoado, via de regra, de difícil acesso, ou seja, imitando o modelo encontrado na África, cuja dimensão civilizatória aponta para uma visão de mundo alternativa destoante de condições degradantes, o que transformou tais territórios em campo de resistência e iniciação, um local aberto a todos os oprimidos da sociedade. Índios, negros e brancos prefiguraram um modelo de

> [...] democracia plurirracial [...]. Não há como negar a presença na liderança desses movimentos de fuga organizados de indivíduos entre escravização oriundos da região bantu, em especial de Angola onde foi desenvolvido o quilombo. (MOURA, 2001, p. 30).

O caráter transcultural apontado pelo autor adveio da união de negros africanos de outros lugares de culturas diferentes, além de outros marginalizados não africanos. Ainda assim, esses mocambos têm um modelo bantu, pelas características já apontadas. Seria a transculturação um elemento da cultura afro-brasileira. Os negros fugitivos das senzalas e seus descendentes nunca se prenderam a interpretações de modelos excludentes. As suas ações e estratégias de sobrevivência grupal assentam-se no modelo transcultural, cujo desejo consistia em fortalecer identidades pessoais e estáveis, e não se estruturaram única e exclusivamente no modelo de sua própria cultura. A abertura deu-se com base em influências externas enquanto cultura distinta, de outras comunidades, sem que para isso pudessem abrir mão de sua existência enquanto cultura distinta. "Visavam a formação de identidades abertas, produzidas pela comunicação incessante com outro, e não de identidades fechadas; geradas barricadas culturais que excluem o outro" (MOURA, 2001, p. 30). O legado deixado pela república de Palmares é da união fraterna, a fim de eliminar o racismo, pelos seus aspectos duvidosos.

Em se tratando da comunidade Água Morna, apesar de o território estar tomado por agentes de fora, atualmente existem apenas duas famílias brancas que vivem nas dependências da comunidade. Elas, porém, não têm contato com a comunidade.

2.3 Quilombos e mocambos: conceituação dos termos no Brasil

No Brasil, desde o início da colonização, as comunidades eram conhecidas inicialmente "mocambos" e depois "quilombos". Eram termos da África Central utilizados para denominar acampamentos improvisados, utilizados para guerras e também para apresamentos de escravizados. A palavra "quilombo" era, no século XVII, associada aos guerreiros imbangalas (jangas) em seus rituais de iniciação (GOMES, 2015). "No caso dos mocambos, ou mukambu tanto em kibumdu como em kicongo (línguas de várias partes da África Central), significava pau de feira", uma espécie de suporte com formato de forquilha usado para erguer choupanas nos acampamentos. Já no Brasil, nota-se que a etimologia da palavra "quilombo", no contexto de sua conotação política, tem suscitado debates acalorados. Por outro lado, os termos "mocambos" e "quilombos" foram difundidos em nosso país, ainda que não se saiba ao certo como os escravizados em busca de liberdade se denominavam (GOMES, 2015, p. 10).

Ainda de acordo com o historiador Flávio dos Santos Gomes (2015), outra estratégia seria a disseminação da palavra para a administração colonial portuguesa, que teria sido usada para caracterizar tanto estratégias militares quanto acampamento na África pré-colonial, como também aquelas da resistência à escravização na América portuguesa. As autoridades coloniais até poderiam se referir a coisas diferentes, como acampamentos de guerras na África Central e até mesmo aquilombados fugitivos na colônia brasileira, mas nomeando-as de formas parecidas. De toda forma, esse termo "quilombo" só aparece na documentação colonial no século XVII (GOMES, 2015). No geral a terminologia "quilombo" era utilizada até mesmo antes de "mocambo", principalmente na Bahia, e a documentação da colônia referia-se aos fugitivos como "mocambos", enquanto em Minas Gerais estes eram denominados "quilombos". Dessa forma, mocambos, estruturas para erguer casas, teriam se transformado em quilombos, acampamentos.

No início do colonialismo, as expressões derivadas do continente africano teriam traduções atlânticas entre África e Brasil (GOMES, 2015). É notório que as expressões "mocambos" e "quilombos" foram designadas ou se transformaram, por assim dizer, para se referir aos escravizados fugitivos. As primeiras notícias sobre as fugas e de constituição de comunidades vêm dos canaviais e dos engenhos do Nordeste brasileiro. Na Bahia, o primeiro registro de um mocambo data de 1575, o que quer dizer que, com o expressivo aumento das fugas, cresceu também a escassez de mão de obra. Isso, de acordo com a Coroa portuguesa, estaria deixando os colonos empobrecidos por conta da inépcia em conter a rebeldia negra.

As autoridades coloniais corroboravam a posição da Coroa quando afirmava que era difícil montar uma estratégia de controle de fugas dos fugitivos que viviam nas serras e realizavam pequenos assaltos às localidades, nas fazendas e nos engenhos: eram chamados por elas de "negros do Guiné". Mocambos e quilombos existiam por toda parte e espalhavam terror nas autoridades. Isto não era negado, ao contrário, era reforçado pelas autoridades coloniais.

Considero a dinâmica de resistência desses grupos em buscar viver em um ambiente longe da vida dura do trabalho compulsório nos engenhos uma forma de resistência contra a opressão sofrida, e ao mesmo tempo a afirmação da liberdade, dinâmica essa que perpassou a fase longa da história brasileira em que vigorou a escravização negra em todo o território nacional. A dinâmica de lutas negras durante o período despertou, como se pode notar, muita preocupação da vizinhança e daqueles que tinham na posse da terra o poder sobre escravizados.

2.4 Economia nos quilombos

As relações econômicas que envolviam grande parte das comunidades negras demonstram que a tese de isolamento — do quilombo como lugar de negros/as fugitivos — não passa de um engodo. As relações comerciais são uma forma de recusa de tal tese.

Em diversas ocasiões, os contrabandistas, mediante o recebimento de alguma benesse econômica, informavam aos fugitivos os planos traçados pelo aparato de repressão. Vê-se que, diante da vinculação financeira, eles prestavam serviços aos quilombolas. De acordo com Moura (1988), os aquilombados mantiveram relações de contato promissoras enquanto duraram os quilombos. Mantinham ligação com muitos agentes externos, não somente com os contrabandistas, mas com segmentos econômicos da sociedade escravista. Mesmo assim, era possível manter algum tipo de negócio, podendo muitas vezes prestar-lhes alguns serviços. Apesar das adversidades da sociedade colonial, os escravizados colocavam-se como sujeitos participantes da dinâmica existencial de uma sociedade profundamente opressora. Ora negociando, ora traçando planos de fuga e de resistência. No caso dos quilombos menores, havia muitas trocas simples de objetos furtados. Esta, porém, não era uma atividade intensa, ocorria esporadicamente na forma de um escambo rudimentar.

Os furtos, embora tenham feito parte da dinâmica de lutas pela liberdade, não se configuraram, a nosso ver, como elemento central. Quando os quilombos cresciam — por uma série de circunstâncias favoráveis, como melhor fertilidade do solo, isolamento maior, possibilidade de ampliar o número de membros por meio do recrutamento entre a população negra —, tinham que buscar novas táticas de se organizar sistematicamente e criar estruturas que pudessem comportar a comunidade. Não se trata, pois, de um lugar de fugitivos, mas onde se praticava uma vida social baseada em laços intergrupais que se configuraram em uma relação coletiva (MOURA, 1988).

Em todos os quilombos e mocambos, a base econômica era a agricultura. O milho era colhido duas vezes ao longo do ano. Plantavam batata, feijão, mandioca, banana e cana-de-açúcar. Em Palmares, por exemplo, a lavoura era o suficiente para suprir as necessidades das famílias, e a sobra era trocada com moradores locais. As formas de culturas variadas introduzidas em Palmares ganharam uma dinâmica própria ao se afirmarem como uma peculiaridade social em contraponto com relação ao tipo de cultura existente nos engenhos locais (MOURA, 1988).

Para Nascimento (2002), a economia nos quilombos era bem organizada, de acordo com o número de habitantes e o tamanho. As formas de organização social eram semelhantes às da África, mas com adaptações à realidade do continente americano. Estar em contato com a terra era também uma forma de liberdade. A abundância na economia dava-se muito pelo aspecto de organização e de solidariedade em Palmares, parecido com as práticas de uma vida campesina, com valores de solidariedade plenamente estabelecidos, cuja dinâmica começa pela criação de pequenos animais, como galinhas, porcos. Tais relações estreitavam os vínculos que os uniam enquanto sujeitos políticos engendrados na estrutura do sistema escravagista para combatê-lo. Caçavam animais silvestres, pescavam e criavam gado.

A república palmarina, portanto, constituiu-se em fato particular. Diante do quadro perene de miséria que existia na sociedade escravagista, a situação dos quilombos, de maneira geral, era de abundância alimentar. Trabalho cooperativo e solidariedade eram as marcas de uma forte organização social e política que há muito não se via (MOURA, 1988). Por exemplo, utilizavam-se então de silos para armazenar as sobras de alimentos, em casos muito específicos, nos quais, por alguma razão, pudesse haver escassez de alimentos.

Esse contraste com a sociedade colonial mostrava, por outro lado, o caráter antieconômico dos engenhos nas suas estruturas. O rendimento do trabalho livre no quilombo mostra que negros produziam mais do que na condição de escravizados nos engenhos nas fazendas de cana-de-açúcar. O regime comunitário fazia com que esse quilombo prosperasse diante dos olhos dos escravizadores portugueses, que, ainda assim, os viam como ameaça permanente. Não seria, portanto, exagero afirmar que esse quilombo era considerado uma pequena África no Brasil Colônia (MOURA, 1988).

Em Ambrósio, localizado no estado de Minas Gerais, um quilombo chegou a ter 10 mil pessoas, permanecendo assim por vários anos, até ser destruído em 1746. Era conhecido como Quilombo Grande, e nele existia uma agricultura diversificada. Produziam aguardente, azeite, roças, plantações, e a disciplina era uma forma de seguir os costumes estabelecidos entre o grupo. Tudo o que se produzia era dividido entre os seus moradores em regime comunitário. O líder desse destacado quilombo era o chefe Ambrósio, de onde vinha a obediência incondicional de seus pares. Eram subordinados a ele, e essa confiança configurava uma espécie de Estado-maior. Como em Palmares, as colheitas eram levadas para os galpões comunitários. Ambrósio, em linhas gerais, funcionava como os demais quilombos de grande porte. Resguardando as especificidades regionais, de modo geral, eram comunidades quilombolas que tinham características econômicas diferentes das do latifúndio escravagista (MOURA, 1988).

Flávio dos Santos Gomes (2015) assinala que a grandeza econômica, política e econômica de Palmares constituía uma ameaça real aos senhores de engenho. Ainda que não fosse a sua intenção destruir o senhorio escravista na sua dimensão, os palmarinos realizavam ataques certeiros em direção aos engenhos — casas-grandes invadidas, armazéns saqueados, canaviais queimados. Assim era a dinâmica deste com as suas práticas de metalurgia, produção de cerâmica, foices, facões e enxadas. Palmares, na dinâmica escravista, foi um ponto de insurreição negra. À medida que aumentava o número de habitantes, tinha-se ainda mais evidente essa dinâmica fazendo contraposição à ordem estabelecida, ora punindo fisicamente os escravistas, ora amedrontando-os.

Diante do contexto apresentado, resta pensar qual era a base econômica dos quilombos em geral. Gomes (2015) fala de múltiplas estruturas socioeconômicas para se referir à diversidade quando se trata da economia colonial. Fatores demográficos, geográficos e culturais tiveram uma importância enorme. Fala inicialmente em qualquer época ou local do não isolamento. Concordamos com ele. Ao contrário das Américas, no Brasil as comunidades negras proliferaram-se por todos os lugares, e o fator determinante, segundo Gomes, deu-se pela sua capacidade de conexão com as estruturas econômicas dos ambientes onde se estabeleceram. Mantinham trocas comerciais com diversos setores da população colonial, tais como pescadores, taberneiros, roceiros, camponeses, mascates e quitandeiras. As relações comerciais estabelecidas, longe de representar harmonia ou ausência de conflitos, eram uma espécie de conexão entre a sociedade colonial, tanto aqueles que as acobertavam quanto que reprimiam. As trocas comerciais estavam longe de ser consideradas um pacto entre os fugitivos com a ordem colonial.

Nas Minas Gerais, a única aliança existente era entre os quilombolas e os escravos das senzalas, acusados de furtar e repartir o mantimento dos paióis dos seus senhores. No Maranhão, a conexão dos quilombos com escravizados era intensa. Em Sergipe, os quilombolas eram acusados de incentivar as senzalas a participarem de congadas e festas organizadas por escravos. No Nordeste, a produção era diversificada, além do peixe em abundância, o arroz, o feijão e a mandioca e a carne de animais silvestres. Plantavam, colhiam e realizavam festas para homenagear a fartura proveniente de suas colheitas. Contudo, a prática agrícola não foi a única; tem-se registro de outras atividades econômicas. Entre estas, a feitura de cerâmicas e cachimbos e outros utensílios de natureza simbólica da cultura material. Em alguns casos, havia populações de quilombos de pequena estrutura que se tornavam trabalhadores sazonais e prestavam serviços aos fazendeiros locais, com o extrativismo, e como coletores (GOMES, 2015).

É interessante pensar aqui na fase camponesa dos quilombolas, em uma perspectiva histórica. Essa fase se articulava e se ampliava em várias regiões, em períodos e contextos diversos. A vida interna dos quilombos é um capítulo importante da história dos/as negros/as no Brasil e tem suscitado debates até a atualidade. Os pequenos furtos serviam também para o complemento da renda em caso de carência de algum produto. No Nordeste colonial, os saques em fazendas eram comuns. Nas Minas Gerais do fim do século XVIII, em uma expedição contra o quilombo do Paraíba, foram encontradas muitas roças e plantações em abundância. Da mesma forma, Pitangui era um lugar pujante em roças e plantações variadas. Havia, no entanto, nos quilombos agricultura plenamente desenvolvida. Na ocasião do ataque a esses dois pujantes quilombos, descobriu-se uma grande quantidade de alimentos estocados.

Contudo, existia também uma grave escassez de alimentos na sociedade colonial, principalmente na Bahia, em Minas Gerais, e em parte da Amazônia. Diante da pujança alimentar das comunidades negras, a destruição por completo poderia significar, por sua vez, a destruição de fontes importantes de alimentos que serviam, nos casos de invasões, aos agentes externos. Durante as invasões, os agentes das forças coloniais conseguiram farinha em grande quantidade, o que minimizava a carência alimentar entre os colonizadores. Neste caso, não era interessante destruí-los por completo; e, no caso da destruição completa, as autoridades confiscaram toda a produção de alimentos. O quilombo Barcelos, no Grão-Pará, em 1759 tinha uma enorme quantidade de alqueires de farinha. É interessante pensar a dinâmica econômica dos mocambos, tão importante para garantir, em certo sentido, a sobrevivência da vizinhança. E, em uma relação de troca, estes até, em certas ocasiões, mantinham um acordo com os de fora no sentido de dar algum tipo de proteção (GOMES, 2015).

Tal abundância de farinha girava o comércio clandestino local com as povoações e com algumas vilas, pois a fiscalização era precária, dando margem para o avanço desse tipo de relação comercial com os de fora dos mocambos. Quanto mais se investia contra os quilombos, mais se descobria a dinâmica de seu território no que tange à produção de alimentos (GOMES, 2015). Em Mazagão, por exemplo, descobriu-se que os quilombos estavam há mais de quatro anos em uma ilha de Gurupá, onde havia roças e colheitas em grande quantidade de feijão e arroz.

> [...] um juiz ordinário relatava a prisão dos negros do mocambo, achando-se com eles farinha, canoas e armas, os quais estavam bem protegidos pela geografia, pois para "sair para o dito mocambo era preciso atravessar um tabocal passando por igarapé e que depois de atravessar se de gastam três dias", e que eles iam "negociar" na vila de Alenquer levando "estoupa, breu castanha e algodão" que trocavam por pólvora, chumbo, armas, ferramentas e panos para se vestira. (GOMES, 2015, p. 26).

Na Bahia, mocambos como de Orobó e Andaraí tinham fortes estruturas econômicas e uma relação amistosa com a vizinhança. Plantações de mandioca, arroz, inhame, víveres, frutas e cana. Em se tratando da agricultura nos mocambos das Minas Gerais, as evidências indicam que em 1733 existiam muitas roças voltadas ao armazenamento de alimentos para os anos futuros. Os quilombos também praticavam o extrativismo, cujo permanente deslocamento ocupava território e utilizava também os recursos hídricos. Nesse sentido, a caça e a pesca exerciam muita importância na vida comunitária. Tratava-se da produção e da comercialização. A capacidade de articulação com escravizados, acampamentos mais distantes e entrepostos provisórios para o comércio dava certa invisibilidade aos quilombos. A geografia acidentada dava-lhes certo tipo de proteção.

É interessante pensar que, mesmo distantes geograficamente, os mocambos nunca estiveram isolados. A dinâmica com as regiões locais era uma constante nesse complexo contexto da escravização negra no Brasil colonial. As regiões mais distantes eram totalmente integradas à dinâmica comercial local e às suas regras de funcionamento (GOMES, 2015). Este é um aspecto talvez pouco explorado na historiografia brasileira. O debate é relativamente novo e ganhou alguma intensidade e notoriedade a partir dos anos de 1980 entre intelectuais das variadas áreas das ciências humanas, especialmente da história e da sociologia.

No Grão-Pará, apesar de os mocambos se situarem em áreas pantanosas e muito distantes, eram conhecidos pela forte ligação com as senzalas. Nesses casos, tais agrupamentos humanos eram, em muitos casos, denunciados, mas muitos nunca sequer foram encontrados pelas autoridades coloniais. Contudo, todos sabiam da existência das trocas comerciais, de seus habitantes, tornando mais difíceis as tentativas de destruição. Nessa mesma região, muitos estavam cercados por lagoas na maior parte do ano, dificultando o ataque das tropas. Contudo, o aparente isolamento não os impedia de estabelecer relações comerciais, nem mesmo de manter certo contato com agentes externos.

Gomes (2015) escreveu que, mesmo invisíveis às práticas comerciais, os aquilombados vendiam seus produtos em variados setores da economia, e também com o escravismo nas senzalas. Farinha, milho, arroz e feijão, legumes e outros produtos adentraram o comércio local, assim como vilas mais distantes com forte densidade populacional. Quilombos e cativos interagiam com as relações econômicas, até mesmo vendendo seus produtos em feiras aos sábados e aos domingos. A interação era evidente.

Como se pode notar, pelos pressupostos do autor, a luta dos escravizados em busca da autonomia do cultivo de roças foi significativa na época do escravismo. Ela abriu espaço para a modificação de novas relações de trabalho. É certo que não se deu pacificamente. Muitas das trocas comerciais se davam às escondidas. A comercialização de produtos enseja burlar as regras. Era um embate permanente com as forças escravistas. O cultivo das roças e a comercialização das sobras possibilitou garantir a organização de uma rede articulada no interior das propriedades onde trabalhavam. Tais redes mercantis iam além dos limites geográficos e sociais das fazendas. Em torno das roças, elaboravam uma forma de vida autônoma campesina, por meio das negociações dos produtos, forjando, dessa forma, sólidas experiências, que vêm até os dias de hoje. No interior do Brasil, são marcantes as experiências de um campesinato negro na atualidade, sobretudo nas comunidades remanescentes dos quilombos, espalhadas em todo o território nacional (GOMES, 2015).

Diante dos indicativos apontados pelo autor, acredita-se que a dinâmica, especialmente nesse tipo de organização política e econômica, está longe ser uma experiência menor; estava, isto sim, relacionada a fortes experiências culturais marcantes na forma de vida de um povo expropriado de seu lugar de origem. É um modo de vida que se dava como forma de luta pelo uso da terra e, ao mesmo tempo, formava novos contornos de uma luta pela terra, tendo como escopo valores simbólicos e a liberdade. As adversidades, sejam geográficas, sejam político-sociais, em que se encontravam indicam a constituição de uma vida coletiva e livre. Estar em contato com a terra e tirando dela o seu sustento era um contraponto à opressão sofrida pelo regime escravagista. Esse estilo de vida alternativo se insurgiu contra as proibições dos escravizadores diante da negativa deles ao sistema de controle. Era uma luta permanente dos quilombos contra a ordem vigente.

Ainda, as relações com o comércio local e com a vizinhança transformavam-se em novas relações de sociabilidade com sujeitos de fora dos quilombos. E isso nos leva a observar como os quilombos, mesmo perseguidos constantemente, sempre tiveram vida própria e dinâmica cultural de interações, até mesmo, com seus algozes. Frise-se, portanto, que com isso não se está propondo que exista, diante dessas relações, um acordo de paz entre esses dois polos antagônicos.

A dinâmica dos produtos com o comércio local dava-se na circulação de informações (GOMES, 2015), e ao mesmo tempo se estreitam os vínculos culturais entre escravizados de áreas rurais e urbanas. Os quilombos não podem ser compreendidos como lugar de negros fugitivos tão somente. Essa interpretação é rasa, pois ignora uma forma de luta e de vida com características peculiares. Diante desse contexto, cabe destacar a participação direta de pessoas escravizadas na construção da economia brasileira, pouco estudada por intelectuais da área econômica. Via de regra, quando se estuda o Brasil no contexto do capitalismo, esquece-se desse período como se fosse um vazio da história. As bases da economia brasileira formaram-se pelo trabalho escravo. É preciso trazer à tona essa reflexão.

2.5 As fugas como movimento de luta política e social

Conceber o quilombo como expressão de um protesto político e social é, antes de tudo, constatar o processo histórico na sua dimensão política incontestável, pois "O quilombo era uma sociedade alternativa ou paralela de trabalho livre encravada no conjunto do escravismo colonial que constituía a sociedade maior e institucionalizada". Seu componente social era o negro na condição de pessoa escravizada que externava um claro sentimento de liberdade que se dava por meio das fugas e rebeliões. O ato de fuga era um claro e inequívoco posicionamento político de protesto, de inconformismo com a sociedade vigente, sendo, por assim dizer, o estágio inicial "de consciência rebelde" (MOURA, 2001, p. 103), que representava uma situação de luta e de negação. Escapar do cativeiro era um desejo inalienável e inegociável. Reitera-se: a afirmação da própria humanidade. No quilombo, tornavam-se livres.

E, se o primeiro estágio reside na consciência rebelde, o segundo consiste, isto sim, na publicização, que era o ato de tornar público um sentimento, o inconformismo. Socializar um ato ou o desejo de liberdade era fundamental para que a luta contra o cativeiro tomasse corpo e ganhasse forma do ponto de vista político e social (MOURA, 2001). Conceber aqui "liberdade" como um ato coletivo levado até as últimas consequências por sujeitos escravizados/as nas rotas de fuga rumo aos quilombos era uma possibilidade concreta.

> A categoria quilombo é desdobramento do contraditório da ordem escravista. Ela descreve fenômeno histórico objetivo. [...] os cativos que fugiam queriam mais do que liberdade pessoal. Desejavam, sobretudo, libertar a sua força de trabalho, reapropriando-se, assim, tendencialmente, do trabalho excedente que era detido pelo escravista. Os cativos procuravam no quilombo elevar as condições de existência [...]. A partir da fuga e da consequente ruptura com os laços que o aprisionavam a força de trabalho, os cativos organizavam em um ermo qualquer uma comunidade, pequena, média ou grande, de produtores independentes, como vimos, este fenômeno a escravidão clássica ou americana. (FIABANI, 2005, p. 281-282).

A liberdade tinha um aspecto pedagógico, na medida em que gerava uma real possibilidade de lutas com fugitivos de outros quilombos. Ainda que o fugido fosse rebelde e solitário ao escapar do cativeiro, tal ato se configurava como avanço de níveis de consciência, que era da condição de fugido para a condição de quilombola livre. Nesse sentido, as fugas adquiriam um claro caráter pedagógico, pois seu protesto aglutinava um sentido social abrangente quando se expressava em atos de interação coletiva. O quilombo aqui é concebido como um ser social, porque ele não é isolado ao manter relações com os de fora, portanto foi aqui deixada para trás uma visão fragmentária do quilombo como isolado e desprovido de vida social. Tal pressuposto é por si inconsistente, como indica Moura (2001).

Por parte deste trabalho, refuta-se com veemência conceber o quilombo como lugar de fugitivos. Ao contrário, era lugar de pessoas livres que se encontravam para celebrar a liberdade, a vida comunitária, que se organizavam para enfrentar com muita determinação os obstáculos impostos pelo escravismo criminoso.

Pensando no que Moura (1989, 1988, 2001, 2014) oferece e, por outro lado, é claro, sem querer elevá-lo ao pedestal de instância máxima do conhecimento, arriscar-se-á fazer alguns apontamentos de natureza analítica. O fato marcante é que, em seus enunciados, se pode buscar compreender o Brasil nas entranhas da formação social, nas desigualdades sociais e raciais como balizadores do status quo que impera também na atualidade. O quilombo Água Morna, ao longo do tempo, ocupa uma dimensão histórica no plano da resistência bastante semelhante, ao manter características parecidas com o quilombo colonial, quando, a exemplo dos quilombos do passado, se coloca em posição contrária à expropriação territorial como experiência histórico-social, cuja resistência significa valores culturais de escravizados por toda parte em que o latifúndio escravista imperou e impera. Na atualidade, essa comunidade oferece resistência à expropriação territorial. Este tem sido um traço marcante nas falas de todos os membros que ocupam o território e é a principal ligação deles com os quilombos que se formaram negando as investidas dos colonizadores no período do escravismo.

A liberdade é, e não poderia ser diferente, um imperativo de contorno político, histórico e sociológico, cuja antítese é a consciência de homens e mulheres que primam por ela. É uma ação política direta e incontornável, porque está inscrito nela um sentido. Trata-se de experiência histórica que teve como inflexão a negação do sistema, e isso é facilmente observado quando os fugitivos do cativeiro eram elevados ao status de quilombolas. Diante dos olhos de uma sociedade escravista, emergiu um protesto negro a ela endereçado como um ato político dissonante da ordem reinante, tendo o conflito o papel de elemento norteador.

Ademais, no passado e no presente, eles, por certo, não se sentiam confortáveis com padrões radicalizados os quais lhes eram apresentados como normais. As fugas em direção aos quilombos são também atos de evasão desse lugar opressor, com traços marcantes europeus, que não se furtavam em reproduzir sobre os sujeitos negros/as um comportamento hostil de cunho racial. Então, as fugas têm essa dimensão humana, isso porque uma sociedade estruturada sobre os pilares do escravismo não lhes oferecia nenhuma migalha de humanidade e conforto.

Em contraposição, era nos quilombos que se realizava a vida, ainda que sob forte vigilância da elite latifundiária, que se podia neutralizar minimamente a rigidez da hierarquia racial. Em um processo dialético, como era o caso, a busca pela liberdade era por demais desafiadora, pois dela se forjava o contraponto aos padrões de um mundo branco plenamente alicerçado em um padrão universal.

Reis e Gomes (1996) chamam atenção para o surgimento de diversos quilombos menores e marcantes no processo de resistência ao escravismo, e isso, por certo, representou um problema também para a sociedade da época. Até o século XVIII, por exemplo, os quilombos marcaram uma forte presença para os habitantes de Vila Rica, em Minas Gerais, na medida em que mantinham conexão com a vizinhança local. Pontuam os autores que neste caso não se tratava de escravizados fugitivos, mas de uma dinâmica de formação de pequenas comunidades quilombolas. Ainda que não ameaçassem a existência de Vila Rica, eram tão numerosos que comprometiam as relações de comunicação da vila com os pontos de Cachoeira do Campo, as fazendas, em direção a Mariana. É certo, portanto, que os transtornos não passaram incólumes.

Por outro lado, abria-se assim uma janela de oportunidades de negócios com comerciantes de Vila Rica. Se comparado a Palmares, este último não representava um grande perigo, mas pairava no ar um suspense, "os quilombos representavam sempre um lembrete do perigo potencial da presença de um grande número de escravos na população" (REIS; GOMES, 1996, p. 199). Na verdade, o medo das elites coloniais era de que os escravizados se unissem aos negros libertos e, mesmo, a outros escravizados/as, temendo a injunção de uma rebelião, o que causava pavor na população livre do local. As revoltas eram mais ameaçadoras do que os próprios quilombos.

Os núcleos de libertos em um processo de transformação assentavam-se em seus valores culturais, forjando novas experiências de convivência mútua dentro e fora da comunidade quilombola. Nos espaços físicos dos engenhos, quanto mais se oprimia, mais articulavam as estratégias de luta. As fugas das senzalas e dos engenhos ressignificavam o seu universo existencial, verificado quando se transformavam comunidades negras campesinas no meio da vegetação, pois aqui liberdade é também experiência compartilhada em conjunto. Tal movimento enseja nova dinâmica de organização social dos agentes aquilombados, e expressará um modo de vida oposto ao do escravizado, abrindo caminho para um nível de reflexão coletivo em oposição ao nível de reflexão anteriormente posto, indica Moura (2001). Ainda, que,

> Pelo que se pode constatar, dessa série de fatos, uma das características da quilombagem é a sua continuidade histórica. Desde o século XVI, ela é registrada e vai até as vésperas da abolição. Outra característica é sua expansão geográfica. Mesmo naquelas regiões onde o coeficiente demográfico do escravo negro era pequeno, o fenômeno era registrado (MOURA, 1989, p. 27).

Cabe anotar aqui que Moura (2014) não advoga que tentaram delinear certa benevolência entre os escravizados e os escravizadores. Isso porque, para começo de conversa, o escravizado não era um objeto, muito embora fosse esse o desejo dos que estavam do outro lado, os ditos "senhores de engenho". Mesmo diante de adversidades impostas, buscavam manter a sua humanidade. Seria então equivocado supor que as revoltas objetivavam um processo de acomodação, em uma espécie de arranjo para acomodar o sistema; pelo contrário, o movimento em direção aos quilombos indica um processo dialético entre os agentes do escravismo. Isto quer dizer que a violência física e simbólica do sistema escravagista, bem como a sua superação, insere-se no centro dos conflitos, produzindo o antagonismo entre as classes que ocupam centralidade nesse modo de produção. Razão pela qual, mesmo que tenha havido, ainda que de forma esporádica, algum tipo de negociação entre os trabalhadores escravizados e os senhores, havia sempre a consciência de que a conquista da liberdade perpassava a consciência crítica. O movimento denominado pelo autor como quilombagem é um exemplo dessa criticidade. Caso se partisse dessa tese como verdade, compartilhar-se-iam, é certo, os ditames de empatia social, e esta, pelo seu nível de fragilidade, seria facilmente contestada. O conflito durante o longo processo da escravidão esteve na ordem do dia amedrontando o sistema repressor, e, sobre isso, as fugas são fatos esquivos de repulsa ao escravismo. No entanto, pontua Moura (2014, p. 38):

> Que algum tipo de relacionamento alternativo entre escravos e senhores existiu ninguém põe dúvidas, mas, se ele fosse típico e determinante da dinâmica entre as classes jamais o escravismo entraria em crise e seria substituído por outro modo de produção, pelo menos no prazo em que foi realizado.

Nem sequer houve, em nenhum momento da escravização, passividade diante da tentativa de naturalização do termo "escravo", mas o negro livre, o agente político-social em uma categoria permanente enquanto durou o escravismo. Enquanto insurgente e "ser novo", o quilombo, de acordo com Moura, dava aos sujeitos a condição de preservar a liberdade quando abdicavam da condição do cativeiro. O existir do quilombo ancorava-se nessa imensa capacidade dos negros como "um módulo de protesto organizado", cujo valor se expressava na negação do sistema. Resistir ao cativeiro era, antes de tudo, criar condição para espaços de liberdade, e isso poderia ser algo singular, apesar das diferentes dinâmicas existentes nos quilombos. Resistir era uma condição comum a todos os mocambos e quilombos em qualquer lugar do Brasil colonial, sem exceção. Esses territórios não tinham outra função senão ser local em que os homens não tinham outra "hierarquização", senão ser defesa daquilo que os unificava diante da ordem posta (MOURA, 2001, p. 104).

Nascimento (2002) segue o mesmo caminho, mas vai além. Para ele, o intenso movimento das insurreições e revoltas tinha como propósito a queda do sistema. Esses levantes são facilmente detectados nas diversas localidades onde ocorreu a escravização. A movimentação tomou forma de comunidades negras dentro da vegetação do Cerrado como um movimento de luta política, tendo em Palmares o modelo. No quilombo não há pessoas escravizadas. Só há pessoas com status de liberdade, orgulhosas de suas ações diante da violência embrutecida no tecido social escravista. A dignidade, para os escravizados, é algo inegociável, porque nela reina a dimensão humana. Em outras palavras, era um mundo africano na dimensão civilizatória, diante de uma América de caráter assassino nos lugares nos quais predominou o escravismo.

No quilombo se adquire uma visão de mundo alternativa reinante, que opera em uma perspectiva do passado e do presente. Para o autor, a Balaiada, as Revoltas dos Malês, a Revolta dos Alfaiates, o quilombo do Campo Grande são eventos históricos de grande envergadura contra o escravismo. É incontestável a recusa dos escravizados à submissão a atos degradantes e de humilhação. O sangue derramado por personagens como Luísa Mahin, João Cândido, Preto Cosme e Manuel do Congo é exemplo do resgate da "dignidade e do orgulho dos povos africanos" (NASCIMENTO, 2002, p. 74).

É importante frisar, no processo de historicidade, que o "quilombismo" de Abdias do Nascimento (2002) se assenta em uma perspectiva histórica em direção à liberdade como um processo inacabado, portanto que está em curso. Diante do que o autor relatou, pode-se afirmar que o fato é que, no transcurso da história, nunca houve igualdade entre negros e não negros. A estrutura do escravismo, entretanto, ocupa espaço na estrutura do capitalismo vigente com a sua negativa racial, o que contribuiu para a não inclusão de afrodescendentes na sociedade de consumo. A luta dos escravizados produziu desgaste suficiente para a derrocada do sistema escravista. Por outro lado, os resquícios de sua estrutura ainda não foram superados. Nesse sentido, poder-se-ia apontar, com uma certa margem de segurança, que os africanos no pós-abolição foram jogados à própria sorte diante da ideia de progresso industrial das elites políticas e econômicas.

Na sociedade de classes, sobre os descendentes de africanos pairava a desconfiança da escravidão como um estigma que impedia, de fato, a sua ascensão social. Nunca é demais lembrar que os chamados senhores de engenho nunca foram penalizados pela prática do escravismo. A violência continuava penalizando esse segmento negro, que foi se deslocando para os lugares mais pobres da geografia dos grandes centros urbanos, cujo endereço foram, na sua maioria, as favelas e vielas dos grandes centros urbanos. Nesse contexto, muitos negros foram obrigados a retornar aos antigos escravizadores diante de um cenário, do ponto de vista econômico, desfavorável. Na atualidade, a liberdade é um engodo, porque está longe de ser alcançada na sua totalidade, e, diante de tudo o que consta, podemos assegurar que, "De vítima acorrentada pelo regime racista de trabalho forçado, o escravo passou pra o estado de verdadeiro pária social, submetido pelas correntes invisíveis forjadas por aquela mesma sociedade racista e escravocrata" (NASCIMENTO, 2002, p. 75).

Em Moura (2001), a liberdade era um status político dentro da ordem, e contra ela. Aos líderes religiosos e militares concebidos coletivamente, era incumbido o papel de defesa da comunidade, de modo a transformá-la em uma unidade que garantisse a paz interna e capaz de unir forças e atuar coletivamente contra os invasores. Nesse caso, a invasão e a consequente destruição do quilombo poderiam significar o retorno à condição de escravizados, enquanto a manutenção da liberdade garantia a existência do quilombo como trincheira armada contra os que buscavam vilipendiar a liberdade e restaurar a escravização. Nesse ínterim, cabe ressaltar que tais agrupamentos humanos mantinham dentro de si elementos que os ligavam à sociedade mais ampla, como era o caso de grupos oprimidos, como índios, trabalhadores sem-terra e fugitivos da justiça.

Tal diversidade era verificada também nas áreas agrícolas, pois os mesmos gêneros compulsoriamente plantados nas fazendas eram produzidos na condição de liberdade nos engenhos, de forma comunitária, com nova divisão interna do trabalho na condição de trabalhadores livres. A diferença estava tão somente na forma de produzir: trabalho livre e comunitário nos engenhos; e trabalho compulsório nas fazendas.

A relação com os de fora do quilombo é clara. Tal dinâmica de produção, por certo, determinou o comportamento tanto nas fazendas como nos engenhos. São, na verdade, dois polos antagônicos, na medida em que se defrontavam em todos os níveis estruturais, mas sem que isso impedisse, como se tentou colocar, formas de interação social e política entre ambos os universos. Aponta o autor que a principal contradição escravista reside, por um lado, na estrutura engenhosa dos senhores de escravos e, por outro, em outra delineada pelos negros como potencialização dos conflitos. Trata-se então da estratificação social em duas classes como contradição do sistema. Estão, nesse ínterim, são postos no plano dialético os oprimidos e os opressores (MOURA, 1989, 2001).

É certo que a interação se dava no terreno pacificado. Se os escravizados tentassem reconquistar os escravizados perdidos, haveria uma forte reação do outro lado, o que abriria caminho para os processos de violência física e expedição de alta capacidade de punição. Não obstante, o universo quilombola tinha várias formas de interação com os agentes externos, sendo a primeira pacífica, por meio de contato com sitiantes andarilhos, dos quais se obtinham informações, armas, pólvoras etc. A segunda forma de interação era semipacífica, com conflitos "variáveis", com escravizados que não queriam se incorporar ao quilombo, além de membros que, de forma flutuante, moravam no território escravista (MOURA, 2001, p. 105). Já a terceira era conflitante. Tratava-se de dois universos, o escravagista e o quilombola. Os conflitos davam-se entres os representantes do latifúndio e os quilombos, fazendeiros, autoridades coloniais, senhores de engenho e segmentos armados, capitães-do-mato e milícias.

Do ponto de vista sociológico, "quilombo" consistia em uma ruptura radical com a ordem, na concepção ampla do termo. Essa era a dinâmica de grupos aquilombados, que se refugiavam em busca de liberdade.

Contudo, no seu interior, o trabalho escravo era um anacronismo, pois pretendia-se, assim, passar do quilombo à sociedade livre em todos os lugares da afro-América onde estava o sistema colonial. A própria geografia acenava para um universo marginal e excludente; assim, o quilombo só podia vir à tona na sua complexidade, vista na negação total e radical ao sistema escravista vigente (MOURA, 2001). Somente desta forma ele tem função, quando remete à substituição do processo de trabalho escravizado pelo livre.

O historiador Clóvis Moura, entre os/as demais autores/as com os quais este trabalho dialoga, aponta para uma linha de argumentação consistente acerca dos antigos quilombos. Trata-se da capacidade de reação na qual o trabalho livre era uma irredutibilidade social. Sobre esse assunto, escreveu também Nascimento (2002, p. 34):

> Das insurreições armadas, a mais importante aconteceu em 1835, liderada principalmente por escravos iorubás e africanos islamizados. Planejaram em seus menores detalhes, seus participantes usavam brincos identificadores e vestiam roupas totalmente brancas no dia da ação armada.

Se os quilombos são, por esses pressupostos, uma entidade radical, como de fato foram, notabilizaram-se por sua conotação como realidade posta diante do escravismo. A radicalidade alimentava-se pelo aspecto da própria violência escravista no âmbito social. Nesse sentido, inexiste espaço para o recuo, senão o de posição de negação. O radicalismo apontado por Moura (2001) é sinônimo de negação, porque o escravismo não possibilitou meio-termo: sua passagem pelo sistema tinha que ser radical. Os negros negavam o escravismo para adquirir status de pessoas livres, como um ato político. A liberdade vem por sua posição radical, e é isso que caracteriza o homem quilombola. Inexiste possibilidade de ser arrendatário, meeiro ou posseiro. A ele só cabe a condição ou de pessoa livre, ou de escravizado.

A obtenção da cidadania nesse contexto dá-se quando da conquista da terra, no caso, o quilombo na sua dimensão histórico-política. A terra é apropriada por um ato radical, como indica Moura (2001); por isso, as relações dão-se para esse contingente de pessoas na condição de escravização no contexto das tensões político-sociais de uma força que se opõe a outra em um processo inequivocamente dialético. É o radicalismo que mantém a terra sob seu domínio. Nela, estabelecem-se laços afetivos e comunitários, além de forjar-se uma visão de mundo peculiar (MOURA, 2001). As comunidades quilombolas constituem-se em um poder paralelo ao do escravismo. É o poder quilombola forjado na luta social, no passado e no presente. Para o escravismo, o quilombo é uma afronta, porque não reproduz a lógica colonial de acúmulo de riquezas. Do ponto de vista econômico, o seu trabalho é executado por pessoas livres que negam substancialmente o trabalho compulsório praticado no interior do latifúndio e das fazendas.

Orientando-se pelos indicativos de Moura (1989, 1988, 2001, 2014), pode-se afirmar que, em face de tudo quanto foi exposto a esse respeito, e partindo dos pressupostos teóricos apresentados de que o quilombo é um ato radical, por outro lado, seria relevante pensar quão retrógrada e conservadora era a sociedade escravista, assentada em princípios "democráticos" inteiramente duvidosos. O ato de fuga é inerente aos seres humanos, inscrito antes de tudo no direito à cidadania; no caso em questão, o aparato estatal colonial promovia contra estes sujeitos um tipo de opressão que destoava do que entendiam como liberdade. Ocorre que, diante de tamanha opressão contra a dignidade de um grupo humano específico, de origem africana, o ato de liberdade era, por essa ótica, interpretado como movimento de resistência. Por tudo isso, as fugas eram entendidas como um dano à ordem estabelecida.

Em Moura (2001), o quilombo é a antítese do escravismo, negando-o em todas as suas dimensões. Contudo, do ponto de vista cultural, jurídico, social e econômico, não produz a ascensão social no sentido amplo de "cidadania". Portanto, do ponto de vista do deslocamento de classes, é irrelevante. Do ponto de vista histórico-sociológico, entretanto, é um ato político de protesto e de liberdade.

2.6 O quilombo como protesto social

Dessa forma, tais sujeitos vislumbram um encontro com a sua humanidade e com a sua interioridade, e tornam-se homens negros — no sentido ontológico do termo. Tal ação é coordenada e projetada contra uma violência institucionalizada. É uma recusa coletiva ao cativeiro. É assim que eles encontram plenitude humana, como sujeitos dotados de sentido e de cosmovisão. No escravismo, o negro sofreu todo tipo de negação, de coerção moral, psicológica, física e material. Sua humanidade foi negada à exaustão, mas, ainda assim, o reencontro com a liberdade vinha das insubordinações e da rebeldia contra o regime que o humilhava (MOURA, 2001).

Por isso, o quilombo é inexoravelmente uma instituição radical, que se insurgiu contra um tipo específico de violência endereçada a atingir a sua essência humana, política e social. Acrescentamos que as comunidades quilombolas só existem na atualidade em função desse histórico, desse passado de lutas não só pela liberdade, mas por uma forma peculiar de ver o mundo, adentrando séculos desafiando a violência incrustada em sua alma. Nesse universo cruel, no máximo, o escravizado poderia ser liberto mediante prestação de favores de vassalagem a um súdito do sistema escravista, e a ele devia prestar obediência.

> Os diversos exemplos históricos de acordos entre os quilombolas e senhores somente provam, do ponto de vista lógico, que os quilombolas ao aceitarem as condições para a efetivação do mesmo mutilavam a totalidade de sua condição de ser livre [...]. (MOURA, 2001, p. 107).

Os acordos, como se vê, eram acertados com a premissa de derrotar o escravizado na condição de ser livre. Clóvis Moura analisa o caso em dois pressupostos antagônicos do escravismo:

> Primeiro, o quilombo como terra de pessoas livres confiscadas. Trabalho comunal livre ancorado em um coletivismo agrário, com forças armadas de defesa. Do lado do sistema colonial escravista, reinava o latifúndio, o trabalho forçado, escravismo, forças de segurança para a repressão e famílias reprodutoras de escravos. (MOURA, 2001, p. 108).

Neste sentido, o autor afirma que "o quilombo transformou-se em um continuum social, cultural, econômico e político durante a vigência do sistema escravista" (MOURA, 2001, p. 108). É importante pensar que não interessa a análise factual de derrota ou vitória dos quilombos isoladamente, mas pensar as fugas como um *continuum* que causou desgaste às forças estruturais sociais e políticas que faziam parte da escravização, cujo nível permanente de resistência corroía a sua base.

É importante pontuar que, com isto, Moura (2001) não está afirmando que houve uma intencionalidade clara nesse processo. Ainda que não tenha havido uma articulação deliberada por parte de seus personagens sociais, o que importa é a permanência temporal que atua no cerne da contradição posta pela sociedade de classes. Essa imanência, ou seja, "*continuum*" no tempo, foi fundamental para desestabilizar o sistema econômico no seu projeto. De acordo com o autor, essa análise só é válida se se toma como regra um olhar metodológico isolado, de modo a pensar os quilombos isoladamente, longe de uma dinâmica complexa. Contudo, tal processo só é possível de ser observado quando se lança um olhar sobre a totalidade de um processo histórico-social da sua existência, que se articula como se fosse uma arma permanente de negação do sistema. "O desgaste por meio da negação do trabalho é talvez o ponto alto que impulsiona esse movimento, de modo que sem a radical negação não se consuma tal fenômeno" (MOURA, 2001, p. 109).

Não obstante, há um percurso histórico que esses movimentos históricos de luta por liberdade percorrem, entre o confronto e as assimetrias com o sistema, que se configura com as derrotas, as lutas, as vitórias e por vezes a destruição de sua identidade e formas de enfrentamentos, e até mesmo recuos. Tudo isso é uma peça de desgaste ao que é imposto como regra. Essa dinâmica de enfrentamento coloca o escravizador em constante defensiva diante da capacidade de reação do inimigo. No tempo do escravismo, a rebeldia "cria no senhor a síndrome do medo" (MOURA, 2001, p. 109).

A linguagem era, em oposição a estes, "Uma das origens da síndrome do medo é a perda por parte do senhor do universo de obediência do escravo" (MOURA, 2001, p. 110). O poder da aquilombagem era talvez desconhecido na sua totalidade pelo escravismo. Ela estava muito além dos limites territoriais das comunidades. Esse fenômeno político chegava a muitos lugares. Tal poder se espalhava como rastilho de pólvora, chegava a matas, roças, estradas e rios, senzalas, porque tinha polos de receptores de prestígio e ação. Tornava-se de uma artimanha milimetricamente subterrânea, ambígua, por sinal. Inexistiam normas ou códigos, mas manifestavam-se em práticas objetivas de solidariedade, que poderiam ser dissimuladas ou mesmo sutis. A qualquer momento, poderiam ser desferidas fugas, negação ao trabalho, sabotagens imaginárias, doenças e outras formas de resistência. De fato, como indica o autor, tal movimento estava em sintonia com o eixo de poder, mas para negá-lo por completo. Em Fonseca, Silva e Ernandes (2011, p. 49),

> A emancipação entendida como transformação social, e cultural, como ato de libertação do ser humano, sempre esteve presente nas ações de comunidade negra organizada, tanto no período da escravidão quanto no pós-abolição e a partir do advento da República.

Em Reis (1996), os rebeldes faziam parte da santidade baiana, da mesma forma que, no quilombo dos Palmares, havia índios que lideravam uma frente de rebelião contra o escravismo colonial. Nestes, os sinais de revoltas ocasionaram a formação de mocambos, que no seu apogeu concentraram milhares de aquilombados, em fins do século XVI e início do XVII, tempo de expansão da escravização negra. Emblemáticas foram, sem dúvida, as rebeliões nesse quilombo, que foi o maior de todos. Sua capacidade de resistir por cem anos é um sinal de alerta ao sistema vigente, porque as suas formas de organização influenciaram demais a formação de novos quilombos. Sem saberem o que fazer, agentes coloniais entraram em pânico, como explicado anteriormente. A sua existência causou inquietações entre todos aqueles que faziam parte do projeto colonizador português em terras coloniais. Era notório que os agentes do colonialismo não sabiam como proceder diante da sua organização.

Assim, as causas da negação dialética residem nas fugas e na negação do trabalho, e exerce esse papel desarticulador, seja no nível ideológico, seja no político ou econômico. "É, portanto, um componente dos mais importantes, senão o mais importante das contradições que impulsionaram a dinâmica da mudança social rumo ao trabalho livre", esclarece Moura (2001, p. 111). Como podemos notar, Moura indica que se tem nesse processo a expressão da luta de classes dentro de condições peculiares do modo de produção escravista. Nesse caso há, sim, um conteúdo revolucionário desse processo, porque inexiste relação de passividade. Trata-se da negação ao latifúndio e a seus escravizadores. A clara perspectiva de negação inerente à aquilombagem é por si um agente de negação emergente nas grandes fazendas que exploravam o trabalho compulsório.

Nesse ínterim, o quilombo deixa de ser uma sequência de episódios de atos sem conexão com a dinâmica global, e passa a ser concebido como eixo central da dinâmica. Destaca-se que esse movimento existiu em todos os lugares livres, com vida econômica e social. A aquilombagem não era uma simples sucessão de mocambos isolados no espaço e no tempo; e só pode ser vista plenamente dentro de um *continuum* social que tem na historicidade a negação do escravismo, de modo que, na seara da metodologia antidialética, não é possível vislumbrá-lo como um *continuum* revolucionário. A mobilidade era por certo uma condição de continuar a luta, e permanecer nela é forjar uma espécie de núcleo capaz de garantir minimamente a existência coletiva, advoga Moura (1988, 2001).

2.7 Escravismo e liberdade

Em Moura (1988, 2011) e Reis (1996), a dinâmica desse movimento de fugas deu-se por meio do desejo de liberdade como uma constante durante os cerca de 300 anos que durou a escravização. As fugas eram uma forma de contribuir na formação de grupos de escravizados que se associavam a pessoas de outros estratos sociais. É importante notar que tais autores buscam, em suas respectivas linhas de raciocínio, pensar o escravizado como um elemento ativo dentro do sistema colonial, afastando-se por completo da ideia de um escravismo harmônico. Rebelados constituíram uma força por meio das ações coletivas enquanto forma de viverem livres, seja individual, seja coletivamente, e, simultaneamente, pela negação do trabalho escravo. Em alguns casos, havia o retorno do escravizado ao local de origem. Na maior parte das vezes, o fugitivo refugiava-se em um quilombo que eventualmente pudesse encontrar. Desse contexto, é crível argumentar que o processo de aquilombamento tem ampliado a investigação historiográfica a respeito de comunidades quilombolas, inseridas na negação ao escravismo.

Ainda que exista uma quantidade importante de fontes a respeito da escravização a ser explorada por pesquisadores/as, possibilitando uma releitura desse importante período da história brasileira, a dimensão da memória persiste, porque não era possível apagar os vestígios de experiências solidificadas e forjadas na luta por liberdade. As experiências históricas eram as referências que restavam do continente africano, tomando como norte as comunidades remanescentes de quilombos, que podem reconstruir a sua história, desde agrupamentos construídos mesmo em períodos anteriores à abolição, em 1883 (REIS, 1996).

Dada a complexidade do termo, ademais, é preciso investigar em que condições ocorreu uma constituição dos quilombos, tendo as fugas como parâmetro, e pensar as condições geográficas de localização do quilombo e, mesmo, problematizar a natureza das relações sociais nas quais se ancorou a escravização negra no Brasil Colônia. A demografia, a repressão, a economia e a estrutura social delinearam o quilombo como um lugar de libertos e ao mesmo tempo de resistência, que se opunha à vida em cativeiro; a relação do quilombo com a sociedade; as rupturas com os costumes trazidos da África.

Cabe frisar que a comunidade Água Morna, como se sabe, é fruto da fuga do casal ancestral Maria Benedita de Jesus e Maurício Carneiro do Amaral, ancestrais que fundaram o território quilombola no fim do século

XIX, como apontam os relatos de memória acessados pelo grupo com base nas lembranças da matriarca, dona Dejair. O território é "santo" e, ao mesmo tempo, lugar de liberdade. Lugar de gente que lutou pela vida: é o que se testemunha segundo o acesso à memória do grupo, a qual parte desse marco como bastante significativo para a composição da própria comunidade enquanto tal, na constituição do próprio território.

Por ter uma dinâmica de organização social diferente dos demais, Reis (1996) centra as suas análises na questão geográfica como elemento que facilitou a formação de comunidades quilombolas, sem se afastar da questão política do quilombo. É importante pensar que, apesar desse enfoque aparentemente diferente entre ambos, a análise de Reis e a de Moura, em certo sentido, dialogam ao trazer para reflexão a dinâmica do movimento pela liberdade como um contraponto para a sociedade.

2.8 A guerra e a dinâmica das deserções

A expressão "guerra aos negros" era difundida por aqueles que desejavam o seu fim. Diante da Coroa portuguesa, os negros eram inimigos a serem combatidos. Contudo, é importante considerar que essa visão historiográfica quanto à destruição de Palmares vem dos que tinham interesses do lado do poder imperial, portanto apropriando-se de uma versão que lhes interessava. As lacunas e as ausências de documentação deixam um também um espaço vazio na historiografia de Palmares. Apesar dos muitos trabalhos importantes, como dissertações de mestrado e teses de doutorado e, é claro, obras importantíssimas que tratam do tema, a ausência desses documentos não permite que se tenha uma dimensão precisa de como era exatamente o quilombo.

Os ferrenhos ataques comandados pelo bandeirante Domingos Jorge Velho não deixavam dúvidas de que as fugas incomodavam o colonialismo, razão pela qual desde muito cedo se formaram os agrupamentos na Serra da Barriga, atual estado de Alagoas. Algumas metáforas associam Palmares aos gladiadores da Roma antiga. Nesse quilombo, a vida era uma guerra constante, por uma questão óbvia: manter-se vivo (REIS, 1996).

Mas aqui se abre um parêntese: sem querer cometer anacronismo, o que talvez aconteça em alguma medida, a passagem pelo denso processo histórico tendo como norte a conquista da liberdade (e sendo essa âncora da humanização individual e coletiva) foi uma constante em todo o período da escravização. Para o colonialismo, era confortável associar a luta destes/as à guerra e a personagens históricos como os gladiadores, que no Coliseu se banhavam de sangue para abater o inimigo. Não obstante, temos dúvidas se a metáfora faz jus ao seu uso, pelo fato de se estar falando de indivíduos que foram expropriados de sua terra de origem, sequestrados e trazidos para o outro lado do Atlântico de forma subumana, com violência física e simbólica.

Honestamente, não se sabe em que grau os quilombos ameaçavam a ordem institucionalmente instituída, esta, sim, violenta, porque era revestida de poder estatal. Essa perspectiva era confortável para a história que lhes interessava. Até porque, nessa concepção, os mais de 300 anos de escravidão eram tidos como absolutamente normais, e sobre ela não recaía nenhuma objeção quanto à rigidez racial que tornava os/as escravizados/as objetos. Perspectiva essa que é presente na atualidade quando se nota a omissão de governos e das instituições em combater as desigualdades raciais. É uma narrativa que tem historicidade e contempla uma parte que certamente não é a dos/as que buscavam burlar a ordem para viver em comunidade nos quilombos.

É importante destacar que as fugas se contrapunham ao aparato estatal de violência institucional endereçada a alvos determinados. Do que se tentou analisar até aqui, a rebeldia era uma forma de autoproteção coletiva de negação ao cativeiro, contra o aparato de violência física e simbólica que permeou esse período da história brasileira. Nesse estágio de análise, em termos de história e historiografia, o que interessa é problematizar a violência sem precedentes endereçada aos sujeitos, de modo que tais metáforas têm como pano de fundo o encobrimento de atos de cunho abertamente racial que se acumularam no tempo de maneira absolutamente voluntária.

Para Fiabani (2005), o colonialismo entendia Palmares como uma guerra difícil de ser equacionada, tendo no elemento de contenção a sua extinção por completo — e, assim, nessa perspectiva, acreditavam no retorno da paz. Essa é, por certo, uma visão colonialista míope. De outro lado, as incursões, principalmente de Domingos Jorge Velho, contra os quilombos eram tidas como um ato de grandeza e valentia diante da total desumanização do negro em direção à liberdade. Essa visão historiográfica colonialista é patente quando se trata desse período da história brasileira. Então, valia a pena guerrear contra Palmares.

Nessa perspectiva, deslocada de interpretações culturalistas, acredita-se que a palavra "quilombo" se circunscreve como um ato de rebeldia. Concorda-se aqui com as afirmações de Clóvis Moura quando trata o quilombo como agente político em movimento. As expedições portuguesas eram verdadeiras operações de guerra e tinham o intuito de dar fim às revoltas e às rebeliões nos engenhos. As prisões eram aplicadas como forma de conter as fugas. Aqueles que fossem capturados deveriam ser entregues ao local de fuga ou, em até 15 dias, a um juiz.

Vejam que, diante da inoperância quanto às fugas, a privação de liberdade acabava, em certo sentido, trazendo algum alento aos donos dos engenhos. As prisões tinham caráter pedagógico e punitivo ao mesmo tempo. Reis (1996) acredita, dessa forma, que os demais recuariam quanto à saída em massa em direção aos quilombos. Aqueles que ajudavam os demais a fugir eram tidos como criminosos. Destaca-se que as expedições de Fernão Carrilho (1676-1678) e de Manoel Lopes contavam com cerca de 280 homens e levaram um mês a Porto Gavião. Reis (1996) escreve que

> O governo holandês separou uma grande expedição para destruir Palmares. [...] existiam dois grandes quilombos grandes, composto por 5 mil habitantes, e Palmares pequeno com 6 mil pessoas. Em 1644, marchou a primeira expedição holandesa sob o comando do capitão Rodolfo Baro, composta de centenas de soldados e contingente de índios tapuios. Alcançou Palmares grande, e mais de cem quilombolas acabaram mortos e muitos outros capturados. (GOMES, 2015, p. 81).

Diante do fracasso iminente, o governador recorreu a um experiente capitão-mor nos combates pelos sertões. Com ajuda de diversas câmaras, reuniu 2.500 cruzados para armar cerca de 400 homens (REIS, 1996). Nos meses seguintes, juntaram-se a eles várias levas armadas, e empreenderam-se muitas batalhas, cercos, prisões e expedições, até que, no mês de janeiro de 1678, Fernão Carrilho já se deu por vitorioso. Segundo ele, a batalha dos rebeldes teria sido vencida. Ademais, o exército destruiu o mais imponente dos quilombos em 1694, Palmares, que foi sitiado e vencido em pouco menos de um mês. Tal expedição contou com um aparato militar de cerca de 6 mil homens fortemente armados, sendo um terço deles chefiado por Domingos Jorge Velho. Contou também com recrutas de diversos lugares, sendo 1.500 de Alagoas e 3 mil de Recife, Olinda e vilas vizinhas. Foi uma verdadeira força-tarefa, comandada até mesmo por câmaras municipais e governadores, que se somaram aos esforços dos donos de engenhos (REIS, 1996).

Fato é que Palmares sucumbiu depois de quase um século de batalhas e incursões, mas Zumbi não foi capturado. O êxito deve ser celebrado pela historiografia, pois não significou seu fim. As fugas eram uma constante entre os escravizados durante o longo processo da história colonial. A própria dinâmica de organização da sociedade escravagista certamente contribuiu para o seu êxito diante da possibilidade real de enfrentamento da ordem colonial. A força de organização dele foi sempre um grande trunfo contra as forças opressoras nas extensas áreas da capitania de Pernambuco.

Assim, resta problematizar as condições políticas e sociais em que se deram as batalhas de Palmares. É certo, por outro lado, assegurar que, onde quer que houvesse escravização, havia resistência, independentemente do lugar. É também crível que nenhum outro quilombo teve a força política e militar deste. "As razões, na minha opinião, devem ser buscadas menos na movimentação escrava e mais nas alterações da política senhorial de governo dos escravos", ressalta Reis (1996, p. 88).

O movimento de fugas atormentava deveras as autoridades. Era preciso buscar meios de contenção dos fugitivos. Diante daqueles que viam os seus lucros se esvaírem, as fugas eram um acinte. Por outro lado, vai se evidenciando o caráter desumano que a escravidão adquiriu à medida que se via a possibilidade de surgimento de outros Palmares. Contudo, de acordo com Reis (1996), um lugar com mais de quatro negros com rancho e pilão, na visão do governador, já era considerado um quilombo. Isso quer dizer que o medo dos aquilombados fazia parte do cotidiano. Jaime Pinsk oferece importante contribuição a esse respeito, ao afirmar que

> [...] o fantasma de uma insurreição ampla estava sempre presente nos pesadelos dos senhores e de suas autoridades. Levar isso em consideração é importante, tanto para destinar ao negro o verdadeiro papel que ocupou, como para se pensar o próprio processo do fim do escravismo no Brasil. [...], o inconformismo dos oprimidos materializado em gestos de fugas, suicídios, assassinatos, rebeliões demonstra o peso que os escravos teriam em sua própria libertação. A abolição não pode ser reduzida em um ato de brancos. (PINSK, 2020, p. 94).

A revolta ocorrida de 1835 em Salvador, capital baiana, foi também chamada de "grande insurreição". Um ponto culminante que ia desembocar em uma série de revoltas desde 1907. Tais rebeliões se davam na forma, nesse caso, de escravizados islamizados de forma dispersa, sem grande organização, porque eles se juntariam aos demais. A sua liberdade estava ligada às grandes massas, como no caso de congos, camarões, Gegês *grumas ainbus benis*, minas.

Secretamente se reuniam em Salvador, e havia também outros grupos que se organizavam às escondidas para organizar as fugas em um lugar secreto que funcionava na Barra (bairro da Vitória), um clube usado como um ponto de encontro que se localizava nos fundos da casa de um inglês chamado de Abraão e que teve um papel importante na estruturação e deflagração das revoltas. O ambiente era um lugar rústico, construído pelos próprios rebeldes para se reunirem periodicamente. Os principais líderes eram Diogo, Ramil e James. Na ocasião, o plano da insurreição fora traçado, em muitos casos, com outros elementos de grupos da cidade e outros do Recôncavo Baiano (REIS, 1996). Participavam também os escravizados de quilombos da periferia e de engenhos da região. Como um ponto de encontro, o clube funcionava de forma organizada antes da insurreição. Havia ali um deles que ensinava os parceiros a escreverem em hebraico.

Outro lugar onde se encontravam era na casa do preto Belchior da Silva Cunha, e ali se reuniam para discutir os detalhes dos planos de fuga. No mesmo local, recebiam escravizados que se reuniam, faziam ajuntamento de dia e de noite. Para melhor disfarçar, havia uns que escondiam o nome, até para evitar conspirações de delações. Reuniões grupais eram um caminho para traçar estratégias. Reuniam-se à porta do convento das Mercês, juntavam-se a outras providências, dirigidos por Agostinho e Francisco. Também atrás da rua do Juliano, na casa de um preto chamado Luís, havia muitos pontos de ajuntamento para discutirem a liberdade.

Nesse contexto, para combatê-los, um detalhado plano militar foi orquestrado. As ordens eram todas dirigidas e proclamadas aos líderes com anuência daquele que se chamavam Mala Abubaker, e, em função da delação, o plano não foi cumprido na íntegra. Nessa dinâmica, o fator surpresa fora abortado, e os principais dirigentes do clube foram presos, o que deixou os demais abatidos (REIS, 1996).

Quando as insurreições falhavam, as repressões aumentavam substancialmente. Um dos fatores das falhas era justamente quando um deles delatava. As prisões ficavam abarrotadas de escravizados e de libertos, como um corretivo para evitar novas fugas. Os líderes do clube da Vitória já estavam presos. As cidades eram permanentemente vigiadas, pois a ordem suspeitava de que a qualquer momento haveria a possibilidade de novas insurreições. O juiz de paz efetuava várias prisões. O aparato judiciário dava guarida aos escravizadores, chamados pela historiografia de senhores de engenhos. Nesse sentido, o peso da justiça castigava impiedosamente os fugitivos. Os líderes do clube da Barra foram todos punidos: Antônio, escravo hauçá, a 500 açoites; Higino sofreu pena de 400 açoites. O nagô Luis foi castigado com 200 açoites; e Tomás, o mestre que ensinava a ler, a 200 açoites. Quanto à condenação à morte na forca, foram cinco. Estes preferiram morrer a viver no cativeiro. No dia 14 de maio de 1835, eram fuzilados. Foram estes Joaquim Pedro, Jorge da Cunha Barbosa e José Francisco Gonçalves (REIS, 1996).

Diante de prejuízos causados a lavradores e à vizinhança de maneira geral, estes encaminhavam as suas queixas às autoridades para tomarem providências quanto às perdas sofridas. O fato marcante era o de que os mocambos e os quilombos exerciam forte atração, o que contribuía para o aumento substancial das fugas em sua direção. As punições aplicadas em nada adiantavam, pois a rebeldia era um elemento marcante nas relações estabelecidas nessa dinâmica do Brasil colonial. Contudo, resta certo que nem todas as fugas eram planejadas em direção aos mocambos e aos quilombos já existentes. O cuidado com que eram organizadas nem sempre representava um ato de desespero diante de castigos sofridos. Isso mostra o caráter político na forma de organização da resistência. Elas se davam no tempo certo, planejado, até mesmo como forma de motim (GOMES, 2015).

Como já se destacou aqui, o medo pairava ao lado da Coroa portuguesa. Muitos amotinados teriam participado de uma revolta no Recôncavo Baiano no ano de 1585. E não para por aí. No Nordeste, havia um aumento significativo no número de fugas, mostrando que a dinâmica dessa relação entre escravizados e escravizadores não era nada amistosa. Neste caso, as fugas foram também impulsionadas por irmandades religiosas nas últimas décadas do século XVI.

As batalhas coloniais foram, isto sim, elementos que causaram deserção, o que contribuiu para o aumento dos fugitivos, porque as autoridades estavam concentradas em combater os holandeses. As rebeldias nos engenhos estão ligadas a isso. Paralelamente, há um crescimento exponencial dos quilombos nesta região. As deserções nos engenhos, de acordo com Gomes (2015), teriam se dado em Alagoas (Cabanada), Maranhão (Balaiada), Grão-Pará (Cabanagem) e Rio Grande do Sul (Farroupilha).

Fato é que não só nesse caso, em que as tropas coloniais estavam desmoralizadas diante do não combate aos cativos, havia a possibilidade de maior sucesso nas debandadas. Para Gomes, houve também quilombos cuja formação se deu com base nas deserções, aumentando a quantidade de escravizados passando-se por livres. Assim, diante do caos das deserções, rumando para o fim da escravização, não faltavam aqueles que tinham medo da relação que os fugitivos poderiam manter com os quilombos.

Na província de Minas Gerais, temia-se que eles pudessem realizar uma grande insurreição, porque as notícias no Grão-Pará eram de articulação de aviltantes, revoltas negras com auxílio dos quilombos situados nas margens dos rios que banhavam a cidade de Belém (GOMES, 2015). Em Macapá, 1795, os rumores de revoltas circulavam por toda parte.

Partindo desses pressupostos de análise de Gomes (2015), pode-se pensar como as notícias circulavam rapidamente nos entornos das rebeldias negras no Brasil colonial. Isso talvez mostre de alguma forma como a sociedade não tinha noção de cidadania, transparecendo, portanto, a ideia de naturalização da escravização negra. No imaginário social, havia uma certa aceitação dos açoites nas senzalas como forma de imprimir na vida social uma certa moralidade, advinda de um comportamento social ancorado nos costumes de uma hierarquia social que tinha os negros como sujeitos despossuídos de cidadania.

Não obstante, temia-se que aquilombados atormentassem as festividades da noite de Natal. Em São Paulo, em 1820, uma insurreição estava prestes a eclodir e os quilombolas ajudariam a invadir a Vila de Itu. A aliança entre quilombos e cativos rebelados fez a situação ficar tensa em Salvador. As insurreições davam-se em vários lugares, inclusive nas proximidades urbanas. Em 1814, descobriu-se um plano no qual os africanos, com destaque para os que trabalhavam nas cidades, articulavam-se com os quilombos dos subúrbios. Depois, teve-se notícia da eclosão de uma insurreição urbana que partiu de um quilombo (GOMES, 2015). Em 1827, na comarca de São Mateus, província do Espírito Santo, corriam informações de que os quilombolas invadiam fazendas e ao mesmo tempo incentivavam os demais a fazerem uma grande revolta.

Enfim, os exemplos de insurreições são inúmeros. O volume das escapadas e o longo período de ausências levavam ao aumento significativo dos prejuízos nos engenhos, "comprar escravos, investir recursos e se endividar, precisar deles para as lavouras e acabar vendo escaparem à luz do dia certamente desesperou muitos fazendeiros" (GOMES, 2015, p. 15). Para eles, o sucesso das escapadas estava associado a vários fatores: aproveitar bem a oportunidade, apoio de eventuais, solidariedade de outros escravizados e uma boa estratégia em permanecer escondidos o máximo que pudessem; isso porque há relatos de pequenos grupos fugitivos que atravessavam as regiões em um movimento de permanente migração na busca pela sobrevivência e por abrigos. Diante da ameaça de capitães-do-mato, intentava-se buscar lugares de refúgio minimamente seguros.

Aqui cabe destacar que, embora fosse fundamental buscar lugar de proteção, a mobilidade era um elemento também de maior segurança coletiva. Era de fato preciso se proteger das constantes ameaças que vinham de fora. A fauna e a flora eram aliadas, porque garantiam algum grau de esconderijo. Como se nota, os escravizados buscaram desenvolver formas diversas de sobrevivência coletiva (GOMES, 2015). Fazia parte da vida de pessoas escravizadas buscar abrigos em meio à vegetação fechada para minimamente estabelecer um projeto de vida comunitário, longe das ameaças e dos castigos nos engenhos. Na luta por uma vida livre, áreas de plantios, montanhas, pântanos, manguezais, planícies, serras, morros e até mesmo cavernas eram lugar de proteção.

Quanto maior a violência e a repressão, maiores se tornavam os quilombos. E, quando surgia um quilombo, aumentava a repressão, pois atraía mais fugitivos. Na estrutura do trabalho nos engenhos, quanto mais deserção de cativos, menor era a disponibilidade de trabalho convertido em mão de obra escrava. Nos arredores, a formação dos quilombos era um polo de atração. Aqui e acolá, notícias sobre os quilombos circulavam de forma muito rápida. Quilombo e transgressão à ordem colonial eram sinônimos. Onde quer que houvesse escravidão, havia resistência e revolta.

É interessante pensar que nesse contexto os aquilombados se organizavam para atacar fazendas na região e praticar o banditismo, angariando apoio de mais escravizados (GOMES, 2015). É patente aqui a ideia de liberdade como referência: os aquilombados sempre se puseram como sujeitos políticos que efetivamente participaram da história brasileira. A intenção era angariar apoio daqueles que permaneciam nas senzalas e escapar, marcando, assim, um processo deveras dinâmico, com fortes traços políticos de ação em face de uma situação de opressão permanente.

2.9 Quilombos urbanos

A dinâmica era tão engendrada na vida social dos quilombolas que os quilombos suburbanos se proliferaram em grande escala, sobretudo em Salvador, Recife, Belo Horizonte, Rio de Janeiro e São Luís. A imprensa noticiava diariamente inúmeras fugas. Oferecia-se até recompensa para quem porventura pudesse delatar o paradeiro de escravizados em situação de fuga. No Rio de Janeiro, em 1814, falava-se de quilombos na Tijuca, região marcada por mapas coloniais com o nome "serra dos pretos forros" (GOMES, 2015, p. 17). Os subúrbios de Jacarepaguá, Irajá e a região da Lagoa, que veio mais tarde a se chamar Lagoa Rodrigo de Freitas, nome de um antigo proprietário local, eram conhecidos como redutos de pequenos móveis, ajuntamentos de quilombolas. A proximidade com o ambiente urbano permitia desenvolver relações comerciais mais complexas. Negociavam produtos oriundos de suas roças e frutas silvestres com viajantes e taberneiros. Os assim chamados "escravos de ganho" trabalhavam na cidade e entregavam ao escravizador parte de seus ganhos. "[...] os quilombos suburbanos de Salvador na Bahia foram os mais famosos desde o século XVII, comunicando-se com escravos que trabalhavam ao ganho" (GOMES, 2015, p. 17).

Pouco se fala, no entanto, na historiografia brasileira, a respeito dos quilombos que se desenvolveram nas periferias urbanas no período do escravismo. Essas pequenas comunidades eram perseguidas, denunciadas pelas autoridades constituídas. Diante disso, a mobilidade tinha que ser constante, porque era necessário desaparecer para que se pudesse minimamente se proteger das ameaças sofridas. Flavio dos Santos Gomes (2015) defende que, sobre esses quilombos, as fontes são muito precárias, ocasionando, assim, uma imprecisão em relação à dinâmica deles na vida colonial. Inexistem sobre eles informações e fontes mais sistematizadas, e isso se deve talvez à mobilidade existente.

Por outro lado, poder-se-á olhar os quilombos suburbanos por outro prisma, o da cultura urbana com os ajuntamentos, os batuques e as fugas intermitentes. Nas cidades, principalmente Salvador e Rio de Janeiro, é comum a terminologia "casa de quilombos" para indicar repressão de pequenos grupos de fugitivos na cidade articulada à prática de batuque, capoeira e outras formas de ajuntamentos de escravos crioulos e libertos, muitos dos quais não necessariamente fugidos. Os ajuntamentos e os batuques eram um espaço de socialização, porque reuniam escravizados nos fins de semana.

A dinâmica de crescimento dos quilombos girava no entorno dos nascidos nos quilombos. Existiam, nesse sentido, pessoas que nasciam e cresciam no quilombo do Grão-Pará que nunca tinham tido contato com o assim denominado, pela historiografia tradicional, senhor de engenho. Em muitas comunidades quilombolas, a maioria dos habitantes nasceu e cresceu ali mesmo, gerando, assim, um forte vínculo com o lugar, dando a essas comunidades maior grau de formação da própria identidade e também ampliando os laços afetivos de pertencimento mútuo (GOMES, 2015).

Em se tratando do quilombo Água Morna, de acordo com Liliana Porto (2011), o percurso da chegada dos primeiros moradores não é contínuo, tampouco predeterminado. Não se sabe, ainda, qual o ponto de partida do casal ancestral, não há fontes que possam trazer luz a essa questão. Ambos, Maria Benedita de Jesus e Maurício Carneiro do Amaral, teriam parado na cidade de Castro e, por um tempo, descansado em uma antiga senzala, depois retomado a migração até finalmente chegarem a Água Grande. O lugar definitivo de ambos é o território, antes deste não há lugar de origem.

Cabe acrescentar que a fixação no território demonstra o caráter violento da escravidão. Para eles, o sofrimento enfrentado na estrada carregando seus pertences na cabeça era certamente melhor do que viver no cativeiro. É interessante notar, na fala de dona Dejair presente no laudo antropológico, que o casal ancestral já carregava os santos como meio de proteção. Isso quer dizer que o catolicismo veio com eles e se inscreveu no território. A história está ligada à fé como componente de elemento de unidade do grupo.

Água Grande então teria sido o local primeiro de moradia do casal ancestral. Localizado na extremidade leste do território quilombola, o nome faz jus a um lugar de grande fartura de água.

> Quando chegaram, nas palavras de D. Dejair, o lugar era "sertão, mato, mato livre". Ali resolveram se fixar. É nesse local que se encontraram suas moradias quando, no início do séc.

> XX, é elaborado, como resultado do processo de titulação das terras da Fazenda do Pinhal em nome de Maurício Carneiro do Amaral, o primeiro mapeamento do território do grupo. Esse, datado de 02 de setembro de 1914 [...] identifica 08 casas nesta área. Consiste, por sua vez, na delimitação da área de 11.634.045 metros quadrados (onze milhões, seiscentos e trinta e quatro mil e quarenta e cinco metros quadrados), adquirida a título de legitimação de posse por Maurício Carneiro do Amaral, segundo documento expedido pela Secretaria de Estado dos Negócios de Obras e Colonização, em Curitiba, em 06 de fevereiro de 1907 [...]. (PORTO, 2011, p. 32).

Todavia, no contexto do capitalismo do século XX, a relação da comunidade com os de fora, na sua maioria vindos da cidade de Curiúva, resultou na expropriação de parte importante do território. Esse quilombo, por certo, está inscrito no contexto do capitalismo, ainda que os ancestrais de Água Morna não tivessem concepção mercantil do uso da terra, e isso fez com que se tornassem mais frágeis quanto à entrada de outrem, geralmente um pessoal que não compartilhava os mesmos códigos sociais e religiosos, tampouco a visão de mundo do grupo, e isso os deixou ainda mais expostos à expropriação.

Inicialmente, a comunidade dispunha de extensas áreas territoriais para garantir a reprodução coletiva, além de fartura de recursos renováveis e abundantes, para a manutenção alimentar do grupo que a rigor não está sob a égide mercantil (PORTO, 2011). No entanto, acrescenta a autora, ocorre que esses personagens não dispunham da mesma relação com a terra que tinham os não negros. Neste caso, estes se apossavam de áreas maiores do que as ofertadas, como se fossem donos. Os ancestrais outorgaram aos de fora somente o direito de usar a terra para o sustento familiar, não se tratava, portanto, de doação. Quando os de fora se apossavam, logo vendiam a terra para outros de fora, processo que iniciou a expropriação territorial de

> Mais de onze milhões de metros quadrados se transformaram em pouco mais de doze alqueires na atualidade. [...] Evidencia-se como a Comunidade Água Morna foi vítima de pessoas que se conduziram segundo uma perspectiva distinta daquela compartilhada pelo grupo - estando como princípios noções de honra, territorialidade e partilha recursos pensados como de uso comum que orientava e (orientam) as atitudes do casal ancestral e seus descendentes. (PORTO, 2011, p. 44-45).

A noção capitalista fez com que parte importante do território fosse expropriada por agentes externos. Esse é o começo de um prolongado processo de perdas de vasta área quilombola. No começo do século XX, as terras da comunidade passam a despertar a ganância de interesses econômicos, considerando a valorização das terras da região norte do estado do Paraná. E, nesse caso, o quilombo passa a se inserir nessa dinâmica de mercado com a valorização de áreas férteis que chamam atenção do agronegócio e que intensificam o processo de colonização e expropriação.

A expropriação dessa comunidade dá-se de maneira dinâmica, não homogênea, com vendas baseadas em estratégias ilegais e imorais dando conta do uso da grilagem, amplamente conhecida no Brasil. Estratégias como enganar o grupo diante de sua humildade e até mesmo violência física são roteiros de um drama para esses sujeitos sociais. A falta de humanidade e respeito para com eles vai além de ocupar as suas áreas, porque as investidas vão no sentido de violar uma forma de vida tradicional assentada em valores comunitários. Assim, sem dúvida, a comunidade foi sendo literalmente cercada dentro de seu próprio território à medida que perdia as suas divisas, restando apenas uma área de pouco mais de 12 alqueires, na parte mais acidentada do território (PORTO, 2011).

2.10 Quilombos no contexto do tempo presente

O quilombo, na atualidade, circunscreve-se no contexto da história do tempo presente, "O Quilombo pela História Viva" (LEITE, 2005, p. 73). Estudos feitos por historiadores e antropólogos na comunidade Morro Alto, Rio Grande do Sul, em convênio com a Fundação Palmares e o governo do estado entre 2001 e 2002, constataram o movimento quilombola na atualidade, mas sem perder o referencial histórico. Para chegar a essa formulação, a equipe de pesquisadores quis saber, por meio de narrativas relacionadas à memória, como faz menção à escravidão. Tal metodologia, aponta Leite (2005), permite, é certo, até mesmo confrontar o processo de historicidades das comunidades diante do discurso da história oficial, de modo a identificar como tais sujeitos inseridos no processo de conflito fundiário elaboram as suas experiências sobre a sociedade escravagista. A este respeito, Ana Paula dos Santos (2018, p. 40) escreve que

> Quem encontra um quilombo, encontra a si mesmo, é como fazer o caminho de volta aos braços da mãe África, percurso guiados pelos passos de quem guarda ancestralmente nos

> repertórios culturais, os elos com o continente é reencontrar tantas memórias que nos conectam com quem somos. A nossa firmeza identitária deve ser construída nessa base civilizatória, de existência da cultura negra no Brasil, pensando como um patrimônio material e imaterial, que compõe a história do Brasil.

Concorda-se com a autora. Uma comunidade negra, de fato, é um lugar de muitos encontros, de uma relação fraterna que se estabelece entre seus membros no processo de unificação da luta histórica, anunciando uma pauta que é a conquista da terra, que anuncia, por sua vez, a conquista da própria cidadania. Não se trata, todavia, de um simples "acesso" à terra, no sentido mercantil da palavra. É mais, porque nela está inscrita uma história de lutas e demandas não alcançadas pelos antepassados. Portanto, como indica a entrevista a seguir, o quilombo é também um lugar pedagógico, onde se aprende aquilo que não se ensina nos bancos escolares.

Referindo-se à ancestral Benedita Maria de Jesus, a líder quilombola disse que

> *Ela falava assim olha todo mundo tem a história da vida, é um livro, é um romance que todo mundo lê, e ninguém termina. Porque o romance da vida é a história da vida da gente. Então ela foi uma pessoa assim, muito exemplar, ela contava os causos dela pro meu pai eu era pequena daí, o pai com a mãe não deixava a gente ficar ali na frente dos mais velhos não senhor, iam brincar, mas dali onde eu tava participando e guardei na minha memória.* [ENTREVISTAS], gravadas, guardando anonimato. Entrevistador: Davi dos Santos. Curiúva; Água Morna, 2021-2022. 50 MP3 (1.500 min), 20 nov. 2021, s/p, dados da pesquisa).

Não seria, a esse respeito, exagerado frisar as semelhanças presentes em diversas comunidades negras no território brasileiro, resguardando as especificidades, nesse sentido, as referências de identidade, em busca da própria liberdade que as unificam. Muitas narrativas orais da comunidade Morro Alto podem encontrar ressonância entre os/as membros da comunidade Água Morna. As falas expressam o que é ser quilombola, seus significados e os dilemas vividos no presente. Na memória está a altivez na recusa de humilhação sofrida e a reafirmação de valores tradicionais comunitários. A oratória dos/as quilombolas/as aponta para a construção de uma historicidade dos quilombos por meio de conflitos fundiários. A memória é reação coletiva e incansável, pois ela organiza o futuro. Nela reside o medo de ter a sua humanidade negada.

> Depois de entrar em contato com estas narrativas, compreende-se por que, para a comunidade, a sua História verdadeira não está contada, pois ela, a História viva na memória, não dissocia das lembranças de sofrimento e a crueldade que ficou de fora da narrativa oficial sobre apropriação de suas terras. (LEITE, 2005, p. 75).

Para a autora, aqui está o sentido histórico moral que as falas de pessoas negras assumem. Ao mesmo tempo, alerta que a sua memória histórica, por sua ótica, aprofunda um dilema, deixando transparecer que não se trata somente de ter-lhes sido negada a terra, mas a impossibilidade até mesmo de manter a sua existência. A oralidade traz o sentido de algo que deve ser compartilhado no coletivo negro que é dado a tal experiência, a rigor produtora de sentidos, valores tradicionais e sociais que se expressam na dor diante das discriminações sofridas. As experiências são, antes de tudo, referenciais históricos, e a impossibilidade de não fazer parte da história nacional. E, no caso de Morro Alto/RS, não abrem mão de sua história, encravada no território.

O território, acreditamos, é um campo de lutas travadas no passado e no presente (LEITE, 2005). É a ideia de que não são vistos como sujeitos de direito,

> [...] que não são chamados a entrar na História" [...] O que outrora eram estratégias dos senhores em neutralizar uma imposta inferioridade permanece sendo apontado, no presente, toda vez que percebem estar sendo negados "renegados" de sua existência pública, entrando em desvantagem social por serem negros. (LEITE, 2005, p. 76).

A dificuldade de adentrar a cena pública é, antes de tudo, um pressuposto desse período escravista, quando vinculam o fenótipo negro a escravo. Reconhecer-se como remanescente dos antigos quilombos é guardar tais desavenças históricas. Não há, portanto, o reconhecimento da memória da escravidão, pois esta causa sofrimento. Durante as entrevistas, foi perceptível que as narrativas adotadas pela comunidade Água Morna se divorciam da memória da escravidão, remontando, portanto, ao tempo dos avós. Se, por um lado, se nega a pecha "escravo da senzala", por outro, elaboram-se novas estratégias de sobrevivência tendo como referência outro arcabouço de memórias ancestrais calcadas nas relações de solidariedade mútua,

> Elemento indissociável da luta imposta pelo sofrimento. [...] Nessa dimensão, sua historicidade circunscreve positivamente o casamento do Quilombo e da Senzala, não se preocupando em distingui-los que se unificam num mesmo espaço social [...]. (LEITE, 2005, p. 76).

Ainda de acordo com a autora, a resistência quilombola forja-se da capacidade de se reinventar diante do processo de violência em que está inserida. A atualização de uma forma de existir é um elemento de proteção coletiva do grupo, conforme o que consta na fala de uma líder quilombola da comunidade Água Morna:

> *A gente tem lembrança de uma família negra em um território, tinha tudo vizinho a gente fazia mutirão daí ai pra roçada, as pessoa era tudo unida mas ai, com o passar do tempo, os mais véio, Deus foi chamando, foram indo devagar e ficou a família, os mais novo tem que pegar o caminho dele, mas tudo trabaiava com o pai era na pranta era na limpa era colheita os filhos tudo junto, tanto fio homem como as menina, toda vida foi assim. Pulava de manhã cedo o pai gritava, o piazada se mexam. Vamos, vamos, se mexa, só dava negro pulando da cama para trabaia. Ali levantava cedo pra fazer uma caçarola de virado de feijão, mais arguma coisa, tomava café e comia aquele virado, o pai na frente e os filinhos atrás. Então aí eu tenho essa fortaleza graças a Deus pela quantia de filhos que Deus me deu, tô aqui e como diz, parei de trabalhar quando eu não aguentei mais, mas enquanto que eu pude trabaia trabaiei desde a idade de 10 ano que acompanhava o meu pai. Despois me casei nunca redei o pé do serviço e eu Filho nunca me provou, dizer aí eu não podia ficar sem as crianças iam trabaia juntos levavam as crianças juntos para trabaia. Eu tô viva para confirmar que ele ia pras empreitada, eu pulava de manhã cedo para fazer o café que pegava as criança, tratava de porco andava de cavalo pegava a inxada e ia pro serviço.* [ENTREVISTAS, gravadas, guardando anonimato]. Entrevistador: Davi dos Santos. Curiúva; Água Morna, 2021-2022. 50 MP3 (1.500 min). 20 nov. 2021, s/p, dados da pesquisa).

O fato é que os estudos históricos e antropológicos, quando se referem à feitura de laudos e outras formas de pesquisa acadêmica, estão sendo chamados a adentrar o território quilombola a fim de elucidar questões da história de grupos emergentes. Diante dos pressupostos apontados por Leite (2005), entende-se aqui o território como fonte histórica e de luta política. No caso da comunidade Morro Alto, analisado por outros/as pesquisadores/as, conforme apontado anteriormente, os/as quilombolas ressaltam que estão escrevendo a própria história. É interessante pensar em como tais pesquisas impactam positivamente nas comunidades negras na compreensão da reconstrução de uma história negada. Os quilombos dão sentido a esse processo de estudos históricos quando diante da possibilidade de angariar a titulação, dão enredo a uma narrativa até então pouco conhecida. Imprime, isto sim, significado ao processo histórico envolvendo a posse da terra em uma perspectiva não colonial.

Ainda conforme salienta Leite (2005), os estudos realizados no interior dessas comunidades têm trazido à tona uma cosmovisão africana por meio de narrativas vivas dessas comunidades, e estão, é claro, na sua concepção de história e de justiça social, fortemente enraizadas no processo histórico de historicização e territorialidade negra. Acredita-se aqui que o quilombo é esse processo histórico vivo, que se reinventa e se refaz na atualidade, mesmo diante da negativa do Estado quando se trata da morosidade em seu reconhecimento público enquanto sujeito possuidor de direitos.

Quando em campo, os quilombolas participam como atores centrais nos estudos históricos, ao mesmo tempo adentram, ou reivindicam, espaço na cena pública, imprimindo a sua cosmovisão sobre o mundo; e, como atores sociais, acabam por forçar uma abertura em espaços institucionais que antes não eram deles. Mais do que isso, esse protagonismo com que realizam os estudos e impõem as suas narrativas coloca na ordem do dia a sua visão sobre a história oficial. É a sua história que se coloca enquanto processo de luta pela terra.

> *Ela contava que ela falava que eles eram do tempo da escravidão, que ela explicava que foi um tempo sofrido. [...] Mãe véia Benedita que Deus o tenha que tô contando a história dela e eu creio que ela me dá muita força, e para toda família, né.* [ENTREVISTAS, gravadas, guardando anonimato]. Entrevistador: Davi dos Santos. Curiúva; Água Morna, 2021-2022. 50 MP3 (1.500 min). 20 nov. 2021, s/p, dados da pesquisa).

Os quilombos são, de fato, essa vivência histórica que se reinventa no passado e no presente como parte importante da história brasileira. Nesse enredo se vê uma infinidade de considerações, tais como saberes e informações combinados na tônica de um discurso coeso, articulado (LEITE, 2005).

No caso que está sendo analisado, a comunidade Morro Alto, já qualificada no texto, tem seu território cortado pela BR-101 e entrecortado por áreas ilegitimamente ocupadas por pessoas que lhe são estranhas. Na comunidade Água Morna, tem-se um caso parecido: o processo de expropriação deu-se lentamente no contexto do capitalismo por meio da expansão da fronteira agrícola ao longo do século XX, especialmente entre 1940 e 1970, como indica Porto (2011).

Assim, muito embora os quilombolas tenham as suas especificidades em termos de compreensão da própria realidade, os problemas que se referem à posse do território, via de regra, seguem as mesmas linhas mestras. Cada um a seu modo, tais problemas afetam significativamente o grupo, especialmente na questão da promoção da territorialidade, o que atinge o modo de vida específico (PORTO, 2011). São elementos que se colocam como intrusos dentro do território. É certo, então, que a expropriação territorial é um drama para os grupos negros que vivem da terra, pois nesse contexto são impedidos de viver exclusivamente da terra; no caso em questão, dela não se pode tirar plenamente a reprodução material para o sustento do grupo quando o território se encontra parcialmente expropriado, quando não na sua totalidade. Historicamente, a expropriação afeta as comunidades quilombolas, estejam onde estiverem (PORTO, 2011).

Não diferentes dos jovens de Morro Alto e de outros quilombos Brasil afora, os de Água Morna, por exemplo, têm de se deslocar para fora em busca de trabalho nas cidades locais e em fazendas para tirar o sustento familiar, situação que acaba por precarizar ainda mais as condições de vida da comunidade, o que é apontado por eles/as, nos relatos de história oral, como um problema a ser enfrentado diariamente. Isso quer dizer que a sua forma de vida tradicional se encontra, dentro do quilombo, afetada. Em Morro Alto, eis que se vive do trabalho esporádico e sazonal, ora trabalhando fora, ora na comunidade, também prestando serviços para os de fora, como faxinas, jardinagem, atendimento como balconistas. Outros desenvolvem serviços de empreitadas na região e na agricultura.

Nota-se, não obstante, que essa realidade emerge quando da pesquisa na comunidade. Relata Boaventura (2005, p. 82) que Morro Alto era identificada como um "território negro rural" no contexto de um projeto amplo (Nuer/Fundação Ford), como um sinônimo de resistência de "um quilombo" que se situa às margens da rodovia BR-101, perfazendo os fundos dos morros que margeiam pelo Conselho de Desenvolvimento e

Participação de Cidadania da Secretaria do Trabalho e Ação Social (STCAS) do governo estadual. Nota-se aqui que os grandes empreendimentos sempre fazem parte da questão da terra no Brasil, e, no caso de comunidades quilombolas e indígenas, é patente (LEITE, 2005).

2.11 Água Morna, delimitação territorial: perspectiva de titulação

A comunidade Água Morna relata a história com base em eixos interligados. Trata-se do território e inscrição; e, simultaneamente, do processo de sua sacralização, que é muito ampla e vai além de um discurso sobre a terra, traduz uma visão de mundo, das relações sociais, de acesso à terra, significa que se torna possível a concretização desse projeto. Valoriza as formas de resistência a um processo de dominação e expropriação como elemento dinâmico dentro de uma região marcadamente de fronteira agrícola (PORTO, 2011).

Todavia, desconsidera-se, entre outras coisas, a temporalidade que passa a ser pré-requisito de postulação do direito à terra, ao se limitar apenas à opressão histórica de um grupo que não é identificado de maneira particular, restrita "[...] observe-se que elementos fundamentais na caracterização proposta são: a exigência de uma trajetória histórica própria, de relações territoriais específicas e da presunção 'a ancestralidade negra'". (PORTO, 2011, p. 10-11).

A nova conceituação do agente de direito do Art. 68 da Constituição Federal de 1988 enseja, por assim dizer, a importância do papel do antropólogo como especialista com relevância no processo de titulação, como mediador entre grupos quilombolas e o Estado, quando se trata de processos de regularização de terras tradicionais; ele acaba sendo o principal fiador na interlocução do grupo com o discurso jurídico. Para tanto, é de competência do Incra nortear, coordenar o processo de regularização dos procedimentos administrativos no que tange à demarcação e à titulação das terras historicamente ocupadas pelos remanescentes de quilombos. Assim, o Relatório Técnico de Identificação e Delimitação (RTID) antropológico é uma peça importante no processo de titulação do território. Essa atribuição do Incra, em tese, finalizar-se-ia no acesso efetivo ao direito presente na Constituição da República. Às comunidades locais, resta enfrentar esse contexto político imposto pela nova realidade complexa e plural com algumas modificações quanto à situação anterior, que tem como pressuposto a exigência de elaboração de uma identidade quilombola minimamente coerente, de modo a identificar e registrar tais africanidades em um documento que tem valor jurídico, o laudo antropológico (PORTO, 2011).

O processo de demarcação garante a membros de Água Morna maior visibilidade no contexto estadual; amplia o acesso aos serviços públicos básicos, como escolas, estradas, saúde. Frisa-se que essa comunidade não tem posto de saúde, nem mesmo escola em seu território. Para tanto, precisam se deslocar para um bairro denominado Felisberto, a cerca de 3 km. Concomitantemente, pensa-se na necessidade de reelaboração das práticas culturais coerentes quanto aos critérios de pertencimento ao grupo, na constituição de novas relações com os outros agentes não quilombolas, já que são chamados a dar respostas mais complexas às novas exigências, nas diversas comunidades, podendo, por que não dizer, gerar graus diferenciados de conflitos externos e internos.

O processo de certificação apresenta a esses agentes um novo patamar de relação social, pois lidam com uma realidade multifatorial, contudo a linha mestra é a organização dos tempos memoriais de uma ancestralidade baseada na alteridade, que confere a possibilidade de respostas conscientes de acordo com a vivência mútua, conforme o relatório histórico-antropológico. Não obstante, observa-se então que assumir essa dinâmica é um elemento muito característico da vida social, pois a complexidade da realidade posta aponta a capacidade dos afrodescendentes da comunidade de Água Morna de repensarem, ressignificarem as suas trajetórias históricas no que se refere a esse novo quadro político (PORTO, 2011).

Cabe ressaltar que, em seu complexo processo de dinâmica territorial, as comunidades não são sombra dos antigos quilombos, congelados no tempo como resquício arqueológico preso a uma continuidade linear da história. Os laços que unem os quilombos ao passado são reinterpretados no presente com elementos do contexto histórico presente. É a possibilidade de se encontrar com o passado pensando o hoje; por meio da recriação de elementos da memória, o que se pretende é pensar as fronteiras entre os que são da comunidade de Água Morna e os que não pertencem ao universo territorial cultural.

Neste caso, observa-se que as respostas contemplam a nova realidade, é de fato com base no resultado de uma conjugação multifacetada fundamental na forma com que se constrói a memória sólida e coletiva, em um rito de peculiar discursividade que possibilita que essa história se refaça de forma que aponte sentido e concomitantemente gere expectativas de permanência no local. Uma concepção de mundo respaldada no catolicismo, que interfere até mesmo na relação com o território. O catolicismo popular é parte integrante da identidade territorial de Água Morna, que organiza a vida social significativa reelaborada na atualidade, pela óptica dos aspectos plurais (PORTO, 2011).

2.12 Água Morna e Palmares: semelhanças e diferenças

O quilombo dos Palmares, e seu território, foi fundado a partir da fuga de escravizados em busca da liberdade, em pleno trabalho forçado no auge do processo escravista no Brasil colonial, portanto é fruto da busca por liberdade e da insubordinação ao colonialismo europeu. Ao contrário de Água Morna, ele não foi fundado por ancestrais, mas pelas fugas, pela contradição a um sistema. Palmares durou cerca de um século, desafiando o exército colonial durante esse período, sendo duramente combatido pelos escravizadores (MOURA, 1988). No entanto, sucumbiu ao ser destruído pelo exército colonial português no fim do século XVII. No plano pedagógico, inspirou a formação de outras comunidades negras, pelo vasto território. No tempo em que existiu, negou os padrões da sociedade escravista, reelaborando constantemente as suas táticas de defesa e de luta. Seu sentido foi o de incentivar a rebeldia de escravizados nas fazendas e nos engenhos. Seu líder mais notório foi Zumbi dos Palmares, negro rebelde que era, para os aquilombados, exemplo de rebeldia. Nesse território, habitavam pessoas não negras, geralmente pobres, indígenas, pessoas que buscavam viver longe das ameaças do colonialismo. Enfim, era lugar para os que, de alguma forma, viam em Palmares um local de refúgio. Esse quilombo era localizado em uma região de forte predomínio das grandes fazendas de cana-de-açúcar, local de grande interesse econômico de agentes europeus. Era gigantesco, chegou a ter cerca de 30 mil habitantes. Era um quilombo mais combatido pela sua dimensão na sociedade escravista (MOURA, 1988).

A comunidade Água Morna é um quilombo rural vivo. Atualmente são 14 famílias, 114 pessoas. Está situado a 12 km da sede do município de Curiúva, estado do Paraná. Aqui, adota-se um discurso para fim de manutenção da identidade. Reconhecida pela Fundação Cultural Palmares (FCP) em 2005, a comunidade passou a pleitear reconhecimento jurídico valendo-se dos estudos antropológicos concluídos em 2010. O processo de titulação territorial está em Brasília, atualmente paralisado (SANTOS, 30 out. 2021, dados da pesquisa).

Analisando a dinâmica de comunidades na sua expressão no contexto atual, Oliveira (2016, p. 319) assinalou que

> Tais grupos reivindicam a propriedade de seus territórios, uma vez que compõem verdadeiros quilombos contemporâneos, espaços de resistência similares aos quilombos históricos, que encontram eco nas reivindicações de diversos atores sociais.

A memória seletiva de seus membros afasta-se do período escravista. Negam o passado anterior ao da sua avó; recusam-se à associação "negro escravo" — é inequívoco o caráter explícito de negação da escravização. O interesse é salvaguardar a memória que lhes confere identidade enquanto quilombolas; para o grupo, essa é uma forma de negação e de resistência. A referência ao escravismo, portanto, não se faz necessária para a postulação de direitos, ao se afirmar como base para resistência a uma opressão histórica e à autodeclaração como quilombolas, papel fundamental na definição do grupo (PORTO, 2011).

Água Morna, por sua vez, formou-se a partir da fuga da escravização pelo casal ancestral no fim do século XX, em um contexto socioeconômico de avanço do capitalismo sobre a estrutura agrária brasileira. Esse casal inicia a história do grupo em terras paranaenses, muito embora não se tenha por certo a sua origem. O território desse quilombo formou-se por meio de um processo de doação da então Fazenda do Pinhal, no início do século XX, no município de Curiúva — o local leva esse nome em função de abundantes reservas de araucárias, já quase inexistentes, árvores-símbolo do Paraná. Depois que o casal fundador morreu, o território passou, por direito, a seus descendentes, que fizeram, cada um a seu jeito, a divisão entre os herdeiros. Esses processos de divisão privada geraram a cobiça de agentes de fora, que passaram a comprar, de forma não muito lícita, as terras dos que, em razão de pobreza, acabavam cedendo à pressão econômica de fazendeiros e outras dos mais variados matizes econômicos.

Diferentemente de Palmares, Água Morna não era perseguida pelas forças militares, mas por agentes econômicos, em um momento específico da expansão do capitalismo, que interfere de forma importante na região de fronteira agrícola de interesse fundiário (PORTO, 2011). Esses agentes não são os mesmos que desarticularam Palmares no fim do século XVII. Porém, mesmo em contextos históricos distintos, a luta desses dois quilombos é comum, que é a liberdade, o direito de viver na terra. Para o movimento negro, a luta das comunidades negras na atualidade perpassa a luta contra o racismo. Em Palmares, este conceito nem sequer existia. Na atualidade, essa comunidade tem as suas pautas definidas pela demarcação e pelo reconhecimento jurídico do território, orientando-se pela memória ancestral, bem diferente do passado colonial. Em Água Morna, há uma especificidade daquilo que se quer dentro de uma temporalidade histórica diversa. Na atualidade, o que pesa sobre a comunidade é a invasão de suas terras, que se deu de forma lenta e gradual por agentes econômicos ligados à estrutura agrária. O território de Palmares despertava o interesse das elites por outras razões, o retorno aos engenhos e ao trabalho forçado, podendo o território ser invadido a qualquer momento. O capitalismo, como demarcado no século XX, nem sequer existia. Em Palmares havia, portanto, vastas áreas de terra à disposição das megaplantações de cultura, que a rigor enriqueceram o colonialismo. A comunidade Água Morna está ocupando uma parte minúscula de seu território (MOURA, 1988; PORTO, 2011).

Em Água Morna, os moradores reelaboram a ancestralidade e o autorreconhecimento enquanto grupo social negro. O reconhecimento jurídico de seus membros enquanto quilombolas; essa bandeira é o que move seus membros a resistirem na terra — o reconhecimento do Estado brasileiro. A noção de ancestralidade inexiste em Palmares, que endereçava as suas lutas contra o aparelho opressor do Estado colonial. Não havia disputa pelo território entre os palmarinos e o escravismo; a disputa dava-se no plano do controle das fugas endereçadas aos quilombos. O pânico dos colonizadores dava-se pelo fator surpresa das fugas, principalmente pelo fato de não poderem controlar os escravizados em direção aos quilombolas, que se proliferavam simultaneamente ao avanço das grandes plantações de cana-de-açúcar (MOURA, 2001).

O que une ambos no plano mais geral é, como dito, o sentido de luta, assentada em grande medida no exemplo de Palmares, por razões que lembram a liberdade e a luta pela terra, a resistência à opressão sofrida no passado e no presente. O sentido de liberdade, portanto, atinge a todos, independentemente do tempo, seja no passado, seja no presente. Mais de 300 anos separam Água Morna de Palmares, mas residem muitas similaridades. Na atualidade, esses termos ganham notoriedade no debate público sobre a busca por reconhecimento no plano jurídico. Em Palmares existia uma certa organização militar para a defesa dos aquilombados; em Água Morna, não se pode falar nisso. Muitos dos de fora nem mesmo conhecem esta comunidade, exceto os que vilipendiaram seu espaço territorial. Palmares chegou a ter 30 mil pessoas; Água Morna tem pouco mais de 100, entre jovens, crianças e adultos, distribuídas em 14 famílias. Palmares era bem conhecido pela sociedade escravista; Água Morna é mais conhecida pelas oligarquias que disputam o seu território (MOURA, 2001).

Todos os habitantes de Água Morna têm alguma relação de parentesco com o casal ancestral; pela dinâmica de Palmares, e pelo seu tamanho, não se pode afirmar o mesmo. A violência que a comunidade sofre, ao longo do tempo, é mais no plano simbólico, muito embora, quando da feitura do laudo antropológico, haja relatos de violência física por pessoas descontentes com a demarcação territorial. Em Palmares, quando fugidos, havia a intenção de captura para a reescravização, bem diferente do tempo presente. Palmares tinha, em certo sentido, capacidade de proteger a vasta extensão de suas terras, enquanto a comunidade quilombola de Água Morna não tem essa condição (MOURA, 2001; PORTO, 2011).

Ambos os quilombos têm a tarefa de demarcar, em campos diferentes, a luta pela sobrevivência e a luta pelo território. Tanto em Palmares quanto em Água Morna, reside o desafio de permanecer no território, muito embora por razões e contextos sociais distintos. No tempo, as disputas políticas marcam o conceito de quilombo para fins de angariação de direitos territoriais e enquanto sujeitos de direitos. Este sempre foi objeto de disputa na sociedade, pelo seu aspecto de existência no tempo. Considerando que o conceito de quilombo foi atualizado segundo as premissas do Decreto 4.887/2003, ainda assim, a temporalidade histórica não cessou a violência que atinge os diversos quilombos no Brasil: a violência maior em Água Morna é a de negação da sua existência enquanto tal. Aliás, no passado e no presente, a violência que sofrem une os quilombos (PORTO, 2011). Em Palmares, inexiste disputa jurídica pelos territórios quilombolas.

Os jovens ameaçam deixar a comunidade em função da falta de emprego e da impossibilidade de se viver na terra. Os jovens de Palmares resistiam para permanecer na terra. David Junior de Souza (2020, p. 51) afirma que "a territorialização recente vivida no quilombo" é o que atribui sentido à luta política. No passado, os quilombolas só deixavam os quilombos quando perseguidos, e logo constituíam outras unidades no meio da vegetação. Na atualidade, essa dinâmica não é comum nas comunidades negras, até porque não há abundância de terras agricultáveis, como no passado. Silva (2020, p. 52) comenta que,

> [...] de territorialização, [...] seja no fortalecimento de sua capacidade de pressão, no reconhecimento das leis a apropriação de instrumentos jurídicos disponíveis para efetivar seus direitos, seja nas transformações territoriais que eram e são necessárias para a conquista da cidadania - mais precisamente, nesse último caso, refiro-me ao desenvolvimento de uma multiterritorialidade inexistente anteriormente.

O passado escravista é ausente nos discursos de Água Morna, condição que une o grupo no entorno de uma causa. Essa dimensão também era encontrada em Palmares, mas em proporção diferente. A questão econômica em Água Morna então se dá em função da fronteira agrícola, que se intensifica no desenrolar do século XX (PORTO, 2011).

2.13 O quilombo no contexto da luta por reconhecimento jurídico/político

O conceito de quilombo ao longo do tempo, especialmente após a abolição da escravatura, em 13 de maio de 1888, tem sido alvo de intensos debates, tanto na esfera pública quanto no movimento social negro, assim como na universidade. Com o advento dos processos de industrialização no Brasil nos fins do século XIX e começo do XX, os quilombos tornam-se uma categoria de análise política, influenciando o movimento abolicionista e os movimentos sociais preocupados, em certo sentido, com a sua inserção no espaço político no contexto da construção de uma sociedade mais plural, onde os/as sujeitos não negros/as possam ocupar os espaços sociais que lhes são de direito, sobretudo quando se trata de comunidades negras espalhadas no território nacional, cujos agrupamentos humanos se constituíram em marco na luta por igualdade. Trata-se, segundo Ilka Boaventura Leite (2008, p. 966), de uma transição da "economia colonial" sem que, de fato, tenha ocorrido uma ruptura com o período da escravização negra. No decorrer do processo histórico, a população negra, principalmente as comunidades quilombolas, não acessaram os direitos territoriais. Permaneceram às margens da sociedade, vivenciando formas diversas de marginalização.

Há, neste sentido, uma continuidade da estrutura escravista que ainda não se desfez por completo. Na atualidade, a estrutura de poder dos tempos coloniais ainda dá suporte ao modo de produção escravista, pois este continuou em voga. Incorporou-se o modo de vida camponês, o que permeou diretamente as populações negras que foram em direção ao campo.

No pós-abolição, as comunidades negras em todo o Brasil, apesar do processo de desagregação do trabalho compulsório no interior das fazendas, conviviam com estruturas pós-escravagistas ainda assentadas no escravismo colonial. A abolição da escravatura não alterou a vida do seguimento populacional negro, disfarçados ou não os pressupostos do colonialismo europeu. Estes ainda imperam, em se tratando de comunidades negras. Leite (2008, p. 966) escreveu: "A abolição do trabalho escravo, porém não alterou substancialmente as práticas de expropriação do controle da Terra, e com ela, a situação dos grupos negros".

Diante da continuação do processo de dominação, a população negra, no caso os ex-escravizados/as, passou "a operar por meio da dinâmica da territorialização étnica" (LEITE, 2008, p. 966). Esse modelo, segundo a autora, em algumas regiões do país, consistia em delimitar os povos negros e seus descendentes em contrapartida aos imigrantes europeus que aqui chegaram, reeditando, por assim dizer, uma postura de exclusão vigente no discurso de um segmento do poder, o que traz à baila, conforme esses enunciados, a ideologia racial, disfarçando a propalada democracia racial.

Não obstante, a ocupação da maior parte das terras no Sul do Brasil deu-se na passagem do século XIX ao século XX por imigrantes provenientes da Europa. As elites políticas e intelectuais, no entanto, tinham interesse em promover a população branca aos espaços de consumo e de poder e afastar o elemento negro do tecido social, ao mesmo tempo que se tinha interesse em afirmar uma certa identidade nacional baseada no embranquecimento. Aqui era o país do mito da democracia racial, paraíso onde todos/as convivem em harmonia. O suporte ideológico racial deu tonalidade ao discurso de uma sociedade hegemônica, calcada em valores do velho mundo europeu, reforçado, por assim dizer, o modelo de desigualdades sociais, que se assenta especialmente na estrutura fundiária brasileira, inspirada no liberalismo, e, simultaneamente, reforçando ideais positivistas do século XIX, que contribuiu para neutralizar a pauta quilombola (LEITE, 2008). Sobre isso, Florestan Fernandes (2007, p. 33) comenta que

> O negro permaneceu sempre condenado a um mundo que não se organizou para tratá-lo como ser humano e como "igual". [...] O negro foi exposto a um mundo social que se organizou para os segmentos privilegiados da raça dominante. Ele não foi inerte a esse mundo [...] Ao contrário, para participar desse mundo, o negro e o mulato se viram compelidos a se identificar com o branqueamento psicossocial e moral do "mundo dos brancos".

Como se nota, a estratégia de branqueamento como dominação social tem marcado, é claro, a vida desse segmento populacional negro e quilombola ao longo do curso da história quando se trata do reconhecimento territorial na atualidade. E as consequências não poderiam ser outras. Neusa Santos Souza (1983, p. 22) chama atenção para os prejuízos causados à formação da identidade do grupo, evidenciando as perdas psicossociais coletivas e individuais.

> A existência de barreira de cor e de segregação racial--baluarte da democracia racial-associada a ideologia do embranquecimento, resultava num crescente estímulo à solidariedade do negro que percebia seu grupo de origem como referência negativa, lugar de onde teria que escapar para realizar, individualmente, as expectativas de mobilidade vertical ascendente. O caráter individualista da ascensão era coerente com as prédicas da democracia racial que colocava ênfase na capacidade individual como responsável pela efetivação do projeto. [...] Herança da sociedade escravagista, a desigualdade racial, que colocava o negro a reboque das populações nacionais, era preservada e reforçada pelo preconceito de cor que funcionava como mantenedor da hegemonia branca nas relações interraciais.

A formulação — por sinal, bastante atual — da autora vai em direção à fala de um membro quilombola da comunidade Água Morna, que, a respeito disso, externou a seguinte percepção:

> *Como é que fala é ter respeito mesmo né, as pessoas conhecer a gente como um ser humano né. Igualdade né as pessoas viverem como iguais porque é difícil viver na crítica, né no desprezo. Só por causa da cor né. Eu acho que isso é desumano né, pessoas discriminar outra por causa da cor.* [ENTREVISTAS, gravadas, guardando anonimato]. Entrevistador: Davi dos Santos. Curiúva; Água Morna, 2021-2022. 50 MP3 (1.500 min). 11 dez. 2021, s/p, dados da pesquisa).

Tal espécie de topografia étnico-racial corroborou as estratégias de expropriação territorial, que, conforme arquitetado, tem seus efeitos até a atualidade. Por outro lado, existe a luta do movimento quilombola resistindo a esse projeto hegemônico, "As linhas demarcatórias, dos grupos, para além das diferenças culturais tornaram-se formas matriarcais de continuidade da hierarquização de novas formas de exploração e, principalmente da perpetuação das desigualdades" (LEITE, 2008, p. 967).

Essa nova forma de universalização da liberdade em nada tem a ver com a lógica existencial dos quilombolas. Para se compreender o quilombo no Brasil, pela ótica escravagista, deve-se ter como norte o processo de conflito agrário por meio da exploração do negro/a, o que, é certo, leva a uma situação-limite, que é o conflito fundiário.

Como já indicado, no processo histórico na questão da terra, verifica-se que o escravismo tinha na sua definição a exploração da força de trabalho centrada no trabalho escravo de utilização produtiva. O conflito fundiário está no centro da disputa travada pela comunidade Água Morna, que tem seu território vilipendiado conforme a expansão da fronteira agrícola de valorização das terras no norte do Paraná, no princípio do século XX. Segundo o historiador José de Souza Martins (1996), a suposta libertação dos escravizados não garantiu o fim do passado escravista. A estrutura de poder econômico praticamente permaneceu, de modo que acabou por legitimar a violência impetrada a grupos de origem africana que, assertivamente, pleiteiam a terra como um direito social. Assim, a analogia ao escravismo continuou a marcar o passado que perpassa a sua condição de liberto.

O homem livre é, por tais razões, responsável pelas precárias condições de trabalho no contexto em que a terra adquire valor comercial, atributo de mercadoria; ao mesmo tempo, tais sujeitos são despossuídos de sua condição de liberdade em um sistema desigual que orienta relações sociais. O pós-abolição não acrescentou melhora nas condições políticas e jurídicas dos/as agora ex-escravizados/as. Isso porque a analogia ao cativeiro parece se encarregar da transferência do ônus desse trabalho compulsório para o/a próprio/a escravizado/a.

Assim, com base em tais enunciados apresentados pelo autor, pode-se afirmar, com certo grau de segurança, que a abolição não significou nenhum avanço nas condições de trabalho, mas passou da situação de cativeiro para a da sujeição a interesses fundiários diversos, sem, contudo, alterar a sua condição de explorado. Nesse processo, pode-se identificar tais condições de desigualdade racial como um norte que conduz às desigualdades econômicas, educacionais e ao direito a terra dirigido a esse segmento social. Nota-se, de forma inequívoca, a analogia ao escravismo e também os reflexos do racismo que norteia o discurso do status quo, proveniente dos que historicamente ocupam o poder na esfera estatal.

A expropriação de comunidades negras de seu território, como no caso da comunidade Água Morna, não é só uma questão de desigualdades sociais. Se tal premissa fosse tomada como verdadeira, acabar-se-ia legitimando uma visão meramente colonial, portanto corroborando aqueles que ocupam lugar de destaque na escala do poder na estrutura fundiária tão desigual, e, por certo, do ponto de vista teórico-metodológico, afastando-nos da complexidade da luta pela liberdade, parte integrante da vida de milhões de afrodescendentes. A Lei de Terras, de 1850 ao que parece, dialoga com essas premissas.

Para a comunidade Água Morna, não há liberdade plena sem o acesso ao território ancestral. A terra é o que dá suporte a um discurso coeso e articulado dos que em nenhuma hipótese abrem mão de lutar por aquilo que Benedita e Maurício, casal ancestral fundador do território, indicaram como prenúncio de uma luta futura, cujo protagonismo cabe fundamentalmente a seus descendentes. A omissão estatal em promover aquilo que é de sua alçada no quesito demarcação territorial de comunidades negras merece no mínimo uma reprovação moral.

Não é, por esse prisma, razoável supor que, em um país com vastas áreas agricultáveis, se aceite como natural a invasão de latifundiários aos territórios de comunidades quilombolas. Em uma sociedade de forte recorte racial, a tarefa é árdua para quem é negro/a e quilombola simultaneamente. Na realidade fundiária desigual vigente, é terceirizada a grupos quilombolas a tarefa de enfrentar as adversidades direcionadas ao não acesso ao território. Essa percepção foi enfaticamente externada nas falas durante a pesquisa de campo na comunidade.

Ainda conforme Martins (1996), tal lei foi elaborada com intuito de estimular a vinda de grandes levas de imigrantes e colonos europeus para o Brasil. A intenção era aumentar a oferta de uma grande quantidade de trabalhadores/as livres para suprir as demandas de mão de obra por parte dos fazendeiros que exploravam a atividade do café nas fazendas. Para tanto, observa o pesquisador que

> [...] a ampla faixa de terrenos devolutos no país, teoricamente sujeitos a simples ocupação por parte de interessados, poderia se constituir num grande entrave não só à libertação dos escravos, como à entrada de trabalhadores livres de origem estrangeira. [...] Somente em é que o governo legislou sobre o assunto, estipulando que a terra devoluta não poderia ser ocupada por outro título que não fosse o de compra. Há abundantes indicações de que tais preceitos não foram respeitados. Os ocupantes de terras e os possuidores de títulos de sesmarias ficaram sujeitos à legitimação de seus direitos, o que foi feito em 1854 através do que ficou conhecido como 'registro paroquial'. Tal registro validava ou revalidava a ocupação de terras até essa data. Isso não impediu o surgimento de uma verdadeira indústria de falsificação de títulos de propriedades, sempre datados de época anterior ao registro paroquial, registrados em cartórios oficiais, geralmente mediante suborno aos escrivães e notários. Até as primeiras décadas desse século, esses documentos estavam na raiz de grandes conflitos de terra nas frentes pioneiras de São Paulo. Tais procedimentos, porém, eram geralmente inacessíveis ao antigo escravo e ao imigrante, seja por ignorância das praxes escusas seja por falta de recursos financeiros para cobrir despesas judiciais e subornar autoridades. (MARTINS, 1996, p. 28-29).

Nesse contexto, da vontade do escravizador em explorar o trabalhador/a e da posição deste em aceitar, por falta de opção, a condição de explorado pelo capital, tem-se uma injunção que deixa pouca margem de escolha. Aliás, é quase nula a margem de escolha. A relação que se estabelecia com o poder econômico e político deixava pouca margem para que a parte mais frágil pudesse contestar em pé de igualdade. A lei é, então, um mecanismo de concentração fundiária na sua essência, pois gera condição profundamente desigual, privilegiando os que, em certo sentido, conhecem os meandros para burlar os agentes públicos e constituir escrituras com validade jurídica incontestável.

Assim, pois, em uma relação de promiscuidade entre agentes políticos e econômicos, restava pouca margem para que o/a ex-escravizado/a fizesse valer os seus reclames. A posse da terra, diante da Lei de Terras de 1850, era dirigida não aos afrodescendentes, mas àqueles que pudessem buscar caminhos escusos para a aquisição da terra. Isso porque o processo de produção e de exploração baseavam-se em novos mecanismos de correção para que a relação explorador/explorado/a parecesse natural.

Segundo Martins (1996, p. 18), "Uma sociedade cujas relações fundamentais foram sempre relações entre senhor e escravo, não tinha condições de promover o aparecimento desse tipo de trabalhador".

Parece certo que, para população negra, agora longe do trabalho nos engenhos, a posse da terra teria um valor de reprodução da vida, portanto não incide sobre esta a mercantilização nos termos vigente do latifúndio. Assim, a terra, para esse segmento social, configuraria um direito social. Contudo, a Lei de Terras reforça outro atributo, destoante dos aqui pretendidos pelos negros/as, agora na condição de livres, ao menos teoricamente. Ela configura, é certo, um problema grave de acesso à terra por parte dos afrodescendentes, aliás, problema que está no cerne do conflito fundiário envolvendo comunidades quilombolas e indígenas em todo o país, o que se estende no percurso da história desde o colonialismo.

Martins (1996) adverte que o problema é a questão da capitalização da terra. Sendo ela resultado de um fator natural, portanto sem valor agregado, porque não incide sobre ela relação do trabalho humano, provavelmente não deveria adquirir valor capital, ao menos teoricamente. Sob diversos signos, a propriedade da terra foi sendo incorporada pelo capitalismo não só no Brasil, mas em grande parte do mundo. Capitalismo e monopólio são irmãos siameses, porque é construído o valor da mais-valia, bem como a produção de mercadorias, como uma marca mundial da economia capitalista.

Citando a Lei de Terras de 1850, Vilma Eliza Trindade de Saboya (1995) diz que essa lei foi criada com intuito de dificultar a posse da terra e como forma de manter os trabalhadores nas fazendas, ou seja, indicava quem deveria ter acesso e permanecer na terra, em um país com dimensões continentais e com grandes extensões de áreas agricultáveis. Nesse contexto, o acesso à terra só se daria por meio de compra, fator limitador de acesso. Nesse caso, fica clara a nova concepção adotada para o devido impedimento de posse, criando radicalmente um conceito de terra que atinge e exclui aqueles que não se enquadram em tais critérios. Para sermos mais específicos, tal mudança era dirigida a ex-escravizados/as no contexto da pós-abolição. Na prática, estava dizendo quem fica e quem sai da terra.

A população negra, como se sabe, é desprovida de recursos econômicos, pelas razões conhecidas. A problemática é, por esse prisma, o Estado legislar para criar caminhos objetivando a mercantilização da terra, tendo um número exorbitante de pessoas que, a rigor, deveriam ter acesso à terra. Não pairam dúvidas de que as marcas do escravismo continuam ditando as regras no vasto território brasileiro na sua dimensão continental. Contudo, importa a garantia de que as lavouras de café continuarão a produzir riquezas que interessem às oligarquias nacionais e locais. A Lei de Terras garante, então, que os interesses do escravismo continuem inatingíveis com a instituição de uma suposta ordem no campo, ainda que tal exclua milhões de trabalhadores de diferentes espectros. Isso demonstra inequivocamente como o latifúndio, a classe política do Império, mantém íntimas relações com os interesses das elites do escravismo. A violência que apavora o campo desde sempre tem uma ligação com esse passado, que ainda vive e se materializa na condução das desigualdades entre negros/as e não negros/as.

Em Rangel *et al.* (2014), a territorialização remete-se a autonomia e poder alinhado a constituir um modo de vida em um espaço para a reprodução simbólica e material desse jeito de viver. Isso quer dizer que a reivindicação da terra implica necessariamente uma disputa de poder. Desse modo, as comunidades negras não buscam estar no espaço geográfico tão somente, e sim alçar-se a um modo de vida peculiar tradicional. "A territorialidade adquire valor porque reflete essa multiplicidade do vivido territorial pelos membros de uma coletividade" (RANGEL *et al.*, 2014, p. 25).

Tal constatação a respeito da contradição apontada coloca na atualidade um olhar retrospectivo ao qual cabe uma comparação, capaz de trazer à luz alguns pressupostos interessantes constitutivos de tal realidade local para a mais geral, a fim de entender as variáveis que estão colocadas no debate acerca do quilombo. A territorialidade expressa a dimensão de valores coletivos do grupo e, ao mesmo tempo, ancorada em uma realidade simbólica da identidade na qual os afrodescendentes se constituem no plano nacional enquanto grupo de direito, "Mesmo em regiões onde não predominou a grande propriedade, como a região Sul, o quilombo como resistência inscreveu-se numa mesma lógica" (LEITE, 2008, p. 968). Sob a égide da luta por direito, aqui, no caso, a terra historicamente tem sido negada pelo Estado brasileiro, pelas razões já demarcadas. Em contraposição, os movimentos sociais, sob intensa pressão, têm ao longo do tempo recuperado as pautas específicas do movimento social negro.

2.14 Quilombos no contexto da Assembleia Nacional Constituinte e ancestralidade

Na segunda metade do século XX, especialmente entre anos de 1970 e 1980, o quilombo adentra a pauta da Assembleia Nacional Constituinte, tendo como base a explanação da reivindicação do Movimento Negro Unificado (MNU), nos discursos de Abdias do Nascimento e de militantes negros provenientes de todo o país. Durante o transcorrer dos debates na Assembleia Constituinte, os movimentos sociais negros reforçaram e formularam uma retórica sobre a abolição da escravatura como sendo um engodo, liberdade não alcançada. O que quer dizer, em última instância, que os efeitos da escravidão persistem sobre o negro/a e evidentemente também em relação aos territórios quilombolas, exercendo forte pressão sobre os sujeitos que neles vivem (LEITE, 2008).

A esse respeito, uma entrevistada da comunidade Água Morna, referindo-se à memória ancestral do casal fundador da comunidade, Benedita e Maurício, conta que

> *Ela contava que foi muito sofrida essa caminhada fugindo da escravidão passando o rio grande, eles falava que não entendia se era canoa ou se de ser uma lancha mesmo, sei lá. Mas os santos estavam junto com eles. Quando cruzaram caminharam a pé com as trouxas na cabeça, saco nas costas, pé no chão e quando a mãe véia Benedita entrava aqui nesta terra, em 1912 já fazia anos que estavam em Água Grande. Ela dizia que a história não pode ser apagada, e que os mais novo têm a obrigação de levar adiante os ensinamentos da mãe véia Benedita, porque foi assim que os antepassados ensinaram. A memória não pode ser esquecida porque se não, o barbante arrebenta. A história não pode acabar, porque nóis somos um povo sofrido, um povo que lutou pela vida.* [ENTREVISTAS, gravadas, guardando anonimato]. Entrevistador: Davi dos Santos. Curiúva; Água Morna, 2021-2022. 50 MP3 (1.500 min). 20 nov. 2021, s/p, dados da pesquisa).

Na medida em que se tem como desafiador estar no território quilombola desde antigamente, a história presente na narrativa remete à fundação do território tradicional cuja ancestralidade remonta ao casal. A memória denuncia a escravização e seus reflexos no presente, marca de uma sociedade que carrega na sua gênese o racismo como mecanismo de controle, apontando para um drama que grupos étnicos precisam enfrentar para continuar existindo enquanto sujeitos negros/as. Lembranças de tempos difíceis diante da fuga do escravismo, perpassando o longo processo histórico, marcante na vida de milhões de afrodescendentes na atualidade, seja no território quilombola, seja no ambiente urbano em condições subalternas — foi o que as elites de mentalidade escravagista e o Estado brasileiro ofereceram aos/às ex-escravizados/as no pós-abolição. Resistir ao cativeiro e sobre ele seguir caminhos em busca da liberdade foi para eles/as como atravessar o deserto que ainda não chegou ao seu fim, pois a liberdade plena ancora-se no reconhecimento de direitos historicamente negados, e o acesso ao território quilombola está circunscrito como um fundamento básico de reprodução da territorialidade e em um modo de vida peculiar, valores os quais não se apoiam totalmente em categorias eurocêntricas de análise.

O relato de memória como fonte histórica assegura que Benedita e Maurício seguiram andando, ao se prostrarem estrada afora como o único caminho que lhes restara. Jogados à própria sorte, o futuro era incerto e desafiador para ambos, e, sem condição de escolha, caminharam com os pés no chão e desprovidos de recursos materiais. É assim que reza o testemunho vivo na fala da mulher quilombola, que se remete a um marcante acontecimento histórico, dando início a uma longa jornada rumo à conquista do território quilombola em Água Morna, no município de Curiúva, Norte Pioneiro do estado do Paraná. Realidade dura para centenas e milhares de ex-escravizados/as que, sem nenhuma indenização do governo brasileiro, se viram diante de uma situação de miséria extrema e de penúria social, e sobre eles/as recaiu o estigma do racismo perpetrado pelo colonialismo.

Abdias do Nascimento (2002b) apresenta uma proposição teórico-metodológica que serve para elucidar a epopeia da história do povo negro rumo à liberdade, adverte ele. Se houvesse de fato a possibilidade de os afrodescendentes perderem as lembranças sobre o passado, acabariam perdendo o elo com África, a terra mãe, de modo que a base é esse ponto de partida, como um fio condutor. Isso porque o passado garante a projeção de futuro. É a garantia de que a história é viva, dinâmica. Alimenta expectativas. No passado estão as raízes, aquilo que alimenta e orienta o presente. Para tanto, o ato de lembrar permanentemente a violência da escravidão é um dever moral, mas sem que isso gere um drama ou uma autoflagelação desses sujeitos negros. A escravização é parte que integra a vida do/a afro-brasileiro/a. Não para reafirmá-la, mas para negá-la. A força da unidade do povo negro tem como norte a conquista da liberdade, e, ao mesmo tempo, assegurar antes de tudo a liberdade inerente aos humanos é afirmar a soberania, a autodeterminação. É estar em um plano onde reina a liberdade, ancorada, é claro, no resgate da humanidade ceifada pelo colonialismo europeu. O processo aviltante da escravidão não é um vácuo na história e tampouco um acidente da natureza. Ele significa uma parte que integra o próprio espírito, a própria carne, é o espírito dos ancestrais que alimenta a luta pela terra, de modo que

> Erradicá-los da nossa bagagem espiritual e histórica é o mesmo que amputar o nosso potencial de luta libertária, desprezando o sacrifício de nossos antepassados para que o nosso povo sobrevivesse. A escravidão, quer dizer raça negra, legado do amor, da ancestralidade africana. [...] A violência que eles sofreram, é a violência que tem se perpetuado em nós, seus descendentes. A opressão de ontem forma uma cadeia no espaço, uma sequência ininterrupta, no tempo, e das feridas de nosso corpo, das cicatrizes em nosso espírito, nos vem as vozes da esperança, os negros brasileiros não perderam a sua alegria, e este gesto de cantar, e de dançar a vida, e assim se preparam para os momentos de luta mais difíceis que virá. (NASCIMENTO, 2002, p. 99-100).

Enveredando na mesma direção, a ideia da ancestralidade africana como uma ética comunitária, elemento de coesão do grupo, importante na compreensão da territorialidade quilombola, encontra abrigo também nos indicativos de Eduardo David de Oliveira (2012). Esse autor chama atenção à dimensão histórico-filosófica da questão da ancestralidade alicerçada na alteridade, tão cara aos afrodescendentes na luta pelo território. Ela se dá no âmbito das trocas de experiências intergrupais no plano simbólico e material, gerando vida no sentido de empatia e alteridade. O enredo da vida vem dela, da cosmovisão. Ainda segundo o mesmo pesquisador, a ancestralidade é esse objeto simbólico ontológico que toma distância de modelos epistemológicos eurocêntricos, mas, desenhada na circularidade que visa à inclusão, ela nos encaminha para a conquista da liberdade coletiva e individual, quebrando, por assim dizer, a assertiva dos privilégios inscritos em uma perspectiva monetária oriunda do agronegócio local, quando adentra o território quilombola ancestral. Ancestralidade é um preceito epistemológico, não linear, que vai ao encontro da inclusão ontológica do ser negro/a. Uma força abrangente que organiza a vida e as relações. No seu interior, ancora-se a cosmovisão de povos provenientes de África. O que importa, nesse caso, é que não se trata de um conceito vazio, relacionado a um passado nostálgico, emocional, romântico. Pelo contrário, ele é uma categoria calcada, por essência, em uma ética coletiva e comunitária racional. É a síntese de experiências históricas e culturais submersas no

> [...] território de além-mar, [...] mantendo uma relação trans-histórica e trans-simbólica com os territórios para onde a sorte espalhou seus filhos. Para além do conceito da ancestralidade, ela tornou-se uma categoria capaz de dialogar com a experiência africana em solo brasileiro. [...] Parte-se da África inventada no Brasil que é lugar daqueles que sobreviveram por um motivo simples: não se deixaram converter em indivíduos, e mantiveram-se comunidades [...] não fosse isso, teríamos desaparecidos, enquanto experiência de resistência, permanência e consistência da face da Terra. (OLIVEIRA, 2012, p. 39-44).

Nesse sentido, o quilombo, denota Ilka Boaventura Leite, desde 1988, vem sendo associado pelo movimento negro como luta contra o racismo. Assim, alcançar êxito diante da demarcação territorial é vislumbrar a possibilidade de angariar políticas públicas inerentes aos direitos da população de origem negra. Segundo ela, a pauta negra dos quilombos, ao longo do tempo, tem recebido apoio de diversos setores da sociedade quando se trata de respeitar os Direitos Humanos, negados historicamente a esse segmento social.

Entretanto, cabe ressaltar que, de início, nos debates na Constituinte, a expressão "comunidade remanescente de quilombo" era desconhecida. Ganhou notoriedade no alvorecer da década de 1980 para se referir aos espaços territoriais onde viviam os descendentes de pessoas escravizadas na passagem em que se deu o processo de abolição do regime de trabalho escravo, em 1888 (LEITE, 2008).

Trata-se de uma sistematização de um conjunto de políticas públicas a fim de reconhecimento e garantias de direitos territoriais de pessoas negras, que no passado tiveram a sua humanidade negada, aprisionada e escravizada. Resta certo acrescentar que, diante do que aponta a Ilka Boaventura, em se tratando de conflito agrário, cujas vítimas são pessoas comuns, é necessária a proteção estatal do território quilombola a fim de garantir um modo de vida particular.

> As reivindicações de organizações de movimentos negros e setores progressistas, como parte da própria reflexão sobre o centenário da Abolição da escravidão no País, levada à

> Assembleia Constituinte de 1988, favoreceram a aprovação
> de dispositivos constitucionais concebidos como compensação e/ou reparação à opressão histórica sofrida. A ressemantização do termo 'quilombo' pelos próprios movimentos sociais e como o resultado de um longo processo de luta veio traduzir os princípios de liberdade e cidadania negados aos afrodescendentes, correspondendo a cada um deles, os respectivos dispositivos legais. (LEITE, 2008, p. 969-970).

A autora chama atenção para uma problemática envolvendo o território quilombola. Diferentemente das populações indígenas, não havia, até a Constituinte de 1988, nenhuma jurisprudência que reconhecesse os afrodescendentes como sujeitos de direito, como parte integrante da nação. Na perspectiva, a Assembleia Nacional Constituinte reestabeleceu as novas balizas do Estado democrático de direito. A Carta Magna brasileira garante a posse e o usufruto das riquezas do solo e do subsolo onde seus antepassados habitaram por diversas gerações. Não obstante, concorda-se aqui com o que Leite (2008) advoga: em se tratando de direitos territoriais quilombolas, foram objeto de atenção a partir de 1988.

Do ponto de vista histórico, são importantes os avanços relativos às pautas quilombolas inscritos na Carta Magna, especialmente no Art. 68 do Ato das Disposições Constitucionais Transitórias (ADCT). A esse respeito, Maria Priscila Miranda dos Santos (2019, p. 65), em sua tese de doutorado, escreveu que, "teoricamente, cria a obrigação para que a União e os Estados constituírem políticas públicas destinadas ao reconhecimento das comunidades quilombolas". Esta autora parte da premissa de que, ainda que seja considerado um avanço, existem ressalvas em relação à caracterização do que é ser uma comunidade quilombola. Em si só, o artigo ainda guarda algumas deficiências, apesar, vale ressaltar, do reconhecimento em se tratando do território tradicional negro, ou quilombola.

Por certo, cabe afirmar que a CF não resolveu a questão de acesso ao território tradicional quilombola. É importante observar que, apesar de o debate envolvendo comunidades quilombolas durante a Constituinte ter sido importante, pouca coisa mudou, do ponto de vista prático, a respeito da demarcação territorial. Isso porque o avanço foi relativo, em função da não regulamentação desse dispositivo constitucional, pois não destravou a burocracia a respeito da demarcação por parte do Estado brasileiro. Além do mais, tinha-se a ideia de um quilombo como lugar de fugitivos, tão somente. Ou seja, o direito estava restrito àqueles/as que estivessem habitando de forma ininterrupta no território até 1988. Tal interpretação, como já apontado, dificulta o acesso ao território. O fato notório é que tal questão não foi vencida em 1988, ficou em aberto, e os debates sobre as DCT adentram os anos de 1990 para serem incorporadas ao texto constitucional em 1993, tendo sido regulamentada pelo Decreto 3.912/2001, em que se deterá mais adiante.

Entretanto, reconhece-se aqui que, mesmo depois da Constituição de 1988, ao menos até o início do século XXI, pouca coisa mudou a respeito de processos territoriais quilombolas. Sobre esse aspecto, ainda se via um quilombo como categoria histórica baseada apenas em lugar de refúgio negro, desconsiderando, por assim dizer, as especificidades e dinâmicas socioculturais que permeiam a conceituação de quilombo. Parece, é certo, que tal artigo ficou ao sabor da vontade política dos interesses federativos; enquanto não se regulamentava tal preceito constitucional, a ação do latifúndio continuava a desafiar as comunidades negras em seus territórios. A questão agrária no Brasil, especialmente envolvendo quilombolas e indígenas, continua a desafiar a legislação e o poder público, que quase sempre se veem de mãos atadas e desinteressados, quando, na verdade, deveriam criar mecanismos para agilizar os processos de demarcação de território quilombola. Trata-se, antes de tudo, de uma reivindicação legítima para a entrada na ordem jurídica do Estado brasileiro, o que, pela primeira vez, passa a reivindicar e pautar projetos de interesse dos/as negros/as a fim de regulamentar o que consta nas Disposições Constitucionais Transitórias (Art. 68) e trata da luta dos quilombolas em defesa de suas terras.

2.15 O quilombo ressemantizado no contexto político

De acordo com Miranda (2019), apesar de alguns estados brasileiros terem a intenção de colocar em prática os preceitos do Art. 68 da Constituição, continuam a tratar tais comunidades de forma rasa; portanto inexiste uma compreensão de fato sobre o conceito atual do ser quilombola, permanecendo, por assim dizer, a interpretação de lugar de escravizados fugidos dos engenhos, tão somente.

Assim, acredita-se que as premissas apontadas pela autora permitem fazer aqui algumas considerações. Caso se considere o processo histórico colonial brasileiro, cujo modelo é estrutural, nas relações que se dão historicamente entre sujeitos negros e a posse fraudulenta de terras por parte dos agentes econômicos locais, não assusta tal interpretação enviesada dada pelo poder público estadual quando se tem como norte o debate do território negro. Para além dos relativos avanços e/ou ressemantização do conceito de quilombo, para as elites fundiárias, do ponto de vista essencialmente pragmático da égide escravista, pouco importa ressemantizar o conceito sobre o que é ser quilombola. A mentalidade escravista indica, desde sempre, que importa manter o modelo de dominação valendo-se do controle da terra. Isto porque a tradição histórica hegemônica tem nos quilombos elementos que causam medo, como causavam, de fato, nas elites dos engenhos do Brasil colonial. Se o conceito de quilombo pelo movimento negro significa a luta contra o racismo, para os donos do poder ele significa medo e repulsa, um elemento a ser combatido. A esse respeito, Miranda (2012, p. 372) indica que

> O processo de ressemantização do termo superou a atribuição criminal, mas permanecem no imaginário nacional estereótipos que associam quilombos a comunidades do passado e desaparecidas após a abolição formal ou a comunidades representantes de uma africanidade intocada. [...] a acepção remanescente de quilombos foi uma formulação negociada para dar conta da grande diversidade de processos de acesso à terra pela população negra escravizada, que incluem: as fugas como ocupação de terras livres, em geral isoladas; heranças, doações, recebimento de terras como pagamento de serviços prestados ao Estado; a permanência nas terras cultivadas no interior das grandes propriedades. Mocambos, terras de preto, território negro, entre outras acepções, foram reunidos na definição de comunidades remanescentes de quilombos históricos nem associadas tão somente por descendência. Trata-se de um grupo que passaram a contar com um reconhecimento oficial de identidade e cultura, mas que permanece em conflitos fundiários. A valorização positiva de traços culturais, a produção coletiva como forma de ajuste a pressões e perseguições sofridas e a forma de relação com a terra trazem para a definição de comunidades remanescentes de quilombos a importância da categoria território com espaço impregnado de significações identitárias.

No dia 10 de setembro de 2001, o presidente Fernando Henrique Cardoso assinou o Decreto-Lei 3.912, cujo objetivo foi organizar os processos no âmbito da regularização fundiária de comunidades quilombolas.

Seria essa uma tentativa de se avançar quanto ao Art. 68 da CF. O avanço, porém, era somente aparente. Em seu primeiro artigo, já se vislumbra tal premissa. Ele dizia que

> Art. 1º Compete à Fundação Cultural Palmares – CFP iniciar, dar seguimento e concluir o processo administrativo de identificação dos remanescentes das comunidades dos quilombos, bem como de reconhecimento, delimitação, demarcação, titulação e registro imobiliário das terras por eles ocupadas.
> Parágrafo único. Para efeito do disposto no caput, somente pode ser reconhecida a propriedade sobre terras que:
> I – Eram ocupadas por quilombos em 1988; e II – estavam ocupadas por remanescentes das comunidades dos quilombos em 5 de outubro de 1988.
> Art. 2º O processo administrativo para identificação dos remanescentes das comunidades dos quilombos e para o reconhecimento, delimitação, a demarcação, a titulação e o registro imobiliário de suas terras será iniciado por requerimento da parte interessada.
> Art. 4º A demarcação das terras dos remanescentes das comunidades dos quilombos será homologada mediante decreto. (BRASIL, 2001, s/p).

Quer dizer, é difícil vislumbrar, sob tais premissas, por mais sutil que seja, algum avanço. Por essa ótica, paira a negação de direitos de tais comunidades e ao mesmo tempo se cria uma dificuldade em relação à presunção de ancestralidade para efeitos de direitos. A premissa posta, como se tentou indicar anteriormente, vincula-se ao conceito tradicional de quilombos. Do ponto de vista das comunidades, o impasse continua, pois por vezes acabou por reforçar a lógica de exploração da terra como espaço de poder. A associação posta na perspectiva do decreto é do negro escravo para efeitos de postulação territorial. Outro impasse posto é o de atribuir competência exclusiva à Fundação Cultural Palmares a respeito de eventual processo de regularização, sabendo que esse órgão nem mesmo tem estrutura para tal função. Outro problema é que tal atribuição configuraria usurpação de competência. O Estado não pode se omitir de seus deveres constitucionais em se tratando da demarcação territorial de comunidades quilombolas. Em tal decreto, parece, paira a omissão do Estado, tanto na fórmula quanto em sua execução prática (MIRANDA, 2019).

2.16 Decreto Presidencial 4.887/2003

À luz dos dispositivos legais constitucionais, o Decreto Presidencial 4.887/2003, no plano legal, revoga o Decreto-Lei 3.912/2001, sancionado à época por Fernando Henrique Cardoso. Diferentemente do anterior, o de 2003 traz em seu texto alguns avanços, sobretudo em seu Art. 2º, como consta:

> Art. 2º - Consideram-se remanescentes das comunidades dos quilombos, para os fins desse Decreto, os grupos étnico-raciais, segundo critérios de auto-atribuição, com trajetória histórica própria, dotados de relações territoriais específicas com presunção de ancestralidade negra relacionada com a resistência à opressão sofrida. (BRASIL, 2003, s/p).

Liliana de Mendonça Porto, Carolina Kaiss e Ingeborg Cofré (2012) consideram existir uma mudança epistemológica contida neste decreto-lei. A temporalidade histórica deixa de ocupar centralidade na discussão a respeito do processo de demarcação, quando da demanda por direitos, tendo como premissa a resistência à opressão histórica sofrida. Nesse sentido, o elo com a escravidão torna-se irrelevante. O que importa, ainda, de acordo com as autoras, é a pontuação à autoatribuição, importante na definição de grupos sociais remanescentes de quilombo. Aqui chamam atenção para algo de suma importância:

> [...] a existência de uma trajetória histórica própria, de relações territoriais específicas e da presunção à ancestralidade negra são elementos básicos na caracterização proposta. [...] Dentre eles, uma exigência não explicitada de que os grupos negros que se auto reconhecem como quilombolas elaborem um discurso identitário que aponte não somente o pertencimento de seus membros a uma coletividade percebida como específica e diferente do entorno, mas também que essa identidade se conjugue com formas particulares de sociabilidade – e em aspectos de coesão são valorizados em detrimento de tensões – nas quais elementos como trabalho comunitário, espaços de uso compartilhado, projetos políticos comuns e uma relação romantizada com o passado [...]. (PORTO; KAISS; COFRÉ, 2012, p. 44).

As reflexões apontadas pelas autoras são, de fato, valiosas, do ponto de vista de alcance a uma demanda histórica por sujeitos marginalizados, e, simultaneamente, sua assertiva teórico-metodológica areja o debate historiográfico acerca do conflito agrário no Brasil. As mudanças de âmbito das leis certamente conferem um avanço nessa formulação, tendo em vista o deslocamento semântico, no que se refere a esses grupos, para "comunidade quilombola". Nesse ínterim, parece certo que a conceituação remanescente dos antigos quilombos começa a perder força, tendo como norte tal perspectiva. Indicam que, nesse novo contexto, os problemas que constavam do Decreto 3.912 não são equacionados por completo, mas são substituídos por novos matizes de análise, que trazem um caminho analítico novo que interessa também para a pesquisa histórica (PORTO; KAISS; COFRÉ, 2012).

Para reforçar analiticamente seus argumentos, as pesquisadoras destacam um caso bem-sucedido, a comunidade Água Morna, objeto da investigação historiográfica deste trabalho, que, em uma relação forte com o catolicismo, bem como a sua inscrição no território, fundamenta sob tais vínculos um discurso comum, capaz de superar quaisquer divergências intragrupo. Ou seja, o que se quer ressaltar é a capacidade de reelaboração de sua própria história interpretada por eles (PORTO; KAISS; COFRÉ, 2012).

É importante ressaltar que o Decreto 4.887/2003, sobre regulação fundiária, não teve impacto igual em todos os quilombos que ocupam a paisagem geográfica nacional. No caso do estado do Paraná, destaca-se o trabalho de reconhecimento de comunidades quilombolas lideradas pelo Grupo de Trabalho Clóvis Moura no ano de 2004. O objetivo foi identificar e mapear os territórios quilombolas do estado, até então invisíveis ao poder público, e à sociedade como um todo. Isso porque as comunidades foram reconhecidas como quilombolas e passaram a figurar a cena pública enquanto sujeitos de direitos a partir do trabalho de identificação de comunidades negras realizados pelo GT Clóvis Moura em parceria com a Secretaria de Estado da Educação (Seed). É importante destacar que foi a partir desse trabalho que as comunidades passaram a adotar um discurso quilombola e se identificarem como tal. Tal visibilidade forçou o Incra a abrir procedimentos administrativos e a acelerar os processos já em fase de reconhecimento (PORTO; KAISS; COFRÉ, 2012). A presunção do GT Clóvis Moura e mais o decreto 4.887/2003 abriram um horizonte para que as comunidades se fortalecessem no âmbito político ao se encorajarem a solicitar ao órgão competente a abertura de processo de regularização fundiária (PORTO; KAISS; COFRÉ, 2012).

Tendo como âncora as prerrogativas apontadas anteriormente, acrescenta-se que a caracterização de um quilombo ressemantizado, como é o caso, ganha novos contornos políticos, explicitando-o como um fazer dialético, dando sentido à vida social coletiva e à luta política, assentado no território como morada dos ancestrais. Assim, quando em campo conversando com membros da comunidade para a formulação desta pesquisa, algo relevante chamou atenção. O fato notório foi que nenhum/a dos membros/as do grupo faz menção direta à escravização. Eles/as se consolidam na ancestralidade do casal Benedita e Maurício, e a memória dos mais jovens sobre a sua história remonta à oralidade da líder religiosa, a avó, dona Dejair. Tudo o que sabem, segundo eles, é contado por ela. Isso leva a concluir que, como afirmam as autoras supranominadas, de fato não se trata de uma "identidade genérica" (PORTO; KAISS; COFRÉ, 2012, p. 50), pois assumem, sem medo de represálias, um discurso coeso forjado na luta histórica. É o que indicou um entrevistado da comunidade Água Morna:

> *O que mantém a gente no território é o vínculo com os nossos antepassados, a gente foca nos costumes deles, dos mais velhos a gente tem aquela esperança, o pé no chão que a gente não desista, tá firme junto da família.* [ENTREVISTAS gravadas, guardando anonimato]. Entrevistador: Davi dos Santos. Curiúva; Água Morna, 2021-2022. 50 MP3 (1.500 min). 21 nov. 2021, s/p, dados da pesquisa).

Em conformidade com Porto, Kaiss e Cofré (2012), pontua-se aqui algo que se considera fundamental. Se o Decreto 4.887/2003 concebe as comunidades quilombolas como território de luta, como de fato o são, ao assumirem publicamente que são sujeitos de direito ao pleitear a posse do território, os membros da comunidade Água Morna indicam que estão prontos para enfrentar as dificuldades do dia a dia, especialmente o embate com o latifúndio local, e também as barreiras burocráticas e a morosidade do Estado brasileiro.

> [...] como um instrumento de luta política, assim como de mediação com o poder público. [...] se um grupo se organiza em prol de territorializar-se, ele está negando o lugar seja, quando uma comunidade quilombola se organiza e reivindica seus direitos sobre um território ancestral, quando ela luta para territorializar, está negando o lugar marginal que lhe fora designado pela abrangente, seja por empresas privadas que plantam eucaliptos, seja pelo poder público [...]. (RANGEL et al., 2014, p. 25).

O discurso vinculado ao quilombo perfaz um enredo de uma história de um longo período de lutas. Não se trata de algo vazio. O posicionamento dos quilombolas de Água Morna, nas entrevistas realizadas, explicita uma situação sofrida, que é o racismo emanado da lentidão do Estado e da violência física simbólica de oligarquias locais assentadas em princípios do escravismo colonial. As suas oralidades vão na contramão de uma concepção hegemônica, ao afrontarem uma percepção de mundo egocêntrica e eurocêntrica. Carregam em sua essência valores simbólicos de luta pelo território do quilombo, em um processo histórico que se projeta no tempo presente. Portanto, enquanto sujeitos atuantes em processo político-social, ao responder positivamente sobre o que é ser quilombola na atualidade, inequivocamente emitem sinais, ao seu entorno e ao poder público, de que não pretendem abrir mão daquilo que lhes é de direito, o território e a sua própria história. No embate com o latifúndio local, é dever constitucional e moral do Estado fazer a mediação para tornar cristalino o princípio legislativo da função social da terra. A esse respeito, Miranda oferece esta síntese:

> A vinculação da comunidade como território não pode ser analisada somente pela ótica econômica, mas pela garantia da continuidade de hábitos cotidianos, para garantir assim a resistência da comunidade. Essas práticas cotidianas estão vinculadas à moradia, ao trabalho, às memórias que ganham significado para compor o grupo social. [...] O território é a essência da comunidade, pois considera-se como tal a relação entre os sujeitos e a terra, daí a importância do reconhecimento do que vem a ser um quilombo contemporâneo, conhecido como espaço de estratégias. [...] a permanência na terra é construída por meio de redefinição de estratégias alinhadas à organização política. Para dar função ao território e a territorialidade é o elemento crucial. E através do caráter simbólico da territorialidade, a identidade é construída e reconstruída. (MIRANDA, 2019, p. 102-130).

Sobre o território, uma líder quilombola de Água Morna assim se referiu:

> *Da história o território para mim é santo. Toda vida foi eu não sei se eu contei para Liliana da história do meu nascimento leva o teu contato para ela a gente a gente conversava bastante com ela o menina que eu sinto saudade. Isso eu não lembro de ter contado para ela mas o meu pai o meu avô contava a história de quando eu nasci eu nasci dentro da casa do meu avô pai da minha mãe se eu for lá vou bem servir no quarto que eu nasci virou capoeirão uma lembrança né nasceu e se criou aqui né Então essa história*

> *eu não lembro se eu contei para Liliana que meu pai meu avô minha avó contava.* [ENTREVISTAS], gravadas, guardando anonimato. Entrevistador: Davi dos Santos. Curiúva; Água Morna, 2021-2022. 50 MP3 (1.500 min). ados da pesquisa). 20 nov. 2021, s/p, dados da pesquisa.

Sobre este assunto, em uma perspectiva mais geral, volta-se aqui a considerar os argumentos de Ilka Boaventura Leite (2008). Embora o decreto reconheça a presunção de ancestralidade contra a trajetória histórica de opressão, assim como o autorreconhecimento enquanto grupo negro dotado de especificidade, persiste a lentidão. Na atualidade, a implementação dessa política pública de reconhecimento territorial está muito aquém dos anseios das comunidades negras. Tal decreto, por sua vez, trouxe uma nova dinâmica na ressemantização do termo "quilombo", afastando-se da ideia de resquício arqueológico como lugar de negros fugidos. Como um direito constitucional, as comunidades quilombolas passaram a abranger um rol de práticas e de experiências a partir do Decreto Presidencial 4.887/2003.

> [...] o prolongamento dessas reações até contexto pós-coloniais o que conferiu ao quilombo um significado trans-histórico - que o destituiu dos marcos cronológicos ou espaciais rígidos propiciando a sua correlação ou relação de continuidade com os direitos pleiteados durante o período recente de redemocratização do País. (LEITE, 2008, p. 974-975).

É possível afirmar que os quilombolas, enquanto sujeitos que produzem a história, portanto, no contexto do tempo presente, passam a exercer um protagonismo na luta pela titulação de seu território tradicional ancestral, de onde vêm as suas reivindicações pelo acesso direto à terra e pelo direito à cidadania plena, seja no passado, seja no presente. A ressemantização do conceito de quilombo traz à luz uma demanda histórica de agentes políticos/as que querem o reconhecimento de seus direitos territoriais. Quando o Estado cumpre devidamente os seus dispositivos legais constitucionais quanto à demarcação de território tradicional quilombola, fica certo acreditar que os sujeitos em pauta acessam minimamente a cidadania, pois o Decreto 4.887/2003 revoga outro decreto, o 3.912/2001, em seus pressupostos básicos: o primeiro concebe as comunidades quilombolas como território de lutas. Ao formular-se como uma categoria de direito, que se condensa gradualmente, o quilombo, enquanto relação social de pessoas que forjam por ele uma forma de vida peculiar, inscreve-se não só no direito à terra, mas a este se soma a diversificação de outros direitos, tais como saúde, educação, moradia, saneamento básico. Nesse sentido, aponta Leite (2008), o quilombo afronta um projeto e modelos de desenvolvimento ao questionar certas verdades estabelecidas,

> [...] quando o quilombo deixa de ser exclusivamente o direito a terra, para ser a expressão de uma pauta de mudanças que, para serem instauradas, precisam de um procedimento de desnaturalização dos direitos anteriores de propriedade, dos saberes supostos sobre a história, dos direitos baseados nas concepções de público e privado, entre tantos outros. Nesse sentido, que o quilombo como direito vem alterando a própria ordem de Nação, e não é por acaso que há hoje tantas reações que visam desestabilizá-la: desde o questionamento do suposto sujeito de direito assinalado no teto constitucional. (LEITE, 2008, p. 975).

Os enunciados apresentados pela pesquisadora, por certo, vão ao encontro daquilo que um jovem da comunidade Água Morna afirma a respeito do que significa ser quilombola em uma sociedade de classes, no contexto de expropriação territorial:

> *Tipo, ser quilombola é carregar uma história né, uma história de nossos antepassados e conhecendo o que é ser quilombola né, porque muitas vezes por sermos quilombolas somos até mesmo perseguidos, né, o racismo, é, e eu acho que muitas vezes também é a falta conhecimento das pessoas sobre o que é o quilombola, sobre o que é a terra dos quilombolas, sabe porque até muitas vezes já teve caso de, pessoas da comunidade ser ameaçado por estar em busca daquilo que é e foi e vai ser a luta de todos os quilombolas.* [ENTREVISTAS], gravadas, guardando anonimato. Entrevistador: Davi dos Santos. Curiúva; Água Morna, 2021-2022. 50 MP3 (1.500 min). 20 nov. 2021, s/p, dados da pesquisa).

A assertiva da autodefinição presente no corpo do Decreto 4.887/2003, ao caracterizar a igualdade, assim como a autodefinição, está em consonância com o testemunho que membros dessa comunidade expressam em suas narrativas. Inexistem descompassos entre o referido decreto e a oralidade do grupo quilombola ora investigado, tendo como norte a dinâmica de processos atuais. É uma perspectiva dialógica com a existência atual anunciada como diferente do ponto de vista étnico. É assim que são as comunidades quilombolas na sua dimensão política, econômica e cultural, perfazendo, acredita-se, características de um campesinato negro. É uma dimensão, a rigor, multifacetada, que nem de longe deve ter a sua caracterização existencial analisada por meio de modelos morfológicos, como adverte Barbara Oliveira de Souza (2008, p. 57), ao observar que

> A compreensão das comunidades quilombolas passa, no sentido atual de existência pela superação da identificação dos grupos sociais por meio de características morfológicas. Tais grupos não podem ser identificados a partir da permanência no tempo de seus signos culturais ou por resquícios que venham a comprovar a sua ligação com formas anteriores de existência. Argumentações teóricas que caminhem nesse sentido implicam numa tentativa de fixação e enrijecimento da concepção das comunidades quilombolas.

Frisa-se aqui que tal decreto teve uma atuação significativa do movimento de lideranças quilombolas e de parlamentares comprometidos com a causa de comunidades negras; primeiro, resultando no Decreto 3.912/2001 no contexto da regulamentação do Art. 68 do texto constitucional; depois, desembocando na sua revogação pelo Decreto 4.887/2003. Reafirma-se que o primeiro não estava em harmonia com as pautas dos quilombos.

> Em relação ao processo de concepção do Decreto 4887/2003, cabe destacar que este se deu por meio de grupo de trabalho do qual faziam parte diversos ministérios, além da advocacia Geral da União, representantes do movimento quilombola, representados pela Conaq, especialistas do tema, com especial ênfase para a área jurídica e antropológica. O Grupo de trabalho, instituído em 13 de maio de 2003 pelo Governo Federal, teve como finalidade rever as disposições contidas no Decreto 3.912/2001 e propor nova regulamentação ao reconhecimento, delimitação e titulação das terras de remanescentes de quilombos. Concluídos os trabalhos do referido Grupo, foi editado o Decreto nº 4887, de 20 de novembro de 2003. (SOUZA, 2008, p. 59).

É difícil se opor aos avanços contidos no decreto presidencial supraindicado, especialmente quando se afasta da questão de permanência ininterrupta de grupo negro no território até 1988, ano da promulgação da Carta política referente ao reconhecimento de comunidades quilombolas. A nova interpretação, por certo, contribuiu para uma maior visibilidade de demandas por direitos territoriais que de certa forma chegaram à instância do poder estatal. É significativa a representação social na sua formulação. No entanto, não resolveu o problema da morosidade na titulação do território tradicional, de modo que estes grupos que pleiteiam direito histórico negado pelo Estado brasileiro continuam vivenciando as mesmas dificuldades, principalmente enfrentando a violência de latifundiários locais, e mesmo a hostilidade da sociedade que margeia os territórios.

2.17 Demarcação de território quilombola para além de questões jurídicas

Conforme Leite (2005), quando se trata de reconhecimento e demarcação territorial de um quilombo, do ponto de vista positivista, logo se tem a ideia de permanência ininterrupta deste no sentido tradicional. Do ponto de vista político e dos direitos, isso logo é refutado por antropólogos e historiadores. Tal entendimento, como já apontado, foi rechaçado pelo Decreto Presidencial 4.887/2003, cuja interpretação adquiriu outro significado.

Nos casos de estudos feitos para o reconhecimento e delimitação territorial, no âmbito institucional e político, testemunha-se que as comunidades, quando entrevistadas em campo, requerem o direito de falar, de ser ouvidas, de testemunhar. É a retórica da oralidade que garante essa ideia de movimento. É o lugar de fala que reivindicam enquanto sujeitos. O lugar de fala permite que criem, diante da posse da terra, expectativas. Testemunhar enquanto sujeitos é buscar aquilo que é legítimo, requerer do Estado a oficialidade de que nesse território existem modos de vida diferentes dos não negros[2].

Ele falava que aqui foi uma terra onde tinha de tudo. Então aí a mãe véia Benedita passou para cá e ficou até o final da vida dela. Mais foi uma vó que se os filhos não guardou o que ela explicou. Então eu participei de muita coisa que ela passou para gente. Ela falava assim, hó minha fia um dia se for da vontade de Deus, se vai ter tua família que passa vai contando a história da vida pro

---

[2] Djamila Ribeiro, em *Lugar de fala*, traz contribuições a respeito de sujeitos subalternizados que, em certo sentido, buscam por reconhecimento de direitos negados pelo poder público. A centralidade da fala torna-se importante em se tratando de valores comunitários que, a rigor, não orbitam interpretações padronizadas. A centralidade das falas de comunidades negras, especialmente a de Água Morna, é um prenúncio de uma história da luta por direitos e da negação de quaisquer referências que as reduzam ao escravismo colonial. *Lugar de fala* busca o reconhecimento de outras epistemologias que destoam de padrões rigidamente estabelecidos.

teus filhos, prum dia teus filhos passam pro fios deles ela falava. Quer dizer, nóis não pode deixar perder a nossa tradição, os nossos costume, porque ela contava quando era neste tempo que quando eu comecei a caminhada com a santa é uma peregrinação. Antes de ontem eu saí com a santa aqui na comunidade, eu tava falando pros[sic] netos, fui e exprincando para eles. Isso meu filho é uma herança que ela deixou para nóis da família, né, e a gente não pode esquecer porque foi uma vó exemplar, ne. Ela falava assim olha todo mundo tem a história da vida, é um livro, é um romance que todo mundo lê, e ninguém termina. Porque o romance da vida é a história da vida da gente. [ENTREVISTAS], gravadas, guardando anonimato. Entrevistador: Davi dos Santos. Curiúva; Água Morna, 2021-2022. 50 MP3 (1.500 min). 20 nov. 2021, s/p, dados da pesquisa.

No trecho da entrevista da líder quilombola, além da presunção de ancestralidade que remonta à história da bisavó Benedita, a qual ela chama de "*mãe véia*", é notória a força retórica que reside na dimensão do político, claramente demarcado no território negro. A historiadora Regiane Augusto de Mattos (2012), a respeito da importância da tradição oral nas sociedades africanas, comenta que estas usam a fala para a transmissão do saber para as gerações, ou seja, a oralidade é um guia condutor na transmissão do conhecimento histórico. Isso porque a palavra é carregada de um valor sagrado, e a sua origem é divina. As pessoas mais velhas são responsáveis pela memória do grupo. Essa memória é o que dá coesão e proteção ao grupo quando do conflito territorial, cujo objetivo é permanecer na terra. Aos mais velhos é facultada a tarefa de passar a história para os mais jovens, ao falarem sobre mitos, origem do mundo, astronomia, ciências e natureza e, principalmente, acontecimentos históricos, no caso em destaque, que envolve a comunidade quilombola.

Na comunidade Água Morna, durante o processo de interação que foi estabelecido, o que chamou atenção foi a preocupação de todos/as eles/as, sem exceção, em, segundo a matriarca, "*falar a verdade*". Partiu dos próprios membros, especialmente da idosa, o compromisso com a fidedignidade da oralidade como um testemunho histórico. O respeito dos/as mais velhos/as para com ela foi notado quando se visitou por diversas vezes a casa da anciã, que, rigorosamente, era uma verdadeira festa. Filhos, netos, noras circulam na casa o tempo todo. O respeito dos mais novos com ela é digno de registro histórico. O que mais chamou atenção foi a relação de respeito do grupo para com ela. Todos/as, ao adentrar a casa, pedem a bênção e curvam-se diante da idosa, de 80 anos de idade. Segundo eles, tudo o que sabem sobre a história da comunidade foi a matriarca quem lhes contou. Por isso, a fala, para eles, tem status de verdade como um enredo de uma história própria, contada por eles, sobre eles. Conforme Mattos, "A fala é um dom, não podendo ser utilizada de forma imprudente e leviana. Ela tem o poder de criar, mas também, o de conservar e destruir. Uma única palavra pode causar uma guerra ou proporcionar a paz" (MATTOS, 2012, p. 19).

Como se pode notar, o objetivo é pensar que elementos de contornos políticos estão presentes naquilo que se demarca como quilombola na atualidade; como tais sujeitos num conflito fundiário criam estratégias de enfrentamento enquanto da disputa pela terra. É pensar que discurso a comunidade elabora, quando quer deixar claro aos agentes públicos que o território é ancestral.

2.18 Quilombos: território e processo político

Em Água Morna, o período de maior drama foi entre 1940 e 1970, quando se intensificou a chegada de terceiros ao local. Nesse espaço de tempo marcado até a primeira metade do século XX, a comunidade encontra-se plenamente inscrita no local, com a legitimação e conquista de seu território tradicional, onde se tem a sua história. Nota-se que comunidades tradicionais entraram na rota dos interesses do mercado capitalista pela fertilidade de suas terras e, no caso de Água Morna, por praticamente margear a rodovia. As áreas invadidas eram definidas como sertões em que se desenvolviam pequenos cultivos agrícolas. De acordo com Porto (2011), em 1963, ocorreu um incêndio na residência do pai de dona Dejair, fato que marcou a vida da comunidade no processo de expropriação, depois de um injustificado aviso para que deixassem o local. Reza o laudo que, coincidentemente ou não, no local há uma concentração de terras nas mãos de uns poucos proprietários, caracterizando, assim, um processo de grilagem, no sentido clássico do termo.

Na parte norte da comunidade, a expropriação deu-se de forma mais lenta, no geral a venda de pedaços de terras dava-se a preços muito baixos e mesmo por barganhas que envolviam objetos como parte de pagamentos. Essa questão apontada pela autora nos motivou a perguntar, a um dos membros da comunidade Água Morna, se ele tinha lembranças de como teriam se dado as vendas de suas terras, e ele se pronunciou da seguinte forma:

> *Rapaz, aí na época era coisa barato hein. Porque nessas áreas que a minha mãe vendeu na verdade esse tempo foi a média de não chegou a 1000 cruzeiro o alqueire, e tinha vez que entrava até móveis e até porco em tronco da terra. Pegava um pedaço de carne, que aconteceu com várias pessoas antigamente também comprava criação, um porco para comer não troco de até e as pessoas pegavam precisava naquele momento pegava e vendia a terra. Que nem no caso, a minha mãe, meu pai, meus tios venderam por não ter condição de pagar as dívidas de trabalhado, sobreviver pegava a gente acabar só para sair um dia hoje e o pedacinho que tinha em outra cidade porque não tinha como sobreviver aqui, as pessoas não tinha condição nele daí chegava as pessoas consertava um valor e vendi para ir pra cidade. Aqui morava a minha avó quando eu era criança trabalhava com meu pai e nóis tirava o sustento dessa terra.* [ENTREVISTAS], gravadas, guardando anonimato. Entrevistador: Davi dos Santos. Curiúva; Água Morna, 2021-2022. 50 MP3 (1.500 min). 21 nov. 2021, s/p, dados da pesquisa.

A esse respeito, outro membro do grupo, que aceitou registrar a sua fala somente em diário de campo, afirmou que "a comunidade era pressionada a trocar a terra por sacos de feijão, que em certos casos, os que compravam a terra com uma parte em dinheiro e outros objetos como geladeira com parte do negócio" (SANTOS, 31 out. 2021, s/p, dados da pesquisa).

Como se nota, no passado e no presente, a luta dos/as negros/as contra os colonizadores é um elemento a ser destacado, assim como o choque cultural dos escravizados com os escravizadores portugueses à medida que as atividades dos engenhos de açúcar se expandiam. "O quilombo seria uma espécie de federação ou confederação de mocambos, de acordo com as diferenciações culturais existentes os que formavam ou a distância em que ficavam uns dos outros" (MOURA; ANDRADE, 2001, p. 80). Dessa forma, os quilombos estruturavam-se conforme os modos de África, e na mata fechada procuravam alimentar-se tal como se fazia no continente africano. Os autores citam ainda as choupanas como habitações feitas de galhos e folhas retiradas da floresta. Eram moradias perenes que podiam ser facilmente destruídas.

Mas o quilombo não era o sonho da liberdade, e sim uma vontade de conquistar a liberdade, uma luta para se livrar do cativeiro. É a luta contra os escravizadores e contra a ordem estabelecida.

É certo, ainda, que a influência lusitana se fazia notar no quilombo, porque o aquilombado já tinha contato com os portugueses, que já impunham o domínio da língua por meio das catequeses. Antes de seguir viagem para o Brasil, eram batizados na costa do continente africano, e, ao serem introduzidos no trabalho, recebiam a doutrinação das autoridades religiosas. Ao mesmo tempo, proferiam o sincretismo religioso entre os deuses de África e os santos católicos, sendo o quilombo "um ponto de encontro entre as culturas africanas e portuguesas, já influenciada pela realidade brasileira, e por contato com os indígenas" (MOURA; ANDRADE, 2001, p. 81).

Para combater o exército colonial, as alianças eram fundamentais durante o processo de formação dos agrupamentos quilombolas. Tais relações ou pactos políticos se faziam importantes, o que incluía outros agentes, como trabalhadores rurais sem-terra, que eram fundamentais para manter a defesa do quilombo em face das artilharias pesadas do governo da província.

Para a historiadora Regiane Augusto de Mattos (2012), à medida que os quilombos se espalhavam em diferentes locais da região, intensificava-se a ação de capitães-do-mato, quando da repressão e captura de fugitivos. E, quando capturados, eram submetidos às leis coloniais. Alguns escravizados chegavam até a fazer moradias independentes, porém não isoladas, para promover a interação com os agentes de fora, cujo objetivo era a promoção de interações comerciais. A aparição de várias comunidades mostra que havia, de fato, uma interlocução deles com a sociedade escravista. Diante disso, fica evidenciada a aliança existente com o segmento social local.

Reafirma-se aqui, com isso, que tais argumentações sepultam por completo a ideia de comunidades isoladas, fruto de um passado estagnado, o que mostra, portanto, que se trata de grupos complexos na sua forma de existir e de se relacionar com outrem. A interação promovida por eles em nada tem a ver com uma suposta benevolência para com a ordem vigente. Já foi indicado que o simples fato da existência de quilombos era tido como elemento questionador e ao mesmo tempo desestabilizador do colonialismo europeu. É como se eles, dentro de tal contexto, exercessem um sistema de pesos e contrapesos, endereçado a conter a sanha autoritária dos assim chamados senhores de engenho.

No que diz respeito à perspectiva teórico-metodológica, parece certo, todavia, que, no processo de historicidade, esta tem sido a dinâmica mais promissora quando se tem como norte interpretar processos históricos envolvendo quilombo em situação inequívoca de conflito fundiário inscrito na atualidade, como no caso da comunidade Água Morna, que é severamente combatida pelo latifúndio local. Contudo, as experiências acumuladas enquanto grupo social dinâmico dão às comunidades condições mínimas de promover o contraditório, apontando o caminho quando da possibilidade da posse do território.

Moura (2001) informa que até o herói da guerra holandesa foi para o fronte de batalha combater o avanço dos quilombos, principalmente Palmares, no período em que permaneceu na Bahia depois da ocupação batava de Pernambuco. O fato de os quilombos estarem no meio das florestas em um terreno acidentado teria contribuído para a sua proteção e, ao mesmo tempo, maior permanência no local. Ademais, a floresta fornecia os materiais utilizados nas construções e cercas, que eram verdadeiras fortalezas contra o ataque vindo de fora. O mocambo, como o Macaco no complexo de Palmares, ficou conhecido pela habilidade em resistir. Este, por sua vez, localizava-se ao lado de um penhasco, estratégia que consistia na proteção a fim de impedir ataques inimigos. Assim, pois, as florestas tinham dupla função: fornecer madeira, lenha, caça e proteção para os que ali habitavam; e, ao mesmo tempo, garantir a proteção do grupo.

Para o historiador Joel Rufino dos Santos (2013), pelo fato de ter ocupado um expressivo protagonismo na dinâmica colonial, o quilombo dos Palmares foi o mais notório de todos. Destaca, para tanto, a sua condição de permanência no tempo, resistindo à escravização, organizando e apontando caminhos quanto à perspectiva de liberdade. Localizado no Estado de Alagoas, foi considerada uma união de aldeias na Serra da Barriga, o que lembra uma mulher grávida. Destacou-se, dentre tantos outros, como um episódio longevo da história nacional ao buscar alternativa à sociedade existente. Por outro lado, pontua o historiador, a sua destruição era, para o colonialismo, uma questão de honra. Seu chefe maior comandou as fugas para a vegetação densa, em uma espécie de guerrilha rural, uma luta intensa e permanente, enquanto existiu, razão pela qual teve um papel fundamental na história. "Palmares é um caso exemplar de conhecimento histórico estimulado por um movimento social" (RUFINO, 2013, p. 82).

Na luta social contra a escravidão, muitos quilombos adotavam a tática de guerrilha, que ficava a cabo dos contendores com melhor conhecimento dos terrenos, e contavam com o apoio dos que viviam no local.

Esse sistema de guerrilha foi utilizado na luta contra os holandeses em Pernambuco. Mesma tática foi importada pelos cangaceiros contra os soldados e pelos populares no Período Regencial. É inegável que havia uma superioridade em se tratando das armas do exército colonial, mas, para compensar a desvantagem, exerciam as suas habilidades de luta por meio das emboscadas nas matas fechadas.

Não obstante, havia duas situações que os negros tinham que escolher; uma era compor; a outra, reagir à ordem escravagista. As duas posições são antagônicas, mas ambas indicavam como os aquilombados reagiam ao escravismo nos engenhos e nas senzalas. Era preciso, diante disso, indicar claramente a estratégia de sobrevivência adotada. Aos olhos dos escravizadores, os quilombos eram vistos como um intruso no caminho, pois eram pontos de radicalização e de inflexão no processo de enfrentamento ao sistema colonial. A radicalização era visível e facilmente identificada pelo lado do colonialismo. Todas as táticas de rebeldia e de fugas eram minuciosamente calculadas. Quilombo, antes de tudo, era uma forma de organização de uma comunidade negra com valores simbólicos, políticos e materiais em voga, portanto o nível de organização era importante (MOURA, 2001). No entanto, cada um seguia sua lógica de organização, diante da própria história, que, a rigor, em nada se compara com a dos colonizadores; exceto as ligações externas que deveriam ser mantidas, mas respeitando a especificidade de cada um deles.

Nesse ínterim, o quilombo é um contraponto ao escravismo dentro de uma dinâmica multifacetada. É certo, pois, assinalar que as formas de organização de cada quilombo, respeitando-se as especificidades de cada um, em nada têm a ver com o que se propunha em termos de convivência social do escravismo. Em tudo eram diferentes.

Moura e Andrade (2001) qualificam um senhorio perverso, violento, ancorado sob a égide da superioridade, tendo na propriedade da terra um meio de poder. Portanto, a sua concepção de mundo em nada dialoga com os princípios da alteridade percebidos no interior das comunidades negras na colonização. Para a ordem colonial, o processo escravagista tinha como centro o apresamento de indivíduos escravizados e a consequente conquista do lucro no mercado europeu. A apropriação consistia em delegar aos escravizados um lugar de subalternização dos cativos e, ao mesmo tempo, construir um lugar do branco, consubstanciando, assim, as profundas desigualdades raciais no Brasil como um abismo que separa negros e brancos. Dessa forma se desenhava uma forma de controle dos corpos negros para controlar a liberdade e assim se verificavam duas formas de escravismo, direta e indireta.

Na mentalidade escravagista senhorial, havia dois lados no mundo, entre a força moral e a força física. É nessa diferença que reside a segregação da sociedade. Por outro lado, nota-se que a força física deveria se submeter à força moral: "estamos em face de todo um enunciado estratégico de dominação que soma como objeto de controle e os escravos pretos e pardos" (MOURA; ALMEIDA, 2001, p. 91). Nesses termos, indicam os autores que o inimigo não é assim tão aparente. No contexto colonial, havia duas categorias sociais. Os brancos e os/as outros/as "negros/as" era uma correspondência enviada pelo governo à Corte no ano de 1806. Esses dois blocos que compunham a sociedade derivavam em ideias acerca da força moral e da força física. Havia uma ameaça constante da força física contra a força moral, a ser vigilantemente controlada pela força moral, a qual simbolizava a riqueza, porque este era um elemento fundamental para se distinguir aquilo que é físico daquilo que é moral. Pardos e pretos compunham o rol da pobreza, enquanto a riqueza se concentrava nas mãos brancas.

Não obstante, os aquilombados eram os responsáveis pelo medo da sociedade da época. Tal situação indica que, no contexto do escravismo, houve ponderação de forças, pois estavam diante de uma forma de controle cujo interesse residia em manter os negros nos limites sincronizados com os interesses econômicos. Contudo, a vontade senhorial chocava-se com a contraposição engendrada pelos escravizadores, pois nisso tudo há um enorme antagonismo. O aniquilamento da liberdade reside nesse terreno em clara "contraposição à afirmação da liberdade" (MOURA; ALMEIDA, 2001, p. 92). É evidente o choque entre dominadores e dominados, e as fugas eram um expediente de protesto social contra tal situação.

A ideia de dominação entrelaçada com os fatores econômicos desenhava um padrão social determinante, e as regras econômicas advinham das determinações políticas fortemente hierarquizadas segundo "raça e cor" (MOURA; ALMEIDA, 2001, p. 92). Assim, o quilombo expressou reação e enfrentamento a uma situação de violência racial, mas ia mais longe, tinha capacidade de incorporar; expressava o negro na sua dimensão humana e política e aqueles que eram por outrem marginalizados e explorados. Quilombo é uma categoria ontológica de sentidos, decisão e ação. Qualquer que seja o quilombo ou mocambo, era oásis na sociedade escravagista e residia nele a alteridade.

Palmares efetivamente simbolizou o desejo de luta. Esse quilombo ganha com a quantidade de negros/as no seu interior, em forma de organização, aporte humano e material, ocupa território importante em áreas da capitania de Pernambuco, tem uma área importante de vales e matas densas, terras férteis que despertam, sobretudo, o interesse dos escravizadores brancos. Tem a seu favor a capacidade de organização e de luta, grande território, experiência política, densidade histórica, objetivos políticos, considerando-se o sentido de "uma verdadeira formação" (MOURA; ALMEIDA, 2001, p. 96). Nesse sentido, consideram-se dois elementos que se diferenciam do senhorio, a propriedade e a força de trabalho como elementos constituidores de identidade.

Diante dos pressupostos apresentados, reputa-se que a dimensão política e social de Palmares chama atenção do movimento social negro, pois a sua história encontra sintonia com as bandeiras de lutas especialmente com o advento do século XX, momento em que, enquanto categoria de protesto, passa a ser ressignificado na luta contra o racismo no passado e no presente. Zumbi incorpora a luta por direitos e, consequentemente, a luta por uma vida digna. Desse modo, concebe-se aqui quilombo como um movimento de protesto contínuo que atravessa o tempo. Trata-se, na verdade, de garantir que o discurso centrado na memória de Zumbi seja capaz de conceber a direção ao movimento. Em vista disso, o dia 20 de novembro não se consagrou como uma data comemorativa, nem poderia, mas converteu-se em lutas que visam à emancipação humana de sujeitos que há tempo anseiam figurar no debate público, e, por essa razão, o Dia Nacional da Consciência Negra está associado, assim como os quilombos, à luta por liberdade. As referências à liberdade e à figura de seu líder maior ecoam na atualidade em um sentido dialético, cujo marco de uma história viva é a insubordinação fundada na atualidade. A influência desse passado contínuo é certamente um marco na história do movimento social negro em todo o país.

Considerando o exposto, parece crível pensar a comunidade quilombola Água Morna, tema central desta pesquisa, como a expressão de resistência que adquire sentido no tempo, na sua lógica existencial, na territorialidade e na luta pela terra como face de uma história anti-hegemônica que se opõe ao escravismo para assentar um modo de vida comunitário, como conta a líder quilombola da mesma comunidade.

Nosso lugar aqui graças a Deus é uma comunidade de fé, religiosa que toda vida foi porque aqui era um bairro de família. Então no tempo da quaresma eles tinha, costume de sair à noite

> *ali das 10 horas em diante se reunia a família para sair, eles falava recomendar armas. Nois rezava a noite inteira, era muito lindo, e era um povo unido assim que eles falava para gente óia meus filhos vocês tem que acreditar no que vocês fazem. Façam bem feito e acredite.* [ENTREVISTAS], gravadas, guardando anonimato. Entrevistador: Davi dos Santos. Curiúva; Água Morna, 2021-2022. 50 MP3 (1.500 min). 20 nov. 2021, s/p, dados da pesquisa).

Palmares "inaugurou um sentido de Brasil, até hoje válido" (MOURA; ALMEIDA, 2001, p. 97). Com Palmares, os caminhos de um povo como nação chegaram a uma encruzilhada, a ponto de decidir qual é o melhor a ser trilhado. De um lado, a sociedade escravista, cujo medo levaria o senhorio a buscar a hegemonia, ao mesmo tempo que o desejo de liberdade levaria Palmares a enfrentá-la. Com o passar do tempo, as experiências históricas deste levaram-no a incorporar a cultura branca de matriz europeia, principalmente do colonialismo local. Havia a intenção de processo de formação e construção da própria história desse quilombo, capaz de se contrapor a uma estrutura de longa duração. Toda a estratégia de organização passava pela necessidade de vínculo com os núcleos e uma clara função de comando que garantiria uma maior capacidade de segurança do grupo e ao mesmo tempo neutralizaria ataques externos.

O pesquisador Adelmir Fiabani (2005, p. 140) fala que o crescimento dos diversos quilombos foi um movimento independente com enorme capacidade de expansão interna, "[...] sendo difícil a reprodução por segmentação. Muito rara a confederação de quilombos foi sobretudo defensiva. O quilombo era um fenômeno espontâneo, não necessitava de um pai para nascer e se emancipar [...]". Nesse sentido, a prática de controle relacionada à solidariedade dava-se como forma de construção de laços e vínculos com os agentes internos.

Como indicam Moura e Almeida (2001), a luta dos quilombos não garantiu o fim do escravismo nem do sistema colonial, mas foi, nesse sentido, bem-sucedida, e os resultados políticos são notados pela ação de negros que adentravam a mata em busca da liberdade. Isso por si só já era um ganho político e social, porque esgarçava os limites impostos pela ordem senhorial. É certo observar que os quilombos não produziram "mudanças na sociedade branca" (MOURA; ALMEIDA, 2001, p. 98), mas sim o desgaste nas relações senhoriais. Contudo, diante das fugas, interferiram no processo de produção com incêndios, ataques a senzalas e fazendas. Por óbvio, tal capacidade de reação aguçava a violência do outro lado, o que alimentava o desejo de vingança dos agentes coloniais no sentido de controlar a liberdade pleiteada pelos/as negros/as.

É notório que a pobreza reinou durante o colonialismo e depois dele. "O fato político da exclusão do negro é uma montagem por elementos que já estavam presentes na oportunidade colonial", e, "desde esta época, a sociedade que se plasmava sustentava um círculo global de enclausuramento do negro" (MOURA; ALMEIDA, 2001, p. 99). O contexto de pobreza é um dos motivos pelos quais o quilombo permanece com forte teor político de metamorfose no seio de uma sociedade profundamente radicalizada e hierarquizada. Por isso, para a historiografia, no passado e no presente, as comunidades quilombolas incomodam a ordem vigente, ora colonial, ora o latifúndio no contexto do capitalismo atual.

De acordo com Rufino (2013, p. 110), "A superexploração do trabalho – com jornadas extremamente longas de proteção aos trabalhadores se tornou hábito do fazendeiro brasileiro, hábito que chegou aos nossos dias. [...]. Isto é o capitalismo selvagem".

O autor chama atenção para a questão econômica de um modelo colonial que ecoa na atualidade. Trata-se da maximização de lucros por meio de empreendimentos ancorados na exportação de riquezas extraídas do subsolo e monocultura de exportação e no escravismo de africanos. Pontua-se aqui que esse autor não corrobora o ponto de vista econômico como delineador da escravização. Segundo ele, a civilização moderna ocidental é produto da escravização de povos de origem africana, cujo trabalho foi expropriado. Uma das razões teria sido uma espécie de superioridade de povos descendentes da Europa sobre as demais sociedades não europeias, cujo racismo foi a herança da escravização. Em outras palavras, ressalta-se que as desigualdades sociais nasceram assentadas nas desigualdades raciais.

Por outro lado, o atraso material do continente americano e africano não deve ser analisado fora desse contexto. O autor revela uma dicotomia entre o velho mundo europeu e América e África empobrecidas. Essa perspectiva de análise encaminha-se para uma melhor compreensão da questão do quilombo na atualidade, quando se tem como norte o território inscrito na ideia de terra como sinônimo de poder político e econômico. Afirma-se aqui que a expropriação territorial de comunidades quilombolas é ressonância direta desse passado.

Abdias do Nascimento (2016) assinala que, no contexto da história econômica brasileira, o papel dos escravizados foi fundante na ação de parasitismo do imperialismo que explorou a mão de obra negra vinda de diversos pontos da África, de modo que sem o trabalho deles jamais a estrutura econômica teria existido. Não obstante, a fundação da sociedade escravista tinha no trabalho escravo a espinha dorsal, o seu elemento principal. É nesse contexto que se deu a rebeldia negra no interior dos engenhos rumo ao quilombo. Toda a riqueza da aristocracia branca foi plantada e colhida por braços negros, tanto na mineração quanto nas plantações de cana-de-açúcar, enriquecendo cada vez mais a elite colonial portuguesa.

O autor assinala que, por mais paradoxal que se possa imaginar, a escravização negra no Brasil foi no exterior elogiada como se fosse benigna aos escravizados. O colonialismo, nesse sentido, adotou práticas de negação e encobrimento da violência. Encobria-se, assim, a origem racista do sistema colonial português.

> Esta rabulice colonizadora pretendia imprimir o selo de legalidade, benevolência e generosidade civilizadora a uma atuação no território africano. [...] nos dias de hoje, no Brasil, herdeiro das tradições escravagistas de Portugal, pratica-se impunemente falsificações dos fatos históricos. (NASCIMENTO, 2016, p. 60).

Ainda ressaltando a importância política do quilombo dos Palmares, Nascimento (2002), em sua obra *O quilombismo*, afirma que esse é um exemplo de luta e de resistência ao longo da história brasileira contra a dominação colonial, a qual é parte integrante de nossa ancestralidade no continente da diáspora negra. A república de Palmares, em sua dimensão geográfica, ocupou um terço do tamanho do território de Portugal. O quilombo era propriedade comum, terra dos palmarinos, resultante do esforço de trabalho nas terras do Novo Mundo. A produção agrícola era diversa, plantavam e colhiam. A cultura era diversificada, diferente da monocultura colonial. Palmares, enquanto alternativa, na dinâmica dialética do processo histórico, punha em xeque a estrutura do escravismo. Era, de fato, um contraponto ao modelo social escravagista da época. Desafiou o poder religioso, assim como as oligarquias fundiárias de seu tempo. Zumbi, o último dos chefes, é cultuado como o "primeiro do pan-africanismo" (NASCIMENTO, 2002, p. 31).

É difícil imaginar o quilombo fora da dinâmica da resistência política e social. Como indica Moura,

> [...] a função dos quilombos como módulo de resistência permanente ao sistema escravista. Não podemos, por isso, deixar de salientar que, durante todo o transcurso de sua existência, eles foram não apenas uma força de desgaste, atuando nos flancos do sistema, mas pelo contrário, agiram no seu centro, isto é, atingindo em diversos níveis as forças produtivas do escravismo, e ao mesmo tempo, criando uma sociedade alternativa que, pelo seu exemplo, mostrava a possibilidade de uma organização formada por homens livres. [...] Palmares foi a maior manifestação de rebeldia contra o escravismo na América Latina. (MOURA, 1989, p. 36).

Diante da pujança desse território negro, o colonialismo criou meios para combater os aquilombados, e não era para menos. Por essas e por outras razões, já que os afrodescendentes só aparecem nas estatísticas abaixo da linha da pobreza, pelas suas condições socioeconômicas, ocupam precariamente os espaços sociais. Na mesma perspectiva analítica, nota-se que a emergência do quilombo está na esteira de quão excludente a sociedade é, e ela se constitui em dois caminhos: A demanda pela terra enquanto enfoque político; e, de outro lado, há de se considerar o papel do senhorio, que, no processo de longa duração, sempre esteve lidando com mecanismos de invisibilidade do negro na sua condição de não sujeito que tem na escravização o seu aporte.

Aqui então se tem duas problemáticas. Questão racial e social, ambas, no caso dos quilombos, relacionando-se em uma posição antagônica, e não poderia ser diferente. À vista disso, afirmar-se-á que o quilombo não é um acidente histórico. Acrescenta-se, em tal circunstância, que nem poderia ser. O quilombo reinventa-se na atualidade como forma de angariar direitos básicos historicamente negados. Assim, não seria, desse ponto de vista, equivocado afirmar que ele "é uma atualidade" (MOURA; ALMEIDA, 2011, p. 99). A sua interação com a política não se restringe aos tempos coloniais ou ao Império. Ele está conectado com a realidade atual.

2.19 O processo de expropriação da comunidade Água Morna

O processo de reprodução da comunidade Água Morna está associado ao modo do campesinato, portanto relacionado ao mundo rural brasileiro. Nesse sentido, o grupo não mantém relação comercial com os de fora, isso porque a comunidade perdeu quase todo o território ao processo contínuo de expropriação. Tal situação, como não poderia ser diferente, ocasiona perdas importantes para os grupos. Para eles/as, a conquista da terra significa a realização de uma vida comunitária plena, onde possam trabalhar e produzir a vida. Portanto, tem-se nesse ínterim a ideia de autonomia e de liberdade, característica marcante da territorialidade. Por isso, fundamental é a demarcação territorial pelo poder público.

Nas entrevistas com membros da comunidade, percebeu-se que o ato de expropriação, aliado ao fato de terem que se evadir em busca de trabalho, e até mesmo as dificuldades financeiras vividas, em certo sentido, remete-se às lembranças do trabalho escravo, do qual o grupo quer se afastar. Em mais de uma ocasião, a narrativa de conquista da terra é um prenúncio dessa repulsa ao trabalho degradante. Quando questionado sobre essa história de ter que trabalhar fora, um membro do grupo explica que

> *O que está acontecendo desde 2009/2008 por aí é que uma porcentagem de pessoa da comunidade está tendo que sair para procurar trabalho, cerca de 5 pessoas plantando um pouquinho nas áreas que temos aqui pra colher plantação, mas, tem que sair para buscar trabalho fora, para ganhar um salário para completar a renda familiar, o que tá na comunidade não é suficiente para garantir a sobrevivência das família porque a renda é baixa né, e não cabe nos orçamento [...].* [ENTREVISTAS], gravadas, guardando anonimato. Entrevistador: Davi dos Santos. Curiúva; Água Morna, 2021-2022. 50 MP3 (1.500 min). 21 nov. 2021, s/p, dados da pesquisa).

Logo em seguida, foi questionado se, depois da realização do laudo antropológico, o processo de expropriação foi interrompido, ao que ele responde:

> *Ah, eu posso te falar que interrompeu, que aqui dentro do município, conhecido meu, muito conhecido meu que até teria vontade de comprar alguma área aqui de abria venda, aí no momento que chegava no cartório que aqui já é reconhecido como território quilombola e a pessoa desisti de comprar porque ele sabe que aqui é um território quilombola [...].* [ENTREVISTAS], gravadas, guardando anonimato. Entrevistador: Davi dos Santos. Curiúva; Água Morna, 2021-2022. 50 MP3 (1.500 min). 21 nov. 2021, s/p, dados da pesquisa.

Uma líder quilombola, durante as conversas gravadas nas dependências de sua residência, indicou que antigamente na comunidade o trabalho era realizado de forma coletiva, chamado pela matriarca de "frente", para se referir aos pedaços de terras comunitários destinados à reprodução familiar. Esse trabalho adquire uma conotação autônoma dentro do próprio território, modo coletivo familiar que em nada tem a ver com escravidão. É uma perspectiva familiar que está em jogo.

De acordo com Porto (2011), a perspectiva de trabalho coletivo dentro do território tradicional coloca-se como um contraponto ao trabalho penoso e que remonta ao escravismo. O trabalho realizado para os de fora, por certo, assemelha-se mais ao trabalho escravo dos tempos passados, mas com uma relação com o presente, de modo que racismo e trabalho escravo se confundem com pobreza, na visão dos moradores: "A posição trabalho para os 'de fora'/escravidão x trabalho na própria terra/liberdade orienta os relatos sobre as atividades dos membros da comunidade" (PORTO, 2011, p. 72).

Quando perguntamos à matriarca quando a comunidade começou a perder as terras, a memória relata o seguinte:

> *Olha, o que eu lembro dessa época que começou as vendas de terra meu pai nós morava na anta, lá perto do Rio das Anta que o Rio das Anta divisa, daí então meu avô pai da minha mãe colocou nóis lá, ele deu uma frente para minha irmã falou com meu pai essa frente eu dei para mãe é para o senhor também se eu criar seus filhos era a Terra é um pedaço de terra frente. Então eu dei essa frente para filha do senhor que foi para criar seus filhos daí se eu fui, eu era pequena, mas eu lembro quando meu pai saiu da minha mãe carregada nas costas essa é uma memória que foi Deus que me deu e daí nós morava lá e daí aconteceu um dia que meu pai levou minha mãe de passear na casa do Zé e quando vortemos, tava queimando a casa nós ficamo com a roupa que tava no corpo ninguém soube como é que foi que o fogo começou e queimou a casa lá aí meu avô pai da minha mãe buscou nós e trouxe para cá, daí foi feito a casa do meu pai perto dele perto dele, tia toda a família aqui nóis é que tava lá mais longe daí ele trouxe nós para cá e vendeu essa parte de terra daí vorta e meia nós fala que como o povo é marvado para lograr os outro. Aí meu avô trouxe nóis para cá dizia ele que ele vendeu 5 arqueiro mas aí quando o homem foi medir já mediu quase a metade do terreno, aí vende um arquerinho para um melhor que ele para outro e foi assim o povo foi chegando ficamos aqui espremido, descanso dá para nós viver graças a Deus mas volte meia eu tô falando aqui para o senhor ver, nesse pedacinho de chão quantos arqueiros que dá aqui com a reserva da mata. Aqui foi um povo baiador a vida foi sofrida mas era o tempo de saúde, tá os homens no trabalho*

> dele era empreitada por safrista você quer hoje fala fazendeiro mas antes era safrista cortar empreitada os patrão tudo usando aqui trabalhar queria das empreitada começava a roçada e terminava na colheita era assim. Cada um tinha uma frente para trabaia, prantava assim ele fez muita roça pra vendê, depois passou um tempo aí vou tocar a pranta de algodão essa pranta ela agora que deu mais um pouco folha do algodão depois pararam algodão aí começou a lidar com bicho da seda, e daí depois terminou ali dos bichos-da-seda também aí era assim trabalhava para uns para o fazer uns pouco para nós. Adeus trabalhava sempre por empreitada quando apurava muito fazer um mutirão é um monte de gente vinha fazer as plantas para nós e depois quando plantava tudo os homens ia trabalhar nas fazendas nas empreitada a vida foi sempre assim aqui na comunidade sempre trabalhando muito trabalho eu sempre trabalhei desde cedo os fios sempre trabalhando. [ENTREVISTAS], gravadas, guardando anonimato. Entrevistador: Davi dos Santos. Curiúva; Água Morna, 2021-2022. 50 MP3 (1.500 min). 20 nov. 2021, s/p, dados da pesquisa.

Ao longo do tempo, como aponta a autora, a mobilidade marca uma fase da vida do grupo dentro da comunidade. O fato de ter que se deslocar para trabalhar, para os chamados safristas, e dentro da terra na coletividade, assenta a mobilidade quanto à reprodução familiar, o que está ligado às relações econômicas do município de Curiúva no início do século XX:

> [...] aos quais os antepassados trabalhavam tanto como empregados em suas propriedades, quanto com tocadores de "porcadas" para Ibaiti [...] De certa forma, a mobilidade não somente permitiu, inicialmente, a fixação no território de liberdade, mas também continuou, posteriormente, a garantir certa autonomia, mesmo que a duras penas no início [...]. (PORTO, 2011, p. 73).

A autora, contudo, reitera que esse modelo de trabalho cujas atividades são conjugadas no território e fora dele não é o ideal, mas é um elemento de estratégia de sobrevivência do grupo, pois o trabalho assalariado não desconfigura a vida tradicional, porém reafirma a continuidade da vida campesina.

Em campo, nas longas falas da matriarca, consta que os antepassados sofreram muito até chegar a Água Grande, região que compõe o território Água Morna. Há, então, nesse contexto, situação de racismo denunciado pela oratória dela. Por isso, ela informou que o território é sagrado, "santo", pois nele há uma perspectiva de se promover a liberdade e o trabalho autônomo, dissociado do que ela chama de racismo. Por outro lado, tem-se as práticas de trabalho coletivo que paulatinamente vêm se perdendo diante do processo de expropriação de suas terras. As pequenas plantações de lavouras ainda são cuidadas pelas famílias, mas reclamam que não têm espaço suficiente para plantar aquilo que gostariam. Parece que o deslocamento para fora do território tem sido uma constante, mas a memória daquele tempo é positiva, lembra a vida em comunidade tendo o trabalho como uma forma de relação societária.

Figura 4 – Comunidade Água Morna, Curiúva/PR

Fonte: o autor (2021)

Figura 5 – Comunidade Água Morna, Curiúva/PR

Fonte: o autor (2021)

O trecho da narrativa da matriarca indica esses aspectos do trabalho como forma de reprodução familiar, associado ao contexto da reprodução da territorialidade, portanto destoante do escravismo. Em relação ao trabalho coletivo, ela afirma que

> *Os filhos nunca me extrovava trabaia, então eu tenho essa lembrança graças a Deus a gente tinha saúde foi um tempo muito bom mas a gente entende porque hoje é uma nova geração, não é do tempo da gente que no nosso tempo não tinha luxúria era um virado de feijão fazia os filho comia e hoje não, hoje a gente vai fazer comida as crianças fica com pescoço comprido e diz, isso eu não gosto, eu não como desse. Então mudou tudo. [...] Lembranças que eu tenho atenção saudade daquele tempo era pé no chão. A gente tem uma saúde rica, a gente se alimentava, tinha feijão, se não tinha arroz era um guisado abóbora de era um guisado de mandioca tinha uma batata-doce tinha verdura tudo era fartura tudo comia, hoje não hoje se o senhor não for na pôr na mesa uma comida Colorida o senhor não por um bolo bonito os mais novos não quer não. Pergunta, a senhora acha importante passar essa memória para Nova Geração. Às vezes pode ter algum filho que ele pode guardar memória porque aqui, na verdade, é tudo os filhos é aquela coisa que a mãe contava para nós.* [ENTREVISTAS], gravadas, guardando anonimato. Entrevistador: Davi dos Santos. Curiúva; Água Morna, 2021-2022. 50 MP3 (1.500 min). 20 nov. 2021, s/p dados da pesquisa.

A memória do quilombola remete-se aos tempos em que se tinha uma vida boa. É uma memória que relembra, com certa nostalgia, um passado que para ela era melhor do que o presente. Observa-se a preocupação com as mudanças ocorridas quando trata daquele tempo que, segundo ela, era um tempo de fartura, no qual todo mundo dispunha de "uma saúde rica", nas palavras da matriarca. Percebe-se aqui que o trabalho realizado reunia a comunidade, pois relata a vida simples desapegada de bens materiais. O alimento, de acordo com a narrativa, era fruto do trabalho em comunidade, o que garantia o suprimento alimentar dela.

Como se pode notar, no presente, as comunidades quilombolas perfazem-se em uma perspectiva de liberdade e de autonomia valendo-se do trabalho dentro do território. A relação com o passado, como já observado, é um elemento que confere coesão à comunidade. As lembranças da vida e dos ancestrais de fato formam um enredo da luta no tempo presente, ao mesmo tempo que se projeta uma visão também de futuro, tendo como âncora a conquista da terra quilombola para a continuidade da reprodução simbólica e material. O quilombo é lugar de relação passado presente, lugar de encontro de uma perspectiva de vida em comunidade, perfazendo uma visão de mundo baseada em valores que perpassam o tempo, atravessam séculos, mas que mantêm uma essência do existir coletivo, de sujeitos que mantêm com o território uma relação não capitalista, pois a reprodução de valores de uma visão de mundo quilombola é o que dá sentido à sua existência enquanto grupo político social. Por fim, diante da expropriação de seu território, ainda assim reproduzem ao seu jeito um modo de vida quilombola, demonstrando, por assim dizer, a resistência quando os de fora insistem em usurpar o território comunitário.

3

FRONTEIRA AGRÍCOLA NO BRASIL, SÉCULO XX: A TERRA COMO MERCADORIA

3.1 Paraná, um caso intrigante de conflito agrário

Neste capítulo, intenta-se problematizar a acumulação de capital, o avanço da fronteira agrícola impulsionado pelo capitalismo no século XX e como a expansão desta interfere na organização social e no território da comunidade Água Morna. Ao mesmo tempo, analisar-se-á como os membros, mediante a memória ancestral, interagem diante das dificuldades enfrentadas pela expropriação de suas terras, considerando que o modo de produção capitalista, em seu processo de mercantilização no campo, contribui para acelerar a chegada de terceiros à região onde vive o grupo, no município de Curiúva.

3.2 A estrutura fundiária no Brasil: contexto histórico

No campo, a presença do capitalismo é anterior à industrialização do Brasil, portanto a colonização é que marcou a sua origem. A escravização africana constitui-se na linha mestra que foi fundamental para que o capital se estruturasse no campo. As populações de áreas rurais, nesse cenário, aparecem como vendedoras da força de trabalho e compradoras de alimento industrializado, de modo que a agricultura e o capitalismo não são assim tão estranhos nas formulações um do outro. Nesse sentido, o ambiente fabril não interferiu na formulação do capitalismo no campo, isso porque este se deu a posteriori. Assim como a terra em si, quando se tem um expressivo valor de venda, a agricultura, no mesmo sentido, tem um alto valor agregado passando a ser um bem de consumo e de especulação capitalista, flertando com o ramo fabril, conforme indicam Flavia Lorena Brito e Odimar João Peripolli (2017, p. 48-49),

> O campo, a terra, nesse caso, parecem só ter sentido e valor às políticas públicas, agrária e agrícola, quando voltadas a algum tipo de atividade ligada ao "agronegócio". Con-

> sequentemente, em detrimento dos interesses da classe formada pelos povos do campo, trabalhadores que vivem na terra e da terra, ou seja, que praticam a agricultura camponesa. [...] O capitalismo nem sempre interessa a eliminação de outras formas de produção que não sejam capitalistas, até porque precisa delas para poder se reproduzir. São as contradições próprias do capitalismo.

Apesar de não ser o mesmo processo nem a mesma realidade, afere-se a relação entre atividade agrícola do agronegócio e ramo fabril industrial, de modo que a hierarquização do espaço coloca o urbano na frente do campo, quando se refere a decisões econômicas, políticas, sociais e culturais. Então, o que vale para a cidade vale para o campo, e, em certo sentido, exerce influência sobre a estrutura fundiária e expropriação de populações camponesas e quilombolas da terra. É como se o que tem importância para a cidade valesse também para o campo; muito embora as realidades sejam parecidas, há sempre a contradição reinante que reside na dicotomia entre campo e cidade, mundo agrário e urbano, e os tais não são assim tão diferentes, mas antagônicos no contexto capitalista. Nessa perspectiva, algumas características fazem-se presentes em ambos os espaços, seja agrário, seja urbano (BRITO; PERIPOLLI, 2017).

No processo histórico, a terra foi associada a um lugar de afirmação do poder político e econômico por parte dos senhores de engenho, e nela se explicitam as relações dialéticas entre quem controla e quem é excluído. O descaso verificado com milhares de acampamentos de trabalhadores sem-terra às margens das rodovias e em laterais de grandes latifúndios à espera de reforma agrária, vivendo certamente no seu limite existencial na condição de trabalhador camponês, mostra que há de fato uma problemática que envolve a terra quando há em específico o cumprimento ou não de sua função social.

Em resumo, a terra, para os que mantêm relação estreita com o poder econômico e político, nunca foi problema nem obstáculo, mas sim solução (BRITO; PERIPOLLI, 2017). Tese essa revestida de uma certa obviedade. Não obstante, a partir do século XVI, as vastas extensões de terras estavam a seu dispor, e, para tanto, tinham a seu favor o aparato de controle que envolve a organização do próprio Estado, que, ao longo do tempo, tornou-se alvo de controle das elites econômicas e fundiárias, desde o escravismo. Nesse sentido, há, por certo, uma disputa demasiadamente desigual entre quem margeia as instâncias do poder e exerce influência direta contra quem nem mesmo consegue ter acesso ao Estado como mediador e garantidor mínimo de direitos. A comunidade Água Morna, na luta pela terra, está inserida neste contexto, quando os descendentes do casal ancestral requerem, com razão, a demarcação territorial por parte do poder público federal. Parece certo que a terra deveria seguir o estrito cumprimento da sua destinação social como maneira de combater as desigualdades raciais e sociais abissais existentes entre ricos e pobres. A distribuição da terra, no modelo vigente, gera desigualdades sociais quando coloca as populações do campo a reboque de interesses alheios a elas. No entanto, o problema reside na forma ilegal de acesso por parte de grupos que pleiteiam áreas vastas, ainda que estes promovam cenas de conflitos no campo, como será visto a seguir.

No Brasil, a função social da terra, embora esteja consagrada no texto constitucional, na prática é mais um discurso de cunho retórico do que uma realidade, pelas razões já apresentadas. Na Constituição federal, em seu Art. 5º, está escrito que a terra deve atender à função social, ao estabelecer a desapropriação para fins de reforma agrária. Está demarcado, em texto constitucional, o atendimento ao interesse social da terra, e sobre ela recaindo o direito de transmissão a herdeiros. Diz a lei, em seu inciso XXVIII: "[...] a propriedade rural, assim definida em lei, desde que trabalhada pela família, não será objeto de penhora para pagamento de débitos decorrente de sua atividade produtiva, dispondo a lei sobre os meios de financiar o seu desenvolvimento" (BRASIL, 1988, p. 16-17).

Como se nota no caso concreto de comunidades quilombolas, esse princípio constitucional está em descompasso com a realidade, pois o segmento populacional em questão há anos espera a correção de um problema histórico, que, associada a políticas públicas, assegura certamente melhores condições de vida. Nesse sentido, as elites brasileiras, devidamente representadas pelos interesses dos agronegócios, e a benevolência de poderes constituídos na esfera estatal, contribuem para promover esse distanciamento entre a realidade agrária e o ordenamento jurídico quando se trata da estrutura fundiária.

Com razão, Ramos Filho, Mitidiero Junior e Santos (2016) advogam que a violência no campo converge com o modelo agrário, rígido e verticalizado. Na história do Brasil, a prática de violência tem permeado a formação da estrutura agrária desde o escravismo, fato verificável nas expedições impetradas contra Palmares até a sua destruição, o que é uma pista de que a terra foi objeto de cobiça das elites latifundiárias desde os tempos mais remotos. Os eventos históricos que marcaram a luta pela terra com maior projeção nacional foram a Guerra do Contestado, no estado de Santa Catarina; Canudos, na Bahia; Eldorado dos Carajás (1996), no estado do Pará, entre outros. Historicamente, a existência de comunidades quilombolas e povos indígenas tem sido marcada pela violência no campo, como assassinatos, violências simbólicas e invasões em seus territórios. As lembranças de tais eventos são traumáticas e constituem parte integrante do processo histórico. A violência no campo é, sem dúvida, uma mácula nas páginas da história brasileira. Muito se deve à questão econômica atribuída à terra como mercadoria, processo que se intensificou especialmente na segunda metade do século XX.

Essa relação de violência por vezes gera mais tensão no campo, à medida que se intensificam as lutas de trabalhadores campesinos. É uma relação de causa e efeito que amplifica a violência no campo. Para Machado (2018), a luta no campo, realizada por grupos camponeses, comunidades quilombolas, ribeirinhas e povos indígenas, configura a própria luta pela sobrevivência imprimida na trajetória histórica de milhares de trabalhadores/as em todo o território nacional ao longo do tempo. É nela que se forma a consciência enquanto classe trabalhadora almejando justiça social. Diante do silenciamento estatal, a população do campo criou o seu próprio conceito de justiça, adquirindo consciência de classe, e ampliou o horizonte de consciência na luta pela terra, diante da negativa das oligarquias e do poder estatal. É uma forma de resistir às lutas futuras, cujo lugar de batalha é o campo. É aquele em que a futura geração possa ter o direito à terra como fundamento da própria existência humana. Nessa perspectiva, mora a ideia de viver em um mundo onde a violência latifundiária não recaia sobre eles, não lhes ceife a vida e não lhes marque o corpo. O projeto campesino não é o do faroeste, tampouco o da luta campal. É, contudo, o princípio da dignidade humana como elemento fundante que adquire sentido ao se constituir em classe, e com ela a noção de propriedade, apontando um projeto de transformação da estrutura social da terra. É somente a luta coletiva que possibilita a insurgência contra um modelo agrário escravista e colonial; caso contrário, "Enquanto estão dispersos, sozinhos, os camponeses não conseguem resistir aos seus adversários e traçar um plano de resistência" (MACHADO, 2018, p. 162).

Conforme aponta Machado (2018), no Brasil o campesinato só se faz ouvir quando da ocupação de terras, sem a qual o campo se tornaria um paraíso do latifúndio, promotor de conflitos entre os que ocupam lugar no poder político e econômico contra quem, a rigor, tem na terra um modo de viver. Assim, a intervenção destes quando reivindicam as ocupações de áreas improdutivas e os desafios postos a serem enfrentados mudam a paisagem da história, especialmente quando se tem como certo que o Brasil é um país com profunda concentração de terras. O problema, é certo, está no fato de que o território nacional, fruto de um processo intenso de desmatamento, é composto por generosa área geográfica agricultável. Como não poderia ser diferente, as ocupações dão-se no intenso processo dialético, potencializado pelos próprios fazendeiros e pela omissão dos poderes constituídos. É certo que a herança do passado colonial e o avanço do capitalismo caracterizam esse processo.

Na atualidade, populações tradicionais vivem à margem dos minifúndios e dos latifúndios. A comunidade Água Morna, por exemplo, foi, ao longo do século XX, empurrada para os grotões do seu próprio território, tendo que conviver cotidianamente com processos de violência e de expropriação, como demonstra o testemunho de um dos membros da comunidade:

> [...] nóis não podemos sobreviver na nossa terra porque nóis estamos rodeados né das pessoas que, como que eu posso dizer, há, dos fazendeiro, né, que vêm vão comprando e vão plantando soja e calipito [...]. [ENTREVISTAS gravadas, guardando anonimato]. Entrevistador: Davi dos Santos. Curiúva; Água Morna, 2021-2022. 50 MP3 (1.500 min). 21 nov. 2021, s/p, dados da pesquisa).[3]

Segundo Machado,

> [...] a consolidação do campesinato na vida política nacional (e enquanto classe na luta pela terra) é resultado do processo do desenvolvimento do capitalismo no Brasil do início do século XX. O camponês brasileiro não é fruto de um passado idílico, é uma criação do capital, que sempre vivenciou uma condição de exploração e depois de expropriação. (MACHADO, 2018, p. 163).

A historicidade desse processo de violência encravada na invasão territorial encontra a sua gênese na entrada dos europeus em áreas de domínio indígena, do século XV até a atualidade. É um processo de continuidade histórica. Não seria, diante disso, exagerado afirmar que a violência no

---

[3] No capítulo 4, será falado mais detidamente a respeito da comunidade Paiol de Telha, que foi expropriada, mas que no ano de 2019 conseguiu uma reintegração parcial de posse e retornou ao território.

campo marca a formação do território brasileiro. Tem-se, nesse sentido, a violência componente da formação social que gera desigualdades sociais, e sobretudo raciais. Não é raro no Brasil testemunhar cotidianamente a morte de quilombolas, indígenas e trabalhadores rurais que têm a sua propriedade invadida para dar lugar ao capital que se reproduz na terra (RAMOS FILHO; MITIDIERO JUNIOR; SANTOS, 2016).

Diante de tais pressupostos, cabe apontar que a incursão da violência retira de comunidades quilombolas, as mais vulneráveis, a condição de existir enquanto etnia. Para as comunidades negras, a retomada de suas terras significa a afirmação da própria liberdade. No vasto território, contudo, não existem terras para a justa distribuição, porque foram griladas no passado.

É difícil analisar a concentração de terra no Brasil sem, com isso, mencionar a escravização de povos sequestrados da África, os quais, certamente, foram os mais afetados por essa lógica mercantilista do uso e exploração da terra. Com razão, Ramos Filho, Mitidiero Junior e Santos (2016) escrevem que a violência adquire maior dinâmica quando decorre de perseguições e de assassinatos, criando um cenário de barbárie, assombrando os campesinos/as que há anos permanecem na terra. Nesse sentido, indica-se como certo que a expropriação de terras tradicionais e a violência são fenômenos de longa duração. Em um país onde o latifúndio é cultuado como um ser imaculado por agentes governamentais e políticos ligados à estrutura estatal, é desafiador ser índio/a, negro/a e campesino/a e ao mesmo tempo permanecer na terra com a sua diversidade.

Assim, na esteira das dificuldades emanadas pela falta da terra, um membro do quilombo Água Morna referiu-se assim à perda do território:

> *Todo mundo num apertadinho para lá, num apertadinho para cá, fica difícil até de a pessoa manter a produção, tanto da agricultura familiar como de criação, porcos, vacas, até a galinha também, é tudo apertadinho e dificulta para as famílias.* [ENTREVISTAS], gravadas, guardando anonimato. Entrevistador: Davi dos Santos. Curiúva; Água Morna, 2021-2022. 50 MP3 (1.500 min). 21 nov. 2021, s/p, dados da pesquisa.

Não seria, portanto, vago afirmar que o relato, associado à historiografia agrária, aponta de forma inequívoca que a violência no campo, seja simbólica, seja física, é um problema que deve ser enfrentado por governos e pela sociedade de modo geral. No entanto, tal problema ainda está longe de ser equacionado, embora seja uma emergência para os que esperam a posse em definitivo. O acesso à terra por eles significa colocar em prática um modo de vida diferente, que é em essência a busca por trabalho digno no campo e a afirmação de valores peculiares identitários.

3.3 Fronteira agrícola em expansão no Norte do país, o campesinato e a terra

Tratando da questão agrária no Brasil envolvendo comunidades do campo, o historiador José de Souza Martins (1996, p. 90) apontou que "a propriedade fundiária surgia com fundamento nas desigualdades econômicas entre fazendeiros e o colono". O cerco imposto aos colonos por fazendeiros, por meio de regras rígidas no que se refere à formalização do monopólio sobre a terra e mediante a capitalização do território, aguçava as péssimas condições entre os capitalistas e os colonos. Tratava-se, assim, do monopólio sobre a terra. Os colonos não viam alternativa, senão a de se sujeitar à exploração de sua força de trabalho. As fazendas de café, no contexto do capitalismo do século XX, transformaram-se em elemento de conversão do trabalho em mercadorias, e foi nesse contexto que se deu a produção e reprodução do capitalismo.

A economia cafeeira convertia-se, assim, em instrumento da mais-valia, que se incorporava a um trabalho frenético de exploração do pequeno agricultor. Como se faz notar, na cafeicultura está a reprodução do capital que deveria ocorrer sob forma de reprodução intensiva do território, perpassada por elementos especificamente econômicos, ignorando, por outro lado, as lógicas campesinas que se desenvolvem na terra. No escravismo, o acúmulo de riquezas não precisa de outros fundamentos que não a vontade dos escravizadores. Em que pese essa relação desigual, o cafeeiro colono não se considerava dono da terra, nem mesmo dos meios de produção (MARTINS, 1996). Talvez a única coisa que considerava sua fosse o próprio trabalho, que se materializava nos produtos da agricultura de subsistência tão somente, mas, ainda assim, na relação que se estabelecia, entregava o seu trabalho ao fazendeiro.

Nesse sentido, analisando o capitalismo na expressão da expansão da fronteira agrícola na Amazônia, especialmente no município de Conceição do Araguaia, no estado do Pará, o cerne do conflito agrário, segundo Octavio Ianni, "O que está em questão, na base da luta pela terra, é o antagonismo entre a empresa capitalista e o campesinato" (IANNI, 1981, p. 180). Para o autor, o problema perpassa a monopolização do uso da terra pelo capital, que a transforma em mercadoria, em propriedade de uso privado, objeto de valores e de trocas, minimizando, assim, o conceito de terra para os posseiros, que mantêm outros atributos de posse do território. Para os fazendeiros que disputam o controle da terra com as comunidades tradicionais, a terra deve seguir a lógica unilateral da reprodução do capital. Nisto reside de fato um choque, uma contradição.

O fato é que a relação entre fazendeiros e camponeses/as, assim como as comunidades negras em geral, é marcada por interpostos, que são pistoleiros, grileiros, jagunços e até mesmo agentes governamentais. Não por acaso, ou por mera coincidência, as áreas de maior tensão fundiária estão nas margens das rodovias, construídas na maioria das vezes em terras férteis e virgens, invadindo comunidades indígenas e quilombolas, o que contribui para o avanço sobre áreas cobertas por vegetação densa, ocasionando a exploração clandestina de madeira de lei, além da poluição de rios que abastecem comunidades tradicionais. No contexto em que há exploração privada da propriedade da terra, sobretudo em áreas em conflito fundiário, como é o caso, naturalmente as relações sociais e econômicas se estranham. Da mesma forma, há um estranhamento entre os agentes envolvidos, e entre o camponês e a terra, pois estes não a veem na dimensão da exploração capitalista. A falta do título da terra por parte de comunidades campesinas é um problema apontado como elemento de estranhamento delas com a terra (IANNI, 1981).

Na lógica campesina de ocupação da terra, estar nela desde os tempos passados já é mais do que suficiente para se ter o direito de permanecer nela, pois existe um vínculo histórico ligado aos antepassados, razão que, por si só, justifica-lhe a posse. No entanto, na concepção capitalista da exploração da terra, dono dela é quem possui o título, ainda que este, e é o caso, seja obtido por meios fraudulentos em cartórios, onde o poder político e econômico dita as regras. Trata-se de processos históricos de grilagem de terras, principalmente as chamadas terras devolutas pertencentes ao Estado brasileiro. Para essas populações historicamente estabelecidas na terra, parece uma luta infrutífera e inglória. Sem o título em mãos, torna-se muito difícil para os camponeses se oporem aos grileiros e ao poder desproporcional dos agentes externos. É como se a identidade camponesa da terra se diluísse no embate fundiário. É aí que reside o estranhamento que dialoga com a perda da identidade territorial coletiva (IANNI, 1981).

Quando se trata de comunidades "remanescentes" de quilombos, cuja trajetória histórica específica encontra respaldo no texto constitucional de 1988, no âmbito do conflito agrário, a memória coletiva é acionada como um mecanismo de contenção da possível diluição da identidade com a terra. Nesse ínterim, reelabora-se, com base nas lembranças, um enredo de reivindicação do vínculo com o território assentado na ancestralidade negra, como já explicado em outro capítulo. Em se tratando da comunidade Água Morna, objeto desta pesquisa, a territorialidade remonta aos seus ancestrais, já nominados em mais de uma ocasião, que no plano simbólico continuam vivos, à procura do território. No tempo presente, esse é o elo que liga a comunidade à terra.

Em Ianni (1981), a intensificação da luta pela terra deu-se desde os anos de 1966, coincidindo então com o aumento frenético de trabalhadores oriundos do campo, vindos de diversas localidades, arruinados pela debilidade econômica. Concomitantemente, tem-se por outro lado o aumento de especulação capitalista sobre a terra por parte de empresários rurais, e mesmo agentes estatais incentivados pelo poder público municipal e estadual, a ocupar terras para a plantação de pastagens e plantações de culturas do agronegócio. Ou seja, o que está sendo falado é que cresceu a apropriação capitalista do uso das terras devolutas, pois tornou-se, nesse contexto, mercadoria. Saboya (1995, p. 119) diz que

> [...] a instituição da Lei de Terras de 1850 correspondeu às imposições geradas pelo desenvolvimento do modo de produção capitalista, no contexto histórico das transformações que se tornaram evidentes no século XIX, e que impuseram alterações na própria organização da sociedade brasileira [...].

A chamada Lei de Terras contribuiu em grande escala para deslocar grupos tradicionais de seus territórios, afetando especialmente a população negra, agora longe do trabalho compulsório, mas sem oportunidades de minimamente sobreviver em condições dignas.

3.4 Conceição do Araguaia, arranjos jurídicos e fundiários

Grande parte do campesinato veio do Nordeste afligido pela seca e pelas mais variadas formas de exploração do trabalho, situação que o obrigou a buscar outros lugares, como o Centro-Sul do Brasil, para procurar melhores oportunidades de trabalho. Quer dizer, houve incentivos governamentais para atrair trabalhadores, principalmente de São Paulo, para desbravar o município de Conceição do Araguaia, e assim se criaram empresas rurais, o que transformou rapidamente as terras em mercadorias, angariando altos valores monetários, ou seja, há uma clara apropriação privada do uso do solo, e ganha valores de trocas, alterando significativamente a estrutura agrária do lugar (IANNI, 1981).

Figura 6 – O ponto em vermelho indica o Município de Conceição Araguaia/PA

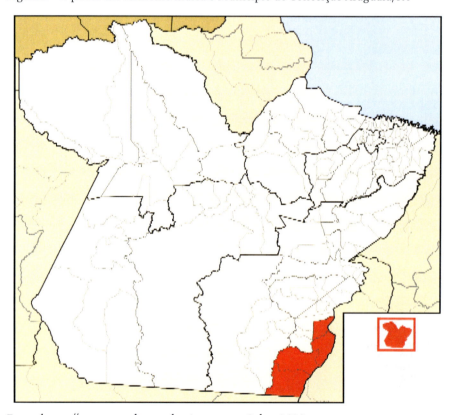

Fonte: https://www.google.com.br. Acesso em: 2 dez. 2022

    O poder estatal é um agente facilitador de um processo de privatização da terra, da forma como empresas de grande porte exigem, pela ótica do modo capitalista de acumulação. Essa lógica interfere diretamente na vida do campesinato brasileiro, especialmente nas comunidades quilombolas. O problema, segundo Octavio Ianni, é que nesse processo de metamorfose a terra ganha outra conotação histórica e social. Isso porque antes era tida como elemento insignificante, secundário, que acomodava as árvores e a biodiversidade, e agora adquire uma nova conotação, endereçada ao comércio, à produção em grande escala de comerciantes e produtores.

Ao longo do tempo, adverte o eminente sociólogo Octávio Ianni (1981), expandiram-se as áreas cobertas por estabelecimentos rurais, incorporadas pelas terras devolutas, acentuados os conflitos agrários entre camponeses e fazendeiros, pois a legalidade, a partir da escrituração da terra, é só uma aparência, na medida em que acirra o emposse no campo. O problema está na aparência de propriedade legal sobre o direito de posse, solapando um modo de vida específico ao reduzir fortemente as terras ocupadas há décadas por posseiros. O rearranjo fundiário acirra o problema histórico da terra no país. O problema é que, a rigor, as relações capitalistas de produção contribuíram para a ocupação desenfreada da região por inúmeros empreendimentos capitalistas rurais, que ocupam socialmente o lugar dos camponeses, levando estes últimos, na maioria das vezes, a buscar os precários ambientes urbanos como alternativa de vida. Mesmo os que permanecem na terra são explorados por empresários rurais na sua força de trabalho.

Ao se referir ao crescimento populacional provocado por construção de estradas nessa região do país, Octavio Ianni adverte que

> Vale a pena lembrar que no município de Conceição do Araguaia, cresceu da seguinte forma: entre 1940 eram 4.715; em 1950, chegou a 6.322; entre 1960 e 1970 aumentou cinco vezes a população da área. [...]. Estava em curso o processo de rearranjo, econômico e político da estrutura fundiária do Município de Conceição do Araguaia. A construção da Belém-Brasília e outras rodovias, ao lado de incentivos fiscais e apoio creditícios estabelecidos pela SUDAM para projetos agropecuários, favoreceram o crescente fluxo de trabalhadores rurais, empresários, gerentes [...]. (IANNI, 1981, p. 157).

De fato, a abertura da rodovia ensejou o aumento da imigração de trabalhadores rurais para a região, especialmente vindos de Minas Gerais, de Goiás e do Nordeste. Esses trabalhadores, em sua maioria, estabeleceram-se nas margens da rodovia e em estradas construídas pelo próprio Estado. Na corrida pela terra, assentaram-se os grandes projetos do agronegócio, ocasionando conflitos entre trabalhadores/as que se viam em desvantagem em relação aos espaços territoriais em disputa. A ganância de megaprojetos pecuários desafiou a capacidade administrativa do Estado, que se viu mergulhado no "jeitinho" e na corrupção em se tratando de regular a posse da terra. Quanto mais expandia as suas áreas de influência, intensificavam-se os conflitos com os posseiros na mesma velocidade em que aumentaram as empresas do agronegócio, e a inércia estatal era notada. A busca de terras para o extrativismo e lavouras deu-se de forma absolutamente desproporcional, da mesma forma que se deram incentivos fiscais para a exploração de madeira na chamada Amazônia Legal. Como já indicamos, os lugares de maior tensão eram os arredores da rodovia, por causa das fertilidades das terras virgens, apropriadas para o cultivo. Nesse contexto político de invasão a terras devolutas, "[...] sítios e latifúndios transformaram-se em propriedade privada, em domínio [...]" (IANNI, 1981, p. 158). Como se nota com nitidez, o monopólio do capital estrangeiro e nacional transforma a terra em mercadoria, ao atribuir a ela valor capital, deixando de cumprir a função social, na medida em que o poder econômico encontra guarida no poder político estatal. Há nisso uma relação de promiscuidade, na qual o camponês é a parte mais frágil.

O direito tem a sua parcela de conivência quando age para a proteção daquilo que se chama de propriedade privada da terra, pois não se questionam os meios fraudulentos pelos quais se consegue o título de posse. Por outro lado, há uma enorme fragilidade do sujeito camponês, que, diante de tal situação, vê-se impossibilitado de reivindicar no escopo jurídico o direito à terra. Não há sequer espaço para recorrer ao aparelho burocrático do Poder Judiciário. Não restam dúvidas de que a historiografia agrária aponta para uma relação totalmente desigual e desproporcional. No conflito fundiário, no espaço físico da terra, são raras as vezes em que se nota a presença dos fazendeiros. Estes são representados no campo jurídico por advogados e agentes políticos com forte influência econômica sobre a propriedade da terra. Por outro lado, o/a camponês/a e o/a quilombola, cuja terra é o principal meio de reprodução, na maioria das vezes são analfabetos, despossuídos do título dela e sem acesso à defensoria pública, o que os torna ainda mais vulneráveis ao sofisticado discurso jurídico imposto por representantes dos latifundiários locais. Diante do quadro de violência simbólica e física, torna-se ainda mais intenso o conflito agrário, que, muitas vezes, recorre à prática de guerrilha armada por parte de posseiros como única forma de solução para mitigar o problema (IANNI, 1981).

A expropriação dá-se por meio de arranjos jurídicos duvidosos, causa um estranhamento entre o camponês e a terra, e, ao mesmo tempo, consolida o caráter mercadológico por meio de forma privada; ela mesma passa a ser, por si, mercadoria, na condição da produção de látex, madeira castanha, babaçu, gado, arroz, e a saída forçada de posseiros.

É um processo que tem na história o seu grau de historicidade, no caso em questão, remontando a 1966. Ao longo do tempo, em outras regiões do país, as terras devolutas e/ou ocupadas têm sido alvo de interesses econômicos das oligarquias que as circundam. "A transformação da terra em mercadorias – ou em âmbito mais geral, a metamorfose da natureza em história – não é um processo pacífico" (IANNI, 1981, p. 164).

O método de grilar terras não é o único, é sobretudo o mais eficaz; no processo de compra e venda, ele se destaca, mas com um agravante: ele se mistura com outros métodos de aquisição, gerando, assim, uma aparência de legalidade. Logo, difícil é identificar alguns casos, pois há falsificação de documentos, cuja veracidade é atestada por atos suspeitos de funcionários públicos e cartórios. Atos como coação de testemunhas são outro capítulo dessa trama. Nesses casos sofisticados de corrupção, a condição de defesa dos camponeses é praticamente inexistente. O drama inicia-se quando o posseiro sabe que não tem o título da terra, e, portanto, não consegue comprovar a posse. Nesses casos, na sua maioria, começa o assédio no sentido de despejo por parte de fazendeiros, pois os grandes projetos agropecuários querem ver a terra sem nenhum intruso para atrapalhar os empreendimentos. As ameaças de morte, as intimidações e até mesmo a ameaça de botar fogo nas casas são apenas parte da violência a que estão submetidos (IANNI, 1981).

O processo é tão eficaz que o grileiro poderia forjar um título de terras e apresentá-lo à autoridade requisitando a terra há tempo explorada por posseiros. Esse agente, por certo, está alinhado aos interesses de fazendeiros; empresários politicamente alinhados com o poder econômico e político. Os maiores alvos desse processo são as áreas já desmatadas. De acordo com Ianni, os conflitos em Conceição do Araguaia repetem-se em outras regiões da Amazônia Legal, sob moldes bastante parecidos. No contexto político, a grilagem adquire conotação política de absoluta impunidade, na medida em que o campesinato se vê diante de forte impacto político na sua lógica de organização econômica da terra. Eles vêm esvaindo uma prática cultural de criação de animais, plantio de hortaliças, cultivo do solo, base de sustentação da família se esvaindo para dar lugar à ocupação ilegal do sistema fundiário.

A terra, por tudo isso, é tão significativa para estes. A expulsão de suas terras gera danos irreversíveis a um modo de vida tradicional. Aos tais não restam possibilidades, senão uma forte reação de âmbito político como último meio utilizado. Dela poderão surgir vitórias, derramamento de sangue e até morte, de modo que as lutas passem a compor a história política de Conceição do Araguaia (IANNI, 1981).

José de Sousa Martins (1996) lembra que a renda da capitalização é base da economia cafeeira, tanto no trabalho escravo quanto no trabalho livre. Nesse sentido, tem-se um empresário capitalista e uma extensão agrária da fazenda baseados nas relações capitalistas de produção. A produção do café tem uma conotação capitalista, e isso tem a intencionalidade de transformar homens em fantoches e meros gerenciadores de riquezas. Está aí a dimensão capitalista sobre o trabalho. Não se trata aqui de modo de produção escravista, até pela complexidade do conceito, mas como o trabalhador livre submerge nessa relação capital de trabalho. Em outras palavras, este é "livre" para ser explorado pela capitalização da terra, em que a escravatura assume duas funções, a de fonte de trabalho e a de fonte geração de riquezas para o fazendeiro. Quando o capital se converte em renda no território, o lucro do empreendimento do café passa a reverter nas plantações nas fazendas, materializado nas plantações e no trabalho. O latifúndio movimenta-se para outras regiões em busca de novas terras para maximizar seus rendimentos diante da renda capitalizada. Quanto maior a fertilidade da terra, maiores serão os lucros. Martins (1996, p. 32) afirma que

> A renda territorial surge da metamorfose da renda capitalizada da pessoa do escravo; surge, portanto, como forma de capital tributário do comércio, como aquisição do direito à exploração da força de trabalho. A propriedade do escravo se figura em propriedade da terra como meio para extorquir trabalho e não para extorquir renda.

A corrida para a abertura de novas fazendas de café acarretou a constituição de um grande negócio, visto que, para além da produção de lavoura de café, o latifúndio, em uma perspectiva de maximização dos rendimentos, passou a "produzir fazendas de café" (MARTINS, 1996, p.

68). Esse processo gerou uma verdadeira grilagem de terras virgens a partir de 1870, a ponto de o estado de São Paulo adotar medidas legislativas visando estender prazos para legitimação de posses ilícitas. Os subornos geravam alto custo, mas compensavam pelo valor que tinha a produção e a própria terra. Uma vez entregue a terra para o grileiro, ele a deixava desembaraçada ao fazendeiro, havendo pouca chance de contestação judicial. O valor pago pelo fazendeiro para grilar era compensado pela renda capitalizada da terra. Esse é um problema que aguçou o avanço mercantil sobre a propriedade da terra pertencente ao Estado. Nota-se que há um esforço em preservar o aparato do capital financeiro representado pelo café. Assim, as megafazendas tinham caminho livre para cada vez mais se expandirem e darem vazão ao empreendimento privado.

Saboya (1995) afirma que o aumento em larga escala da cultura cafeeira, na primeira metade do século XIX, contribuiu para desnudar o caráter latifundiário da agricultura brasileira, tendo no café um produto vendido no exterior, isso porque a sua produção demanda altos investimentos de capitais, além de extensas áreas para o seu cultivo, e, dessa forma, as propriedades de pequeno porte ficam inviabilizadas para fazer frente a essa situação de preços que oscilam no mercado internacional. Ou seja, há um jogo de cartas marcadas que determina que o grande latifúndio tem prioridade na exploração econômica da terra. A rigor, fica assim determinado que o jogo do cafezal convertido em capital é para os que detêm grandes posses. É interessante frisar o caráter colonial da economia agrícola brasileira tendo como base a monocultura, permanecendo à mercê das intempéries do mercado externo, como foi nos tempos da escravidão.

A abertura de novas fazendas gerava cada vez mais uma forte corrente migratória com outros personagens que lidavam com a terra. Na fase de desmatamento, era difícil diferenciar o que era trabalho livre e trabalho análogo à escravidão. Os trabalhadores livres ligados aos fazendeiros é que faziam o processo de preparação do solo. Empreender a cultura do café significava, antes de tudo, a derrubada de florestas para os capitalistas instalarem seus empreendimentos econômicos.

No que se refere ao regime de trabalho escravo, empregava-se preferencialmente os caipiras e caboclos no desbravamento da floresta. *"Essa área aqui hô, próximo aqui da frente antigamente era um pinhá que tinha um Pinhal aí que veio as pessoas e eles compraram os pinheiro e acabaro ficando com as áreas de terra junto"* (ENTREVISTA, 21 nov. 2021, s/p, dados da pesquisa). O processo de formação das roças levava de quatro a cinco anos, e nesse período era exigida a mobilização do capital e do trabalho. Os empreiteiros recebiam a tarefa de desbravar a capoeira e entregar a terra limpa ao fazendeiro. Esse serviço era feito sob o regime de empreitadas (MARTINS, 1996).

3.5 Reforma agrária e uso privado da terra, coronelismo, especulação imobiliária e assassinato no campo

Na medida em que se tem o modelo agrário desenhado para privilegiar um certo grupo, a luta por reforma agrária faz-se necessária como uma política pública capaz de promover mudança de paradigma quando se trata do trabalho no campo. No entanto, chama atenção a violência sofrida por lideranças que fazem, em certo sentido, a mediação entre sujeitos e o poder público. Citando os dados da Comissão Pastoral da Terra (CPT), os autores relatam:

> [...] esse quadro das formas de luta e resistência territorial dos direitos sociais, podemos afirmar que 50% das mortes no campo, no século XXI (2001 a 2014), são de camponeses (240 assassinatos), os outros 50% são compostos dos assassinatos de agentes de mediação (150 assassinatos), trabalhadores rurais (56) e índios e quilombolas (54). (RAMOS FILHO; MITIDIERO JUNIOR; SANTOS, 2016, p. 87).

O Brasil apresenta no campo um cenário de verdadeiro faroeste, com derramamento de sangue, violência física e simbólica, assassinatos e intimidações. As estatísticas são assustadoras a esse respeito. Então se tem a omissão como violência indireta, o que só agrava os conflitos no campo. De acordo com levantamento feito pela Comissão Pastoral da Terra, 20% das ameaças de morte envolvendo sujeitos no campo são efetivadas, e, destas, 70% são devidamente cumpridas. A população vive sob ameaça diuturnamente, processo que perfaz a história. É viver literalmente com uma arma apontada para a cabeça. A gravidade da situação está no "controle da propriedade privada da terra" (RAMOS FILHO; MITIDIERO JUNIOR; SANTOS, 2016, p. 88).

Como se nota, a concentração de grandes áreas na estrutura física territorial gera a concentração de riqueza, e o consequente impasse perpassa o tempo. Vive-se desde a colonização um drama. A terra concentrada com um valor capital gera poder para uns poucos fazendeiros que ocupam gigantescas áreas, tornando-se, por assim dizer, grandes empresários da terra, fruto direto de práticas ilícitas advindas das variadas formas de grilagens, gerando um quadro temerário de violência baseado na expulsão de comunidades tradicionais e campesinas de seus locais de origem.

Mesmo em situações em que não se consumam os assassinatos, encontra-se um cenário de torturas, prisões, sempre sob alegação de preservação da ordem pública. Aliás, convém anotar que o pretexto de preservar a ordem pública é de que, de fato, isso interessaria ao poder instituído, quando de alguma forma se sente ameaçado por aqueles/as que vivem no lugar marginal da sociedade de consumo. Historicamente os desvalidos são vistos como ameaçadores a esse segmento do poder. Nesse ínterim, a garantia intacta da propriedade privada, por essa ótica, está acima do direito de acesso à terra. "A CPT registra esse tipo de violência como Violência contra a pessoa. Nesses primeiros quatorzes anos do século XXI, mais de 11.100 pessoas sofreram algum tipo de violência" (RAMOS FILHO; MITIDIERO JUNIOR; SANTOS, 2016, p. 88).

Em um cenário desolador e preocupante do ponto de vista de direitos básicos de sobrevivência, destacam os autores que a violência está espalhada por todo o território brasileiro, no Sul, no Sudeste, no Centro-Oeste, no Norte e no Nordeste. Em um grau de hierarquia, a proteção da propriedade privada está acima do direito à vida. A região Sudeste, onde há maior presença dos latifúndios e que concentra a maior fatia da riqueza nacional, é a que menos registra mortes, porém é também a que mais registra ameaças físicas aos trabalhadores. O que chama atenção é que a violência está sob forma física ou disfarçada e tem os agentes públicos como cúmplices do latifúndio, de modo que restam a eles poucas alternativas. Nunca é demais indicar que, quando os agentes econômicos não conseguem por si praticar a violência contra as famílias, essa tarefa fica a cargo do Estado, quando envia forças policiais para agredir e até mesmo, em certos casos, provocar a morte de tais sujeitos.

Por outro lado, destaca-se a organização dos movimentos da sociedade civil organizada que buscam fazer frente a esse quadro, produzindo, assim, uma espécie de recuo da violência. Os números a seguir se referem a algum tipo de violência física ou simbólica sofrida por campesinos. Vale citá-los: "[...] prática da violência está especializada da seguinte forma: na região Norte (2.965 pessoas), Nordeste (2.722 pessoas), Sudeste (2.319 pessoas), Centro-Oeste (2.062 pessoas), e no Sul (1.099 pessoas)" (RAMOS FILHO; MITIDIERO JUNIOR; SANTOS, 2016, p. 89).

A ocupação e a posse da terra pelo campesinato dão-se em uma perspectiva de reprodução de práticas que se distanciam de ações privadas do uso da terra imposta pelo latifúndio improdutivo. O uso capital da terra interessa tão somente aos donos do poder. A lógica de comunidades tradicionais é também ancorada em valores que se distanciam de tal prática. É uma forma de luta baseada no modo de vida autogestionada, na medida em que coloca em dúvida a forma de exploração capitalista da terra. Isso porque, sejam posseiros, sejam campesinos, indígenas ou quilombolas, estes conferem legitimidade quando afrontam princípios que não estão de acordo com a concepção de exploração econômica.

Resta saber quem de fato são os verdadeiros donos da terra. Uma situação problemática é quando repentinamente aparece o título de posse, escritura pública, como ameaçador à permanência nela. Estas, a rigor, balizam decisões judiciais para a reintegração de áreas ocupadas por populações tradicionais que entendem que, para se ter o direito à terra, basta estar ali desenvolvendo um modo de vida na terra. Essa situação naturalmente gera insegurança no campo de populações vulneráveis, motivo pelo qual coloca a reboque decisões judiciais desfavoráveis na sua maioria. Os chamados "documentos" criam uma situação de despejo que os atinge diretamente. É uma situação que acaba por legitimar a violência no campo, em que o próprio Estado se incumbe de cumprir tal decisão, que favorece os fazendeiros na sua lógica privada do uso da terra (RAMOS FILHO; MITIDIERO JUNIOR; SANTOS, 2016).

A rigor, após decisão, as famílias são comunicadas para deixar o local sob pena de sofrerem uma ação de despejo. Se não saírem, entra em ação a força bruta do Estado, que, por meio do aparato policial, via de regra, acaba promovendo cena de terror, ocasionando em muitos casos a morte de pessoas no espaço do campo. Além de historicamente estas sofrerem a violência do coronelismo e do latifúndio, sofrem também a ação do Estado. Cabe observar que Água Morna não sofreu ação de despejo, contudo o processo de expropriação deu-se com expulsão de seus membros com descolamento dentro do próprio território, em função da presença de outros que tiveram interesse econômico nele. Isso porque existem pressões do poder político local e das classes que dominam a terra historicamente. Essas forças adentram a estrutura do poder e exercem sobre ele pressão em graus variados. Diante disso, o Estado inclina-se sempre para o lado dos mais fortes, no caso os fazendeiros, em detrimento das famílias sob condição de violência no campo. Como a terra tem sobre si um valor econômico com base na riqueza produzida, é transformada em valor capital, conforme a produção de mercadorias, e, como de práxis, a especulação imobiliária está presente e exerce cada vez mais pressão sobre o campesinato. "É uma violência que tem como trunfo o poder de decidir onde não se deve estar" (RAMOS FILHO; MITIDIERO JUNIOR; SANTOS, 2016, p. 91).

Os pressupostos dos autores permitem afirmar que esse quadro não é nada alentador para os que vivem na terra. Isso porque o poder emanado das classes abastadas que tomam conta do campo desde o colonialismo é ameaçador, sobretudo nas regiões Norte e Nordeste, lugares onde no passado se desenvolveu a grande fazenda da cana-de-açúcar que alimentou a escravidão. Isso não é mera coincidência, o fato de os conflitos agrários avolumarem-se nessa região. A violência que se abate ao campo, portanto, não deve ser analisada fora do prisma da escravidão, ela é também uma lógica que atinge um modo de vida. Ela destrói plantações coletivas que têm um valor simbólico intergrupal relacionado a uma forma de vida tradicional de relação com a terra e valores afetivos e familiares. Os pequenos lotes, ainda insuficientes, são para esses lugares de reprodução da vida na lógica do campesinato. A violência impõe limites para a ocupação da terra nos termos do planejamento familiar.

Por outro lado, os crimes cometidos no campo são protegidos de alguma forma por estruturas de poder que emanam do próprio Estado. Crimes dessa natureza dificilmente são punidos no Brasil, exceto aqueles que têm repercussão nacional. Os números da violência no campo são alarmantes, pela natureza que se conhece. Quando denunciam as ameaças de morte, raramente os/as trabalhadores/as conseguem a proteção do Estado.

O ato da pistolagem como prática cotidiana vem de longa data, exatamente pela clara sensação de impunidade advinda de uma relação umbilical com o poder econômico. Essa modalidade de crime tem a sua materialização na figura do agente da pistolagem, que executa a vítima, e do outro lado está o mentor intelectual, aquele que planeja o crime, no caso a parte que tem interesse na posse ilegal de grandes áreas de terras (RAMOS FILHO; MITIDIERO JUNIOR; SANTOS, 2016). Ademais, a natureza virulenta desse tipo de crime contra a vida está na omissão do Estado em promover políticas justas de distribuição de terras como um princípio constitucional. E, na sua órbita, faz-se o poder paralelo das oligarquias agrárias, criando formas de conduta e códigos no estrito descumprimento da Lei Maior. São situações que só agravam a questão fundiária no Brasil e apontam para um futuro incerto às populações em debate.

A prática da pistolagem, por razões históricas ligadas à escravidão, é mais comum nas regiões Norte e Nordeste. O que não quer dizer que não exista violência tão grave quanto em outras localidades, conforme já exposto. A pistolagem é irmã siamesa da grilagem, porque uma deriva da outra. É uma relação de causa e efeito. Uma endereçada a subtrair a vida, e outra se encarrega da subtração da terra: mas o alvo de ambas é devidamente demarcado social e economicamente. Em um país que teve o latifúndio como elemento fundante, torna-se compreensível a impunidade de tais ações. Lideranças como padres, ativistas políticos, líderes sindicais, quilombolas, indígenas são as vítimas preferenciais dessa prática de crimes. Isso porque estes, em certo sentido, acabam exercendo influência em suas bases (RAMOS FILHO; MITIDIERO JUNIOR; SANTOS, 2016).

Os enunciados apontados por Ramos Filho, Mitidiero Junior e Santos (2016) levam a problematizar os meandros das disputas entre fazendeiros e grupos quilombolas, indígenas e trabalhadores/as rurais sem-terra, que se dão no âmbito da estrutura fundiária, considerando a notória omissão do poder público estatal, que deveria promover o acesso ao território a grupos sociais subalternizados, especialmente quilombolas e indígenas. Baseado nessas assertivas, é certo afirmar que, se por um lado se tem claro que o Estado não cumpre a sua função, e sobre essa premissa não pairam dúvidas, por outro, as ações em âmbito de Poder Judiciário também são endereçadas à proteção da propriedade privada da terra; em outras palavras, protegem grupos econômicos, gerando ainda mais insegurança no campo.

Por mais paradoxal que se possa parecer, como de fato é, em um país com vastas áreas agricultáveis, não há espaço para populações quilombolas. Estamos falando de uma das chagas de nosso violento processo histórico. Os interesses de fazendeiros encontram guarida no seio do Poder Judiciário, que não tem nenhum problema em burlar o princípio constitucional da função social da terra. Essa ação enviesada em nada contribui para equacionar a questão agrária no país e os diversos conflitos nos mais longínquos da geografia nacional. Ações em defesa de fazendeiros geram uma sensação de injustiça naqueles que reclamam o legítimo direito de estar na terra. Em tese, não seriam os tribunais nem mesmo a mão armada do latifúndio os responsáveis por mitigar essa questão, e sim políticas públicas da justa distribuição agrária. Parece, contudo, haver uma inversão da lógica. Casos de política estatal chegam para ser resolvidos em instâncias que em nada contribuem para os quilombolas, mas, por outro lado, é significativa a contribuição para os fazendeiros que exploram economicamente a terra. A pistolagem e as decisões judiciais pouco legítimas pouco ajudam a equacionar tal problema: se punidos e criminalizados os que buscam se manter na terra; e libertados os que descumprem os regramentos legais.

É essa sensação de injustiça que está presente no campo e atinge sobremaneira comunidades quilombolas e indígenas ao longo do processo histórico. A comunidade Água Morna não foge à regra, é parte integrante desse trágico enredo. Como já indicamos, tudo isso tem relação direta com a formação social baseada na violência. O autoritarismo colonial configura-se como espinha dorsal que estrutura as relações sociais, cujos reflexos se notam quando se tem como objetivo a conquista da terra. Essa situação contribui para a criminalização de quem se apega a alguma bandeira de luta pela terra. É uma violência combinada com a omissão de agentes estatais, que em muitos casos enviam forças policiais para executar pessoas em processos de reintegração de posse de terra. Diante disso, para o senso comum, que não compreende sequer, na maioria das vezes, o conceito de conflito fundiário, a mensagem que fica é que estão tentando invadir a terra, e, para tanto, isso não é admissível, nessa perspectiva. Tem-se, então, outro problema, que é como a sociedade se posiciona nesse sentido. O que pretende ser dito, em última instância, é que a omissão, na sua dimensão hierárquica, multifacetada, gera um clima de tensão, por vários ângulos.

Embora seja um processo lento que se estende por vários anos, esbarrando, na maioria das vezes, em burocracias e pouca vontade política, concebe-se como importante o processo de reforma agrária como uma política de Estado que visa mitigar as situações de miséria no campo. Resguardando a morosidade, para se efetivar de fato, demanda mudanças estruturais no sistema fundiário, as quais são tomadas por posições políticas claras de quem por ora ocupa o poder central. São decisões do estrito cumprimento da lei, tendo em vista um divórcio com o status quo. Requer uma nova concepção de relacionar com a terra, de modo a reconhecer que é a parte mais frágil que deve ser contemplada, e não o contrário.

As decisões emanadas dos tribunais estão, pois, em descompasso com a dura realidade de milhões de campesinos espalhados no campo. O princípio privado não deve se sobrepor à justiça pela terra. Não se tem nenhum parâmetro de justiça quando se declina para o lado mais forte, porque é antissocial, ao mesmo tempo que se amplia o horizonte de poder inscrito na terra propriedade privada. O que consta na lei é uma coisa, o que se efetiva na prática é outra, e a estrutura agrária nessa formulação é intangível e inimputável, como indicam os autores, ao afirmarem que

> Casos como esse evidenciam que as demandas daqueles que reivindicam a concretização da reforma agrária desnudam a produção direta de um território anômalo ondes as garantias previstas textualmente na Lei Maior do país são subvertidas para impedir a democratização da terra, trazendo à tona as contradições existentes entre os discursos socializantes que fundamentam e legitima o regime democrático e sua materialização frente às demandas sociais. [...] os juízes permitem a possibilidade de manutenção de propriedades aos proprietários descumpridores da função social da terra em detrimento da política de reforma agrária. (RAMOS FILHO; MITIDIERO JUNIOR; SANTOS, 2016, p. 110-119).

A propriedade da terra, na sua lógica territorial capitalista, é objeto de poder desde os tempos remotos. O conceito é utilizado desde a formação moderna do Estado. Nota-se que a delimitação de fronteira é um marco que determina onde o latifúndio se preserva e quais interesses estão em jogo. Seus parâmetros demarcam o lugar, a fronteira de alcance; e, como lugar de poder, ele se tornou também um marco de conflitos.

Assim, pensar em conflitos agrários requer observar o que de fato é um território e suas implicações na atualidade e no passado. Quando se investiga a sua origem etimológica, ela remete à questão simbólica e material simultaneamente. Ao mesmo tempo, lembra a questão do medo quando se pensa em entrar em determinada área. Então, pode-se dizer que possui mais de uma definição, razão pela qual, no decorrer do tempo, adquire várias interpretações. Ele está assentado no espaço geográfico, político, cultural e econômico como objeto de disputa em contextos e tempos distintos. Nesse pressuposto, ele não é uno, pois comporta várias facetas, ocupando dimensão principalmente no campo político e econômico (RANGEL et al., 2014).

Os enunciados descritos anteriormente, e também o que apontou Porto (2011), levam a observar que, para a comunidade Água Morna, e para tantos outros grupos negros, o território tem uma identificação positiva de ancestralidade, e de uma forma de reprodução de vida coletiva, portanto tem um forte componente político de luta contra as investidas do latifúndio. Quando se trata o território enquanto uma categoria, logo se pensa na questão da territorialidade presente nele e o que ela representa para quem dela faz uso. Entender o seu conceito é fundamental para compreender por que as populações tradicionais lutam tanto por ele. Muito além da questão econômica, ele guarda consigo a afirmação de uma identidade, no caso a vivência de comunidades quilombolas que vivem, cada uma a seu jeito, processos de enfrentamento de fronteiras agrícolas e expansão do capitalismo sobre a terra, que se intensificou a partir do alvorecer do século XX, como bem demonstram os relatos da historiografia agrária. Essas práticas se dão conforme os costumes tradicionais, quando das manifestações de sua cultura. O modo de vida de comunidade negra manifesta a territorialidade e comprova a sua ligação com o espaço, reconhecendo-o como área quilombola de fato. Tal reconhecimento requer que se realize cotidianamente a tradição enquanto grupo negro dotado de trajetória histórica contra a opressão. É nesse contexto dinâmico que se comprova a territorialidade quilombola.

De acordo Rangel *et al.* (2014), a territorialidade pode ser concebida como forma de organização ao se relacionar com o espaço, e nele se tem a determinação de normas que regem o grupo. E são várias as regras, constitucionais, culturais, sociais, entre outras. Como já tentamos expor, a concepção do capitalismo é espaço de reprodução de bens, portanto adquire um sentido político e econômico. No ambiente urbano, ele é objeto de especulação imobiliária, ou mesmo lugar onde se reproduz a dinâmica fabril. O território visa também à forma pela qual a sociedade almeja manter o controle, manifestada pelo poder instituído. Então, vemos que território e territorialidade fazem parte de um componente de poder, e a expropriação de grupos de determinado território é ação direta de quem tem controle sobre ele. Quem o ocupa mantém inequivocamente uma relação de domínio sobre determinado espaço (RANGEL *et al.*, 2014).

3.6 A inserção da comunidade Água Morna na estrutura fundiária no contexto do município de Curiúva

Intentou-se demonstrar como esse grupo se apropria coletivamente do território tradicional, bem como elabora um discurso coeso baseando-se na memória e na ancestralidade do casal fundador do território quilombola como terra de direito à reprodução da vida e de sua identidade, assentado na defesa jurídica do território, na medida em que lida com os que ali adentraram na tentativa de expropriá-los. A luta jurídica de reconhecimento territorial é uma bandeira histórica para essa comunidade, que para eles/as assegura mais acesso à cidadania.

A comunidade Água Morna não é um grupo isolado dentro do município, está inserida no contexto socioeconômico de Curiúva, localizado na mesorregião do Norte Pioneiro do Paraná, a 312 km da capital Curitiba. Enquadrado na categoria de município em 10 de outubro de 1947, Curiúva, com a sua antiga sede no distrito de Caetés, pertencia ao município de Tibagi, e a São Jerônimo da Serra a partir de 1938. Embora a região tenha sido a primeira a ter a colonização reconhecida, "é interessante observar que a área hoje corresponde ao município é pensada como essencialmente 'vazia' até as primeiras décadas do século XX" (PORTO, 2011, p. 16).

De acordo com o Censo de 2010, o município tem 15.289 habitantes, e sua densidade demográfica é de 26,2 habitantes por metro quadrado no território municipal. Perfaz divisa com os municípios de Figueira, Sapopema e Ventania, a 31 km da cidade de Ibaiti.

Mapa 1 – O estado do Paraná, município de Curiúva

Fonte: https://pt.wikipedia.org. Acesso em: 30 maio 2022

A imagem a seguir mostra a cultura do eucalipto em território de conflito agrário. Essa parte, embora pertença ao grupo, está ocupada há décadas por agentes que controlam o território desde o início do século XX.

Figura 7 – Território expropriado de Água Morna, Curiúva/PR

Fonte: o autor (2021)

Esta imagem mostra a estrada que dá acesso à comunidade, aliás, bastante movimentada por caminhões e veículos de menor porte. Ao mesmo tempo, é possível verificar o território expropriado pela plantação de eucalipto, bastante comum na região. Essa parte do território se encontra relativamente distante das residências da comunidade, mas é pertencente ao território tradicional, de acordo com a demarcação feita no local. No início do século passado, essa parte ainda estava sob controle dos ancestrais. Durante o transcorrer do tempo, tem-se em curso o processo de perda com a chegada de levas de pessoas à região, antes considerada por eles/as como "sertão", palavra que se refere à baixa densidade demográfica na região.

A comunidade Água Morna, desde o fim do século XIX, já estava estabelecida no território, portanto já figurava como detentora do direito à terra, ou seja, a legitimação de posse é anterior a 1910. As narrativas, quando se referem à região, passam a ser importantes após 1920 e após a década de 1930 com a construção da Estrada do Cerne. Sobre esse assunto, falar-se-á adiante mais detidamente sobre tal empreendimento de expansão do capitalismo no estado. Nesse sentido, nota-se que o município de Curiúva tem baixa densidade demográfica (PORTO, 2011).

Na referida região, já existia a presença de um número elevado de população livre não branca. Leia-se população de origem negra. Apesar do vazio existente, os/as ex-escravizados/as faziam-se presentes nessa época, com destaque ao estado do Paraná, fato que marca a presença da comunidade quilombola com perfil de autonomia territorial e modo de vida tradicional baseada em formas culturais estabelecidas. De início, ainda não figurava interesse econômico quanto à exploração das terras, nesse caso específico, motivo que levou a população negra a se estabelecer nela, porque o perfil rarefeito da região supostamente garante a populações tradicionais uma melhor condição de estadia no território. "No final do século XIX, a população de não-brancos é significativa, havendo vários municípios em que ultrapassa os 60%, e sendo as áreas em que está é inferior a 20% relativamente restrita" (PORTO, 2011, p. 19).

A construção da territorialidade da comunidade Água Morna está ligada à trajetória de migração das famílias de Maurício e de Benedita, sendo a da última composta por ex-escravizados/as, e a do primeiro na sua maioria de ex-escravizados/as libertos/as, cuja origem é desconhecida, pois não há registros que possam indicar a origem, nem mesmo a história oral do grupo dá conta dessa informação. Essas famílias migraram até sua fixação, no fim do século XIX, no município de Curiúva, Norte Pioneiro do Paraná. Convém observar aqui que, na estrada, Benedita veio acompanhada de sua mãe Francisca, e Maurício, acompanhado de sua mãe Romana, contudo nenhuma delas conseguiram chegar vivas em Água Morna, pois teriam falecido na estrada por conta das condições de migração desfavoráveis, portanto não resistiram até o fim. No percurso, não há, portanto, a presença de outros membros que não estes narrados anteriormente. A união do casal Benedita e Maurício ocorreu antes do fim da migração, na estrada. Isso porque esse permaneceu um período em Castro, local que seria a senzala dos escravizados. A terra adquirida por meio de doação pelo casal ancestral foi a Fazenda do Pinhal, em nome de Maurício Carneiro Amaral. É a partir daí que a expansão do capitalismo passa a exercer forte pressão sobre a região onde se localiza a comunidade (PORTO, 2011).

Bárbara Oliveira Souza (2008) escreve que, no transcorrer do século XX, são inúmeras as experiências de comunidades negras quilombolas constituídas durante a escravização colonial, e que, mesmo no pós-abolição, se formaram valendo-se de terras abandonadas por seus senhores, por meio de doações por parte de seus escravizadores. Ou seja, essa perspectiva demonstra a mobilidade dessas comunidades no território nacional desde o início do colonialismo, como já demonstrado.

O quilombo, então, localiza-se onde a comunidade vai se estabelecendo durante e/ou depois do escravismo. Tal olhar analítico se afasta de um modelo rígido do quilombo de permanência contínua no território. As formas de ocupação dão-se de modo diversificado. A mobilidade, como se nota, é parte integrante dos quilombos, que, no geral, se estabeleceram sempre em lugares os quais ofereciam maior proteção. Assim, de tudo o que já escrevemos a esse respeito, a ideia de quilombola ressemantizado assenta-se, na atualidade, nas formas de resistência que têm como fim a ritualização do território.

O quilombo Água Morna está ancorado no contexto fundiário do estado do Paraná com caraterísticas também de um campesinato de populações negras rurais perfazendo parte da estrutura fundiária. Acrescentamos aqui que houve casos como o da comunidade Manoel Ciriaco dos Santos, em Guaíra, a qual comprou a própria terra. Como este, há outros exemplos de compra do território. Abandonados e sem políticas públicas estatais capazes de minimamente incluí-los na sociedade, em todo território nacional, tiveram que se reinventar para garantir, ainda que de forma precária, a sobrevivência enquanto grupos tradicionais.

Tomando como norte os escritos de Porto (2011) e de Souza (2008), é interessante anotar que, desde o passado colonial, o vazio demográfico oferecia aos aquilombados maiores proteções e, assim, podiam se estabelecer com uma relativa autonomia. Contudo, o quadro apontado altera-se drasticamente na primeira metade do século XX, por conta da expansão e do avanço do agronegócio e do capital sobre a terra no Brasil, demarcando, portanto, um cenário de conflito em se tratando do território versus agentes do capital; o deslocamento dessa população negra fugindo do escravismo, portanto com trajetória histórica bastante específica.

As características do município de Curiúva, composto por bairros rurais de população posseira com perfil claramente camponês vivendo do cultivo de hortaliças e de pequenos animais, marca a chegada e a fundação de Água Morna e sua inscrição no território com a fixação dos primeiros ancestrais. É nesse tempo que começa a construção da história da comunidade negra no território. A partir de então, tiveram as suas trajetórias marcadas pela resistência e luta pela terra, traço, aliás, marcante em diversas comunidades quilombolas que compõem o território nacional.

Liliana Porto pontua que o perfil do município é de vazio demográfico, característica que, à época, apresentava condições favoráveis ao assentamento de grupos campesinos. São grupos sociais com exíguos recursos materiais, na sua maioria, portanto, margeados pela pobreza. A proximidade com o local por onde passavam as tropas, além de perfazer divisão com aldeamento de São Jerônimo da Serra, é também a região de fronteira aberta. Obviamente, com a chegada da cultura do café, a região assume outra dimensão na economia do Paraná, figurando como local de forte atrativo da suinocultura, posteriormente o café, mais precisamente a partir do século XX (PORTO, 2011).

3.7 Sobre o relatório antropológico da comunidade quilombola de Água Morna

A solicitação do processo de regularização fundiária foi feita pela líder comunitária Maria Ivone Pinheiro da Cruz Bastos, membro da comunidade quilombola de Guajuvira, em 2007. O relatório antropológico é um documento solicitado pela parte envolvida com uma finalidade dirigida a uma audiência judicial cujo objetivo é alcançar êxito em processos administrativos junto ao Estado brasileiro quanto ao reconhecimento do território. Além de orientar o processo judicial, atende a uma finalidade social, com demandas de certificação de áreas historicamente em conflito fundiário. Para tanto, o convênio foi firmado com o Incra e a Universidade Federal do Paraná, por meio do Departamento de História. A equipe responsável pela elaboração dos estudos antropológicos foi composta e coordenada pela professora doutora Liliana de Mendonça Porto, Coralina Kaiss e Ingeborg Cofré, da UFPR (PORTO, 2011).

O relatório antropológico tem 127 páginas e apresenta o resultado de estudos históricos e socioantropológicos, além de traçar o perfil sócio-histórico dos moradores da comunidade na atualidade, bem como a constituição histórica de seu território. O documento, para a comunidade, é de importância significativa, atesta a comunidade Água Morna como passível de reconhecimento jurídico por parte do Estado brasileiro.

No laudo de caracterização histórica/antropológica, está expresso que o território sofreu invasão por diversos atores sociais não quilombolas no transcurso do século XX, portanto que é dever do poder público tomar as devidas medidas legais infraconstitucionais no sentido do imediato processo de titulação do território, assegurada, por assim dizer, a desintrusão territorial e a imediata reintegração de posse, a fim de garantir a plena reprodução identitária e territorial do grupo quilombola, devidamente caracterizado como negro autodeclarado, cuja ancestralidade foi devidamente demonstrada por seus descendentes.

Segundo consta no laudo, a área original do território tradicional de água Morna, conforme o relatório antropológico, é de 480 alqueires. Destes, a comunidade controla 12 alqueires, o que equivale a 290.400 m². Cada alqueire mede 24.200 m² — a perda, como se vê, é significativa. Identificamos, na pesquisa em campo, que existem muitas áreas com plantação de soja e eucalipto dentro do território, mas não é possível saber quem é o dono. A memória da comunidade indica que muitas das terras expropriadas no começo do século XX, atualmente, pertencem a seus supostos herdeiros (SANTOS, 11 dez. 2021, dados da pesquisa).

Os estudos no quilombo assim se deram: buscou-se observar a inserção desses sujeitos históricos no contexto local e como eles interagem com os agentes de fora dos limites territoriais da mesma comunidade. Para compreender tal realidade, as pesquisadoras embasaram-se nos estudos etnográficos realizados entre os anos 2007 e 2008. Todavia, por meio de entrevistas com membros da comunidade, buscou-se, nesse contexto de conflito fundiário, observar que tipo de respostas os quilombolas dão diante das pressões sofridas por parte de fazendeiros e posseiros que ocupam de forma irregular o território tradicional da comunidade Água Morna. Durante o tempo da pesquisa, foram visitadas todas as famílias, além dos locais de importância histórico-cultural, tais como referência territorial, festas comunitárias, ritos religiosos coletivos e inserção do catolicismo no território (PORTO, 2011).

Diferentemente de Água Morna, os membros de Guajuvira, comunidade negra urbana que faz divisa com a cidade de Curiúva, como se sabe, não deram respostas satisfatórias aos estudos antropológicos, motivo pelo qual não se concluiu o relatório antropológico. Nesse caso, o pedido foi feito, simultaneamente, à comunidade Água Morna, que, como dito, teve êxito nos estudos antropológicos apontados por Liliana Porto. A queixa maior ao solicitar processo de reconhecimento territorial foi o plantio de eucaliptos realizado por terceiros no território. Esse é um problema que afeta significativamente a vida dos grupos da comunidade, como aponta Porto (2011).

3.8 Água Morna, processos de expropriação territorial

O período mais intenso de expropriação deu-se entre o fim do século XIX e o início do século XX, época em que se constituiu a conquista por meio da legitimação de posse de território de Água Morna. O período e os processos longos ocasionaram a fragmentação de suas terras, que se intensificou a partir dos anos de 1940, chegando até 1970 como um período marcante da presença de terceiros na fazenda Pinhal (PORTO, 2011).

Simone Raquel Batista Ferreira (2017, p. 14), ao se referir à resistência dos povos originários em face dos projetos capitalistas sobre comunidades tradicionais no estado do Espírito Santo, considerando a perspectiva histórica do colonialismo ainda vigente, argumenta que "Os projetos desenvolvimentistas capitalistas permanecem invadindo esses territórios tradicionais, se apropriando de sua natureza e solapando sua organização social e econômica".

A expropriação direta de maior violência, pontua Porto (2011), é marcada pelo episódio do incêndio da casa de dona Dejair, posteriormente a um comunicado injustificado de que era preciso que sumariamente deixassem o local. O fato mais intrigante é que nessa parte do território estão as terras, na sua maioria, concentradas nas mãos de poucos proprietários, ensejando, portanto, processo de grilagem clássica. Contudo, na parte norte de Água Morna, a expropriação avança de maneira lenta e gradual, no geral por meio de venda a preços irrisórios, marcada por contextos econômicos de situação de pobreza altamente desfavorável em que a comunidade está inserida. Ocorre que esse processo foi fundamental, em se tratando da fragmentação da Fazenda do Pinhal entre os herdeiros, e, dessa forma, rompeu-se com a lógica de uso comum da terra. É na parte norte que estão os maiores números de pequenos posseiros a proprietários.

Analisando processo de conflito agrário da comunidade da terra de Preto Forro em meados do século XX, no estado do Rio de Janeiro, José Maurício Arruti (2002, p. 13) explica que

> As primeiras ações expropriatórias ocorridas nesta época teriam envolvido arrendatários que violentamente eram expulsos da terra ou ficavam obrigados a deixá-la por terem

> assinado contratos em branco, que davam autorização aos proprietários de retirá-los de suas posses, violentamente eram expulsos da terra ou ficavam obrigados a deixá-los por terem assinado contratos em branco, que davam autorização aos proprietários de retirá-los de suas posses.

O inventário de Maurício Carneiro do Amaral, concluído em 1944, é, sem dúvida, algo importante a ser considerado, isso porque a divisão entre os herdeiros rompeu com a lógica de uso comum e abriu caminho para o aumento de pessoas no processo de compra de terras, aproveitando-se da humildade e de analfabetismo do grupo. De acordo com o laudo dessa comunidade, após o inventário feito depois da morte do ancestral, nota-se a presença marcante da inserção do território de Água Morna no mercado de terras. Contudo, o documento referente ao espólio expedido em 21 de janeiro de 1944 foi extraviado. Sem este documento, há prejuízo em estabelecer com precisão histórica a relação entre o momento e o contexto territorial em se tratando da primeira metade do século XX, período no qual se deu a titulação entre os herdeiros e a década de 1940 (PORTO, 2011).

> A estratégia do grileiro, que descreveremos mais adiante, vem apenas reforçar esse fetiche, confirmando como o "documento", e a escrita em geral, tantas vezes serve como instrumento de domínio e expropriação de populações rurais como essas. Em função de dessas dificuldades, toda a história que conseguem recuperar a respeito de um passado mais recuado, refere-se a Ludgério dos Santos, ancestral mais velho lembrado como primeiro "dono" da terra, estando totalmente direcionada para as regras uso e transmissão da posse de suas terras. (ARRUTI, 2002, p. 23).

Nesse processo, fica claro o uso privado do território por terceiros, ao mesmo tempo que há princípios garantidores de direitos territoriais, mas com a lógica do uso individual. Muito embora, como dito, a perda de fonte histórica não permita que se tenha a percepção clara da maneira que se deu a divisão da terra, o fato é que a fragmentação é parte responsável pela fragilização de membros de Água Morna, isso porque o território, que antes era controlado e ocupado de forma coletiva, passa a ser suscetível a uma forma fragmentária individual de membros que pertencem à comunidade (PORTO, 2011).

A história oral do grupo dá conta de que a venda do pinheiral contribuiu para que os de fora se apropriassem de forma indevida da terra. A venda dos pinheiros para uma madeireira local não tinha sequer contrato, o que dificultou à comunidade argumentar contra a expropriação sofrida. Na prática, a venda de árvores de pinheiro para a exploração de madeiras significou, mesmo sem a ciência do grupo, a perda de área importante do território, contribuindo, portanto, para a expulsão de Benedita de Água Grande (PORTO, 2011). É certo que a saída da ancestral dessa parte do território é fruto do logro da má-fé de pessoas mal-intencionadas que tinham interesse sobre as terras e usaram como pretexto a compra do pinhal, madeira de valor significativo no mercado local. Segundo Almeida *et al.* (2010, p. 280),

> Os presentes conflitos que envolvem as comunidades quilombolas não as distinguem por localidade, nível de articulação e organização social política ou características do território. Em todas as regiões, nas mais diferentes conjunturas, se apresentam graves conflitos fundiários. Os principais fatores dessa situação se relacionam à sobreposição dos interesses territoriais das comunidades com os do agronegócio, do mercado de terras e das elites políticas e civis regionais e nacionais.

Analisando o processo de expropriação territorial de comunidades rurais negras, David Junior de Souza Silva (2020) explica que os agentes externos adentram como intrusos o território, movidos por interesse econômico para dilapidar as terras de uso comum pertencentes aos quilombolas, e, assim, não respeitando nenhuma relação cultural e de identidade com o território ancestral, tampouco os direitos étnicos e territoriais do grupo quilombola. O autor traz à baila os processos de expropriação iniciados com a fragmentação territorial do quilombo Rosa, realizada por pessoas estranhas. Para Silva (2020, p. 60-62), os agentes são assim caracterizados:

> Posseiros, residencial no local, que, ocupa, de fato, somente a área marcada no mapa, mas reclama para si, como de direito, uma área bem maior dentro do território do Rosa; [...] Construção de uma cerca feita por um vizinho sobre quem não se sabe a origem, apenas que é proprietário da terra em área contígua. Ele construiu uma cerca para fechar seu terreno, mas parte dela foi colocada indevidamente em uma área que compõe terreno do Rosa. A pessoa ainda não foi identificada; [...] Construção de uma cerca feita por outro vizinho que é proprietário rural particular, dono de terra em área contígua do Rosa; [...] ao cercar seu terreno, o demarcou indevidamente, avançando muitos metros

> adentro do território Rosa; [...] ocupação por uma empresa agropecuária, que tomou parte considerável das terras da comunidade. Em vista do processo de titulação, a empresa já deixou a área; Proprietário rural vizinho, que, mesmo não chegando a ocupar nenhum terreno, entrou nas terras da comunidade, na área delimitada, colocou marcos identificando a área como sua e entrou na justiça, para reivindicar essas áreas. [...] Proprietário rural vizinho que se apropriou da parte das terras, as quais arrenda para outro produtor rural. [...] Posseiro, aqui designado com o nome 'N', construiu indevidamente sua casa e de seus familiares em área contígua à da vila do Rosa. Responsável por boa parte das tentativas de grilagens e expropriação que sucedera sobre as terras do Rosa [...].

A exemplo de Água Morna, é comum em várias comunidades passar por diferentes processos de expropriação a partir da fragmentação de território, que avança sobre várias frentes de atuação. Silva (2020) advoga que em Rosa todos os processos são por motivação econômica, desrespeitando a história da comunidade aqui em debate. Diante do quadro apresentado, ambas as comunidades, resguardando as especificidades, mas com processo semelhante de expropriação, buscam a proteção judicial e estatal de seus territórios, com processo de titulação coletiva.

Um dos graves problemas enfrentados por povos originários ou quilombolas é justamente a falta do título da terra. Sem ele, comunidades quilombolas tornam-se absolutamente suscetíveis a ações de expropriação, como bem escreve Ferreira (2017, p. 11):

> [...] a falta de documentação de propriedade de terra facilitava a especulação imobiliária e a grilagem, consolidando o processo de territorialização do capital através da expropriação das comunidades, por meio de mecanismos de coerção e ameaças que intimidavam moradores locais [...].

Para Silva (2020, p. 63), a consumação de processos fraudulentos de expropriação vivida por comunidades quilombolas demonstra a presença da "territorialização capitalista na região, a qual não seria parada sem uma ação igualmente contundente", na tentativa de barrar novas expropriações. O grave caso apontado pelo autor é que as comunidades quilombolas perdem as suas terras, prevalecendo a lógica pela qual sobressaem os interesses de apropriação individual capitalista, em essência, o predomínio da territorialização econômica (SILVA, 2020).

A expropriação de Água Morna tem a ver com a situação de humildade, analfabetismo e principalmente de fragilidade do grupo, que, diante de processos escamoteados de perdas territoriais, não reage a contento para frear os processos expropriadores. Os abusos impetrados por outrem apontam para o que conta dona Dejair, que seu pai foi empregado na serraria, "trabalhando, portanto, em um processo que seria responsável por sua expropriação" (PORTO, 2011, p. 53). Nesse caso, teria utilizado parte do que recebia com o trabalho para a construção de uma igreja com a madeira derivada do pinhal na proximidade do cruzeiro de cedro, onde se realizavam os seus cultos religiosos.

> Percebe-se assim, o destaque dado a duas perspectivas diferentes: nos relatos por um lado, os membros da comunidade têm o vínculo com o território que faz com que nele se invista, e que se respeite a sua sacralidade mesmo após expulsão; por outro, agentes externos não reconhecem a importância dos valores sociais e sagrados e, agindo de má fé, expropriam aqueles que são os legítimos donos da área. (PORTO, 2011, p. 53).

Durante a década de 1990, outra prática de expropriação foi notada no território. Foi por meio de sistemática restrição da participação do grupo nas cerimônias religiosas na igreja de Água Grande. Esse fato é atribuído a sua negritude, pois, segundo relatos, a população da comunidade Água Morna passa a ser achincalhada pelos habitantes não negros da região que frequentavam o templo, o que contava com o apoio do pároco, que, ao separar os grupos sociais por bairros, "teria retirado o pessoal de Água Grande" (PORTO, 2011, p. 53). Na realidade, tais procedimentos fazem parte de um processo de expropriação, porque são mecanismos inibidores de grupos negros que, a rigor, não podem participar em ambiente sagrado juntos aos não negros, criando, assim, comportamento hostil àquele grupo. Porto considera que se trata de uma expropriação efetiva do território que se conjuga a uma expropriação simbólica.

O segundo momento de expropriação é semelhante ao anterior, mas com uma diferença importante. Neste caso, verifica-se que a violência perpetrada pelos de fora é efetiva, consumando-se por incêndio intencional da casa do pai de dona Dejair, na época em que esta era criança. A expulsão de moradores com base em uma suposta venda, sem nenhum reconhecimento por parte dos membros, denota proximidade com o primeiro caso de expropriação narrado anteriormente. São acontecimentos semelhantes. A violência dá-se no plano simbólico e no caso concreto, mas ambos parecem se tratar de um caso único, que ocorreram ao mesmo tempo. "Há indícios de que a "venda" dos dois trechos tenha sido o extravio do espólio de Maurício que possibilitaria confrontar a área de herança atribuída a Benedita com área aproximada impede que confirmemos essa suposição" (PORTO, 2011, p. 54).

Diante disso, a autora considera se tratar do absoluto "sentimento de impotência frente aos grandes". Em ambos os casos, o grupo responde valendo-se de um acontecimento relacionado "ao mundo religioso[:] a construção da Igreja no primeiro, o corpo do irmão de D. Dejair torna-se 'corpo santo' e o Vinagre de Bom Jesus resistindo ao incêndio no segundo". O incêndio que ocasionou a destruição da casa e dos pertences da família e provocou o deslocamento para perto da residência do pai de dona Dejair e Gentil possibilitou que as áreas do território destinadas ao cultivo e moradia, denominadas "sertões", tivessem inviabilizadas as reproduções simbólica e material, "retirando-a do controle do grupo, não foi capaz de destruir um de seus bens, o vinagre de Bom Jesus" (PORTO, 2011, p. 53-55).

Trata-se aqui de um remédio sagrado trazido pela ancestral, que é capaz de indicar a fé de seu possuidor, visto que ele não "cresce caso quem o possui não tenha fé". O caso narrado indica que o referido remédio, distribuído pelas mães da comunidade a seus filhos, é utilizado para crianças quando apresentam desordem intestinal e digestiva. No caso do incêndio na casa, teve "seu vidro derretido a ponto de se tornar uma bola". Contudo, não perdeu a capacidade de crescimento, "sendo esta a 'mãe' de todos os vidros de vinagre hoje existentes na comunidade" (PORTO, 2011, p. 55). Como se nota, existe uma clara relação entre a venda do pinhal e o incêndio criminoso da casa, a dificuldade de fazer frente à força dos agentes expropriadores e, especialmente, a sacralização do vinagre do Bom Jesus trazido pela ancestral. Para a comunidade Água Morna, a expulsão por meio do incêndio tem um elemento sagrado.

O terceiro momento de expropriação é muito marcante para a comunidade, pois deu-se com a morte de Benedita, na década de 1950, e tem um contexto diferente dos períodos anteriores. Este se dá pelo abuso de um vizinho com a condição socioeconômica melhor do que a dos quilombolas, em um momento de perda para o grupo com a morte da ancestral. Destaca-se a capacidade dos de fora em gerar minimamente solidariedade em momento de abalo para o grupo. Ignorou-se, assim, um contexto de fragilidade coletiva, na medida em que desconsiderou toda uma situação de indiferença. A situação de perda por parte do grupo é interpretada pelos de fora como momento apropriado de expropriação. Outro ponto importante é a relação de exploração do trabalho, e mais uma vez se nota a condição de situação econômica inferior, o que se configura na exploração do trabalho dos chamados "patrões", imprimindo, assim, uma relação hierárquica sobre os da comunidade (PORTO, 2011).

Conforme Almeida *et al.* (2010, p. 272),

> [...] os quilombolas, ao tomarem posse de um pedaço de terra, onde morando e trabalhando criaram o quilombo, estavam revogando, por meio da luta, e na prática, a legislação imposta pela classe dominante que os excluía na condição de possuidores da terra, fosse a que título fosse.

Simone Raquel Batista Ferreira (2017, p. 3-4), ao analisar a violência simbólica impetrada por um modelo capitalista no campo, escreveu que

> Desconsiderava-se assim, todo um universo de saberes ancestrais, formas de ser, fazer e conceber elaboradas por estes povos e que orientavam suas relações entre si com a natureza. A ideologia colonial os inseria num lugar de 'inferioridade' material, econômico, cognitiva/ de saberes, cultural/ simbólico cosmológico, de organização social- e desta maneira, a colonização impunha-se na esfera cognitiva, elegendo a perspectiva do conhecimento como superior: a colonialidade do saber e do poder.

Para a autora, o avanço de um projeto econômico sobre a terra como o da civilização em detrimento de valores tradicionais tem relação direta com o processo histórico de colonização, e conflitos com povos tradicionais derivam também desse período histórico colonial, que ficou no imaginário social. O suposto progresso presente no campo imprime seus valores simbólicos sobre os valores e história de povos indígenas e quilombolas. Não obstante, ficaria assim

> [...] determinado que todas as formas de organização social, política e econômica orientadas por princípios que têm a natureza como principal sustentação da vida, torna-se subjugadas ao sistema do capital e seu processo desenvolvimentista, fundamentado na acumulação desigual de riquezas e de poder oriunda da exploração exaustiva da natureza e do trabalho [...]. (FERREIRA, 2017, p. 4).

Projetos capitalistas como o apontado pela autora por certo não podem ser desconsiderados quando se tem como norte analisar os impactos da estrutura agrária em comunidades quilombolas no Brasil, a exemplo de Água Morna. O fato notório é que o nível de expansão prejudica a existência de povos tradicionais, que têm a sua vida organizada com base na relação com a terra. Orientado por essa perspectiva metodológica, não se pode, portanto, conceber como aceitável o desenvolvimento do capitalismo como único caminho a ser trilhado, de modo que "configura-se enquanto des – *envolvimento*, ou seja, a negação do *desenvolvimento*" (FERREIRA, 2017, p. 4, grifo da autora).

Outro ponto apontado pelo grupo foi a questão das medidas que, a rigor, só beneficiam os de fora. As picadas sempre deslocadas para dentro do território, configurando inequivocamente a perda de parte dele — "Com efeito, a perda contínua de terras - que não ocorre somente em momentos simbólicos [...] está diretamente relacionado a processos de negociação das mesmas por terceiros" (PORTO, 2011, p. 58); ao ajustar as medidas sempre em benefício dos compradores, e o argumento era o de que sempre estava faltando um pedaço de terra comprada. Mesmo sem a compra de terras, as divisas avançavam para dentro do território, tornando-o fragmentado, em um processo contínuo.

Partindo desses pressupostos de análise, em se tratando da importância de tais territórios para as comunidades quilombolas, Bulhões (2006, p. 98) observa que

> [...] o território reivindicado tomando-se como parâmetro o histórico de vida da comunidade e a ancestralidade na sua ocupação; sua utilização em uma relação complexa com as diversas unidades de paisagem; o número de famílias que buscam a sua reprodução social no território e a sua potencialidade de expansão com relação àqueles que desejam e aos jovens que virão a demandar espaço para a sua própria reprodução social de médio prazo.

Outro problema apontado era o comportamento humilde associado à não violência para com os de fora. Em tese, isso se daria para não contrariar os princípios religiosos, tendo como norte a ideia de um bom convívio. Essa relação de boa vizinhança, diante da ausência de enfrentamento de mecanismos escusos de expropriação, tem suas consequências na atualidade. São dilemas que estão sendo enfrentados hoje, especialmente diante de conflitos fundiários emanados pela abertura de processo de delimitação para fins e titulação coletiva do território originário, herança dos ancestrais (PORTO, 2011).

3.9 As últimas décadas de expropriação

Ressalta-se que o processo de expropriação foi contínuo principalmente entre 1940 e 1970, período de maior proporção e intensidade. Depois de 1970, o vasto território tradicional da antiga Fazenda do Pinhal, doado para Maurício Carneiro do Amaral, já se encontrava deveras dilapidado. Contudo, para os quilombolas, a situação podia piorar. O grupo então passa a lutar para manter o que sobrou das divisas e mesmo enfrentar a violência dos de fora que tinham interesse em comprar as terras a preços baixos, valendo-se da fragilidade econômica do grupo. Em se tratando do processo de expropriação fundiária, como se nota, Água Morna continua a oferecer resistência diante dos de fora. Ferreira (2017, p. 14) salienta que

> [...] a resistência das comunidades é tecida em movimento de organização que busca recriar seus modos de vida na luta por seus territórios de uso comum [...]. Ao evocar outras matrizes de racionalidade que foram – e ainda são – subalternizadas pela relação de colonialidade, esses processos de resistência evidenciam as divergências entre formas de uso e apropriação do espaço, entre as intencionalidades dos sujeitos e seus territórios/ territorialidades correspondentes.

Fica claro, nesse processo todo que envolve Água Morna, o impacto após a realização do inventário entre os herdeiros, o que, como se pode ver, tornou-se um instrumento de expropriação ao quebrar a lógica do uso comum da terra, e inseri-lo no contexto de expropriação econômica de terras presente na região. Diante do processo de expropriação apontado anteriormente, é muito significativa esta fala da jovem Amanda, colhida por Porto:

> Meu nome é Amanda Ap. Buedk, tenho 16 anos, moro na comunidade Água Morna desde quando nasci, minha comunidade se destaca pela religiosidade que atinge a todas as idades, os moradores nasceram e vivem até hoje no seu lugar, negros descendentes de antigos escravos sobrevivem da lavoura que já não é mais como antes que a colheita era farta, hoje a colheita é limitada dando apenas para o sustento da família, devido aos agrotóxicos

> das lavouras de soja, trigo etc, das terras que rodeiam a comunidade. Herdeiros de uma fazenda com muitos hectares de terra, por não saberem ler e escrever os antigos se viram obrigados a ir vendendo partes de sua terra por um preço muito baixo e em muitos casos foram expulsos da sua própria casa e até mesmo as casas eram queimadas, com isso seus direitos às terras foram cada vez mais diminuindo. (PORTO, 2011, p. 59-60).

Conceição Sacramento e Ana Tereza Reis da Silva (2019), ao analisarem a comunidade pesqueira e quilombola Conceição de Salinas, no município de Salinas de Margarida, Recôncavo Baiano, Bahia, apontam, a exemplo de Ferreira (2017), elementos de colonialidade em processo de expropriação dessa comunidade, como esquemas fraudulentos tendo como protagonistas atores do capital e grandes empresas que exploram o território. No caso em questão, escrevem as pesquisadoras que

> Esse processo histórico de grilagem e expropriação, que remonta a 1877, está diretamente relacionado à chegada da e à instalação de diversos empreendimentos na região que colocaram em movimento gravíssimas violações de direitos, como expulsão forçadas, assassinato e crimes ambientais. (SACRAMENTO; SILVA, 2019, p. 131).

A nossa pesquisa de campo constatou que, quando instaurado o processo de regularização fundiária iniciado pelo Incra em Água Morna, segundo relatos de seus membros, o líder foi ameaçado de morte em mais de uma ocasião, caso não abrisse mão de pleitear a titulação do território. Os relatos, conforme anotado em diário de campo, apontam para emboscada (SANTOS, 11 dez. 2021, dados da pesquisa). Esse processo foi muito tenso para a comunidade, pois ganhou notoriedade no município e nas vizinhanças.

> Na comunidade pesqueira e quilombola Conceição, a fragmentação do território se dá por meio de instalação de empresas de diversas naturezas. Companhia Química do Recôncavo (CQR), Pescon, Agropecuária Salinas das Margaridas [...] M.R. Empreendimentos Imobiliários, Maricultura da Bahia S.A, Companhia Salinas, Loteamento Nossa Senhora do Carmo, Gasoduto Manati, Estaleiros Enseada do Paraguaçu, Costa Dourada da MR Empreendimentos Imobiliários LTDA, Parque da Margaridas da Bahiana Reis. (SACRAMENTO; SILVA, 2019, p. 131).

Os casos de expropriação no geral são bastante semelhantes, geralmente com fronteiras agrícolas em expansão, como no caso de Água Morna, e em outros com empreendimento de empresas ligadas ao capital. Em geral, contudo, trata-se do avanço de fronteiras do capital que tem as comunidades tradicionais como alvo. É interessante anotar essa perspectiva colonial apontada pelas autoras. Parece factível analisar as expropriações por essa ótica, haja vista que tais processos adentram um século de exploração que dialoga com o colonialismo. Trata-se de um poder econômico sobre grupos tradicionais, mas também de interferência em suas epistemologias, quando se ignora a história ancestral presente nas relações que desenvolvem com a territorialização.

> Estamos falando de mais de 500 anos de luta contra a colonialidade do poder, do ser e do saber, isto é, contra violência econômica que invisibiliza outros modos de vida, contra a descartabilidade dos corpos negros e indígenas e contra o silenciamento dos seus saberes. [...] Mas, descolonizar é uma postura política-epistêmica que bate de frente com os poderes e interesses hegemônicos, por isso, mesmo, é de suma importância dar visibilidade à luta dos povos das águas contra diversas violências que lhes foram impostas. (SACRAMENTO; SILVA, 2019, p. 135).

Atualmente, são centenas de territórios quilombolas à espera de titulação, muitas delas com processos totalmente paralisados em Brasília.

3.10 Do procedimento de reconhecimento jurídico de territórios quilombolas pelo Estado brasileiro

O pedido de reconhecimento jurídico de territórios quilombolas deve ser feito formalmente por representante da comunidade via associação de moradores devidamente reconhecida. A parte interessada deve fazer o pedido verbalmente ou por escrito ao Incra. No ato do pedido, deve constar o interesse na titulação, o tamanho aproximado do território, mapa, croqui, estudos ou artigos sobre a comunidade. Diante disso, esse órgão abre processo administrativo, além de nomear grupo de trabalho composto por engenheiro agrônomo, antropólogo, agrimensor e historiador para dar início aos trabalhos, realizando inicialmente audiência pública com a comunidade, tudo devidamente registrado em ata (SOUZA; FERRAZ, 2012).

A definição de sujeito quilombola vem dos próprios membros da comunidade, como consta no Decreto 4.887/2003. Esse aspecto presente no texto-lei é importante, porque garante a autonomia fundamental para que sujeitos históricos possam falar se são ou não detentores de africanidades, pelo autorreconhecimento enquanto tal. A definição da área de abrangência do território quilombola é uma das primeiras e mais importantes tarefas do grupo técnico. Logo após definir o perímetro da área de pretensão, o Incra inicia um levantamento de sobreposições do polígono, como terreno da Marinha, áreas consideradas como de segurança nacional, áreas de preservação, proprietários a qualquer custo e posseiros não quilombolas, fazendo cadastro de verificação no cartório de registro de imóveis de todos os ocupantes de áreas ou se são clientes de reforma agrária.

> O relatório Técnico de Identificação e Delimitação está previsto no art. 10 da Instrução nº20, de 20, de 19 de setembro de 2005, que regulamenta procedimento de que trata o Art. 68 do Ato das Disposições Constitucionais Transitórias da Constituição Federal de 1988 e o Decreto nº 4.887/03, de 20 de novembro de 2003. Este relatório deve ser produzido por uma equipe multidisciplinar do INCRA, com objetivo de identificar e delimitar o território reivindicado pelos quilombolas, abordando informações cartográficas, fundiárias, agronômicas, ecológicas, geográficas, socioeconômicas, históricas e antropológicas, obtidas em campo junto a instituições públicas e privadas. (SOUZA; FERRAZ, 2012, p. 86-87).

O relatório técnico de identificação e delimitação é acompanhado do relatório antropológico, contendo obrigatoriamente levantamento fundiário, cadastramento das famílias, planta e memorial descritivo do perímetro da área reivindicada, mapeamento e identificação dos imóveis e ocupação de lindeiros em toda a sua volta. Levantamento com especificações de situação, em casos nos quais áreas pleiteadas estejam sobrepostas a unidades de conservação constituídas; área de segurança nacional, áreas de terras indígenas, ou mesmo situadas em terrenos da Marinha, áreas de faixas de fronteiras; áreas de terras públicas (SOUZA; FERRAZ, 2012).

Depois da conclusão dos trabalhos e da elaboração de relatório de identificação, este deve ser submetido e aprovado pelo Comitê de Decisão Regional (CRD) e posteriormente publicado na forma de edital, consecutivamente por duas vezes nos diários oficiais da União e do estado, da mesma forma afixado e publicado em mural da prefeitura.

Após o término dos trabalhos em campo, dá-se início à fase de escritório e de apuração das demais informações. Nesta fase, inicia-se a regularização do território em terras públicas; em caso de áreas públicas, promove-se a desapropriação. Quando o território está em áreas de florestas de preservação ambiental administradas pelo Instituto Brasileiro de Meio Ambiente (Ibama), é possível firmar acordo visando rever o perímetro da reserva ambiental e "desafetando a parte ocupada pelos quilombos" (SOUZA; FERRAZ, 2012, p. 88).

O processo de aprovação da comunidade é feito em assembleia e

> [...] juntado ao processo e feita a publicação do Resumo do RTID no Diário Oficial do Estado e fixado na prefeitura do município onde está localizado o território quilombola, além de ser comunicado aos órgãos IPHAN, IBAMA, SPU, FUNAI e Secretaria Executiva do Conselho de Defesa Nacional (CDR), e Fundação Cultural Palmares, a fim de que se manifeste em um prazo de trinta dias algum interesse na área de acordo com o art. 8 do Decreto 4.887/03 (SOUZA; FERRAZ, 2012, p. 88).

O período de contestação aos interessados é de 90 dias corridos. Passado esse intervalo, o CDR profere o julgamento do RTID. Em havendo contestação, será julgada improcedente ou não pelo CDR, bem como a Procuradoria Regional. Em caso de decisão contrária, cabe recurso ao Conselho Diretor do Incra. Sendo procedente, precisa haver retificação do edital publicado e imediatamente republicado; do contrário, o RTID é em definitivo aprovado. Neste caso, é de competência do presidente do Incra a publicação da portaria reconhecendo e tornando públicos os limites do território tradicional quilombola. Essa portaria de reconhecimento do território é obrigatoriamente publicada nos diários oficiais da União e do estado onde está o quilombo (SOUZA; FERRAZ, 2012).

Segundo Carvalho (2011), convém salientar uma questão importante antes do início da tramitação de processo de regularização fundiária, sem a qual nenhum desses procedimentos de regularização agrária seria possível. Trata-se do desejo explícito das comunidades de requerer a posse territorial, pois "o não reconhecimento da condição de quilombola por parte das comunidades dificulta a certificação, já que a reconhecimento parte primeiramente da manifestação da comunidade" (CARVALHO, 2011, p. 115).

Após este procedimento, segue o processo de retirada dos invasores da área quilombola em conflito fundiário, seja quem for. Trata-se de processo de desapropriação ou de indenização. Neste estágio, inexistem margens para contestação e os processos de indenização ou de desapropriação são abertos no coletivo ou individualmente. Os valores das indenizações, se houver, seguem rigorosamente o que consta no preceito constitucional, Art. 68 da ADCT/Carta política brasileira promulgada em 1988. Após a saída dos invasores, é regularizada a demarcação física do perímetro do território, e depois a sua titulação é de inteira responsabilidade da Superintendência Regional do Incra, que profere a expedição de título e o devido registro no cartório de registros de imóveis onde se localiza a terra ancestral, e no Instituto do Patrimônio Histórico e Artístico Nacional (Iphan). Em casos extremos, nos quais haja recusa por parte do poder econômico quanto à saída do território quilombola, tentando sobrepor interesses individuais, ignorando os ritos legais constitucionais, é feita ação de despejo por parte do poder público, após a devida comunicação.

Depois de expedido o título, cabe à Fundação Cultural Palmares promover assistência jurídica em todos os graus de jurisdição às comunidades quilombolas a fim de que estas assegurem seus direitos à posse em definitivo. O reconhecimento da titulação é registrado mediante título coletivo, com a obrigatória inserção de "cláusula de inalienabilidade, imprescritibilidade e de impenhorabilidade, a fim de garantir maior segurança a essas comunidades" (SOUZA; FERRAZ, 2012, p. 90). Cabe frisar, contudo, que os gastos com expedição de título cadastral, cuja responsabilidade é do Incra, não acarretarão nenhum ônus, de nenhuma natureza, independentemente do valor ou extensão do território negro.

Por outro lado, pontua Carvalho (2011), a situação desenhada em vários estados brasileiros aponta que, uma vez que nem sequer existem condições de infraestrutura e logística para iniciar os trabalhos nas comunidades quilombolas, o cenário agrava-se, pela ausência de quadro de servidores para desempenhar os trabalhos. Faltam desde antropólogos a engenheiros agrônomos. Na maior parte das vezes, os trabalhos são paralisados por faltas de infraestrutura adequada, de modo que "o principal desafio que o INCRA enfrenta para realizar a regularização fundiária e dos territórios quilombolas encontra-se na demarcação das terras" (CARVALHO, 2011, p. 116).

É importante observar que o direito de quilombolas à propriedade é um direito fundamentado na Constituição federal e na história, tendo como norte a promoção da justiça social de um segmento que historicamente busca por esse direito. Dávila Bento Bulhões *et al.* (2006, p. 60) assinala que

> O direito de propriedade dos remanescentes de quilombos é claramente um direito fundamental de segunda geração, dizendo respeito à igualdade e à justiça social, representando, como já dito, a conclusão do processo inacabado de abolição com a reparação de dívida histórica existente. É direito coletivo, pois conferido em função da qualidade da comunidade de remanescente de quilombos. Nesse diapasão, o título da propriedade somente pode ser coletivo e *pro indiviso*, ou seja, indivisível [...].

Contudo, ainda há um longo caminho a ser percorrido para que tais direitos sejam alcançados, dada a atual conjuntura política, em que a imensa maioria dos territórios se encontra ocupada por interesses que pouco têm a ver com a história de grupos quilombolas. Resta afirmar que, sem a ação estatal no que tange à titulação, pouco se tem a fazer.

A seguir, o quadro apresenta o trâmite do processo de regularização fundiária de comunidades quilombolas no Brasil.

Tabela 1 – O passo a passo do processo de regularização fundiária de comunidades quilombolas

1	Abertura de processo.
2	Certidão da Fundação Cultura Palmares.
3	Produção do RTID.
4	Consulta a órgãos e entidades.
5	Publicidade e contestação.
6	Arquivamento.
7	Análise da situação fundiária.
8	Julgamento das contestações.
9	Casa Civil da Presidência da República.
10	Advocacia-Geral da União (AGU).
11	Recurso.
12	Portaria do presidente do Incra, diferentes situações, diferentes caminhos.

13	Envio para o SPU.
14	Reassentamento.
15	Anulação de títulos viciados.
16	Desapropriação.
17	Demarcação física.
18	Outorga de título.
19	Registro em cartório.

Fonte: adaptado pelo autor (2022), com base em http://www.global.org.br/blog/direito-a-terra-das-comunidades-remanescentes-de-Quilombos-olongo-e-tortuoso-caminho-da-titulacao/. Acesso em: 30 jun. 2022

3.11 A percepção de Água Morna sobre o relatório antropológico

Faz-se importante observar como o grupo responde ao estudo histórico-antropológico quando da elaboração do Relatório de Delimitação e Identificação Territorial para fins de titulação do território. Para tanto, pensa-se como se apropriam de sua história como sujeitos coletivos para fins de angariar direitos territoriais, tendo esse documento o papel de mediador entre a comunidade e o poder público. Nesse sentido, aspectos como memória coletiva, territorialização, expectativas, trabalho, religiosidade, ancestralidade e identidade são elementos que delineiam a relação com o território enquanto comunidade negra.

Na pesquisa de campo, percebeu-se que a feitura do relatório em território quilombola trouxe expectativas positivas para a comunidade. Alimentou-se, assim, uma possibilidade real no alcance da conquista da terra coletiva. Os depoimentos demonstraram que na ocasião havia de fato uma mediação do laudo com o poder público, e simultaneamente passaram a figurar nesse novo contexto como sujeitos de direitos, conforme demonstra um trecho de entrevista concedida em 20 de novembro de 2021, em Água Morna:

Pergunta: *"Para vocês, jovens da comunidade, qual a importância de se ter um laudo antropológico?"*.

Resposta: *"A gente na verdade não conhecia, não sabia principalmente quando ela chegou aqui a gente era mais criança. Na verdade, era uma novidade e a gente ficou até surpreso, mas o laudo é importante"* (ENTREVISTA, 20 nov. 2021, s/p, dados da pesquisa).

No laudo, a comunidade deu resposta positiva quanto à regularização fundiária, demonstrando principalmente a sua relação com o território e com a sua história. Como se sabe, as respostas com autoidentificação levaram o Incra a iniciar processo de delimitação, demarcação, reconhecimento, identificação de seu território, pois enquadram-se na categoria de sujeitos.

Com base nas manifestações orais, foi possível perceber que o grupo reconhece os limites de quem é de dentro, quem é de fora, ou seja, aqueles/as que compraram as terras da comunidade, e dos que moram em pequenas propriedades rurais fora dos limites do território quilombola expropriado, especialmente os que habitam no bairro rural denominado Felisberto, que fica a 3 km de Água Morna, muito embora eles tenham alimentado a política de boa vizinhança. Essa relação começou a ser elaborada pelo grupo a partir do momento em que o casal ancestral faleceu, quando se intensificou o processo de expropriação. Isso porque o processo de autorreconhecimento enquanto quilombolas nem sempre se dá de forma amistosa com os de fora, como demonstram os inúmeros trechos de entrevistas do grupo. A nosso ver, a identidade negra quilombola é também delineada por conflitos (SANTOS, 21 nov. 2021, dados da pesquisa).

Porto (2011, p. 16) pontua que as respostas, quando do interesse na regularização fundiária, se deram da seguinte forma:

> 1) uma história coletiva e sólida presente na memória; 2) uma discursividade rara, que permite que essa história se expresse de maneira articulada e coerente; 3) uma visão de mundo ancorada na religiosidade católica, e através da qual são pensados os processos de relação com o território e com a sua expropriação; 4) uma vida coletiva significativa na atualidade, organizada a partir de aspectos múltiplos como trabalho, parentesco, vida religiosa, convivência cotidiana, comensalidade, brincadeiras infantis; 5) um eixo comunitário bem estruturado, através de uma das famílias do grupo, que torna a questão da representação política e da participação não conflituosa; 6) um projeto comum, de moldes camponeses; 7) a possibilidade representada pelo processo de regularização fundiária de retornar a memória, fortalecer os laços comunitários e realizar o projeto de futuro do grupo.

É possível constatar a perspectiva comunitária que une o grupo no entorno de suas africanidades, a relação com a história e a territorialidade, muito além do acesso físico à terra, como demonstra a narrativa a seguir. Sublinhamos que a comunidade em debate não tem relação com religiões de matriz africana, como candomblé e umbanda. A memória do grupo dá conta de que os santos católicos foram trazidos pelo casal ancestral, portanto o catolicismo é parte importante na inscrição no território tradicional. A dimensão de uma comunidade com características como as de Água Morna perpassa a dimensão da própria história-memória, cultura e identidade. A fala da jovem feita por esta pesquisa demonstra que não se trata somente da demarcação, mas da ideia de pertencimento e de identidade coletiva do grupo, da vontade de que a sua história, por sua própria perspectiva, chegue também às salas de aula como parte da formação escolar. Nos momentos de entrevista, foi possível identificar como prezam pela sua história, quando indagados sobre a suas africanidades:

Pergunta: "*Você se lembra que história da comunidade a escola contava?*"

Resposta:

> *Antes eles nem falava nisso né, nem falava nisso, nem falava da história da gente. E aqui no colégio eu entrei em 98 foi 99 no ginásio aqui e eles também não contava sobre nossa história. Eu lembro que naquela época tinha brincadeiras maldosas de aluno por causa da cor da gente né, eu lembro que que eu e a minha sobrinha quase pegamo uma menina lá por causa dessas brincadeira né se referir a nóis como negrada e coisa assim né. A gente ia reclama e os professor não tava nem aí. Depois que foi reconhecida a nossa comunidade né, começou a chegar os livro na escola e você acredita que tinha uma casinha lá na escola e eles foi colocado lá e não ensinou a história coisa nenhuma. Levar todos os livros lá entocado dentro das casinha e até hoje não trabaia. Não podia trabaia isso na escola né, nossa história não podia trabaia isso na escola.* [ENTREVISTAS], gravadas, guardando anonimato. Entrevistador: Davi dos Santos. Curiúva; Água Morna, 2021-2022. 50 MP3 (1.500 min). 11 dez. 2021, s/p, dados da pesquisa.

O impacto da percepção dos estudos antropológicos de identificação do território vai além de uma mera demarcação territorial. A pesquisa impactou positivamente, pois emergiu e ampliou uma consciência histórica antes conhecida somente pelo grupo. São aspectos da história de luta e pertencimento que estão em voga. É uma pauta que pretende se expandir para fora dos limites físicos quando do acesso a direitos negados.

A memória remonta à negação de práticas que lembram atitudes discriminatórias ainda decorrentes de escravizações. As "*brincadeiras maldosas*", como conta ela, referem-se ao não reconhecimento de sua história por parte da instituição escolar. Conta que, antes da identificação, inexistia o interesse na comunidade. Contudo, apesar de terem chegado livros, por força principalmente da Lei 10.639/2003, que dispõem sobre o ensino de História da África e Cultura Afro-Brasileira, persistiu a ideia de silenciamento da história, em se tratando de conteúdo escolar.

É interessante que a narrativa que pretende colocar em evidência a pauta da própria história é a mesma que, no mesmo tempo de entrevista, acrescenta que os livros com conteúdo sobre a história de África foram postos no ostracismo e condenados ao esquecimento pela escola.

Chama atenção aqui que a comunidade não se reconheceu como quilombola somente por conta do laudo antropológico. A pesquisa apontou que a identidade quilombola é elaborada conforme o vínculo ancestral territorial. O que se quer dizer é que os estudos realizados deram visibilidade às lutas da comunidade na esfera pública. Trata-se de um discurso que reafirma uma vida cultural e histórica.

Continuando, conta a mulher que sempre teve noção da sua condição quilombola, que se dá com base na negação de diretos e na expropriação territorial, discriminação e negação da história. Ao longo do tempo, ela conta que os de fora se referiam à comunidade como "bairro dos pretos". Essa afirmação não seria em si problemática, se não fosse revestida de preconceito, cujo pano de fundo é a invisibilidade do/a outro/a. Como denota o exposto na narrativa, tal expressão visa negar a existência enquanto grupo quilombola. As palavras "mulher quilombola", no entanto, são a expressão de sua identidade negra, reafirmada a ideia da ancestralidade e territorialidade que marca a vida da comunidade desde a chegada dos ancestrais ao território (SANTOS, 21 nov. 2021, dados da pesquisa).

Um dos pré-requisitos para o pedido de regularização fundiária é a certificação expedida pela Fundação Cultural Palmares, e, nesse sentido, Água Morna foi certificada no ano de 2005, por meio de processo na FCP.

Tabela 2 – Dados da certificação da comunidade Água Morna

Processo na Fundação Cultural Palmares: Nº 01420.001716/2005-69.
Etapa atual do Processo na FCP – Certificada.
Nº da Portaria: 32/05.
Data da Portaria no Diário Oficial da União: 19/08/2005.

Nº do Processo no INCRA: 54200.003342/2006-58.

Atualmente nenhuma comunidade quilombola no Estado do Paraná foi titulada. No caso de Água Morna, o processo encontra-se em Brasília (DF) com tramitação paralisada.

Fonte: adaptado pelo autor (2022), com base em Incra. Disponível em: https://www.palmares.gov.br. Acesso em: 6 jun. 2022.

3.12 O monge São João de Maria: origem e trajetória pelo Sul do Brasil

Para o historiador Alexandre Oliveira Karsburg (2014), a crença no entorno da figura do monge João Maria tem suas origens nas décadas anteriores ao conflito da Guerra do Contestado, ocorrido no estado de Santa Catarina entre os anos de 1912 e 1916. A liderança popular e religiosa, portanto, é mais abrangente, e não se restringe a sua atuação nessa guerra. O monge aglutina diversas organizações camponesas presentes na região Sul do Brasil, principalmente no que toca

> [...] a Concentração do Campestre em Santa Maria (RS, 1846 a 1849); a do Cerro do Botucaraí nas proximidades do atual município de Candelária (RS, 1938). Nos chamados Campos de Palmas e Guarapuava (PR) na serra catarinense, na região das missões Jesuíticas (RS) [...]. (KARSBURG, 2014, p. 1.036).

A presença desse líder religioso foi marcante por onde passou, como pela construção de capelas, vias-sacras e cruzeiros em homenagem à religiosidade, mas também ao monge.

> Lugares santos se formaram com a passagem dos anos, criando um mapa da cultura popular e da devoção ao monge que não passa despercebida. Muitos destes espaços estão associados à região do Contestado, manifestando atualmente como "lugares de memória" e espaço de manifestação de um precioso Patrimônio Material e Imaterial [...]. (KARSBURG, 2014, p. 1.037).

Não obstante sua presença em vários locais por onde passou, o que ocasionou muitas manifestações de crenças populares no entorno da figura carismática no monge, inicialmente se restringia aos cerros de Botucaraí e do Campestre, no Rio Grande do Sul; Lapa e suas grutas, no estado do Paraná; Ilha do Arvoredo, em Santa Catarina; a montanha do Araçoiaba, São Paulo; e províncias de Misiones, no Monte Palma. Esses teriam sido os locais pioneiros "sacralizados" por ele na metade do século XIX (KARSBURG, 2014).

O monge teria permanecido por cerca de um ano na Ilha do Campestre, que era lugar isolado na Serra de São Martinho/RS, entre novembro de 1845 e outubro de 1946. Na ocasião, descobriu três fontes de água mineral e logo lhes atribuiu os princípios de cura. "Ele próprio acreditava nos poderes de cura das águas, tratando de divulgar a notícia entre os moradores locais", conta Karsburg (2014, p. 1.041). À medida que o tempo passava, a notícia da água milagrosa ia se espalhando como rastilho de pólvora entre a população, ultrapassando os limites territoriais do Rio Grande do Sul e adentrando importantes centros do Brasil. O fato importante é que o local adquiriu aspecto de peregrinação e de, segundo crenças populares, santidade.

O Cerro do Campestre, então, seria o início de sua ascensão enquanto líder popular, lugar onde a sua imagem se torna mitificada por conta da grande repercussão. Do ponto de vista da pesquisa histórica, há uma convergência de que sua permanência em Campestre teria sido de fato o começo da trajetória carismática religiosa do monge João Maria, como demonstra Karsburg (2014, p. 1.043):

> A constatação de que o Campestre é o "ponto zero", onde nasceu a relação entre monges e fontes de água milagrosa, nos leva a questionar uma ideia consolidada na historiografia. Até então, acreditava-se que o "monge santo" havia surgido nas redondezas do município de Sorocaba (SP) [...] na montanha chamada de Aracoiaba por ter lá residido o eremita Agostini durante alguns meses entre o final de 1844 e início de 1845.

É certo observar que acreditar no poder de cura da água não é uma característica específica de um grupo social; em grande medida, era algo compartilhado por todos. O fato, entretanto, é que havia explicações distintas sobre as razões de algumas águas terem poder de cura. Nesse sentido, para alguns, pode estar relacionada às propriedades minerais da água; na visão de outros, deve-se acreditar mesmo que se trate de algo sobrenatural. Contudo, no contexto sociocultural em que foi apresentada, a maior parte das pessoas acredita nos poderes de cura, em uma perspectiva religiosa. Em vários lugares da região Sul, as pessoas de fato acreditam que outras fontes de água tinham os mesmos poderes milagrosos (KARSBURG, 2014). Mesmo diante de um contexto de muita devoção atribuído, em grande parte, ao monge João Maria, Robinson Fernando Alves (2010, p. 61) acrescenta que se deve

> [...] ressaltar a parcela de autonomia dos fiéis diante do movimento religioso, pode-se afirmar que a cultura católica de base romana bíblica, pregada pelo clero, perpassa a história do grupo romeiro e do monge, desde o surgimento de evento até as manifestações religiosas na atualidade [...].

A devoção materializa-se por meio da via-sacra, assim como os cruzeiros levantados por João Maria em diferentes "localidades do Planalto Meridional brasileiro, e ainda, uma das mais marcantes, a penitência através de longas peregrinações repetindo, em parte, a vida de despojamento e sofrimento levado por João Maria de Agostini" (KARSBURG, 2014, p. 1.047). Pode-se aferir, com certeza, que a presença de líderes messiânicos ocupou centralidade no imaginário social brasileiro, a ponto de nas décadas seguintes outros personagens se passarem por ele. O fato é que não pairava uma única memória sobre o referido monge. A devoção a ele requer intensos debates historiográficos e muitas interpretações visando reforçar a figura mítica de sujeitos populares assentes na ideia de um mito curandeiro.

3.13 João Maria, a passagem por Água Morna: território e catolicismo

A memória do grupo dá conta de que a sacralização e fixação do território se deu com base na presença do monge São João Maria na comunidade, no início do século XX, quando esteve por três dias em contato com o casal ancestral. Essa memória é tida por eles como importante, pois marca a chegada e permanência no território, constituindo, assim, uma relação intergrupal e territorial. Observa-se também que a vida simples que caracteriza o referido profeta se assemelha à visão de mundo que preza a comunidade, a vida simples baseada no trabalho e na relação com o sobrenatural, e os ancestrais são parte significativa da vida em comunidade.

A pesquisa antropológica realizada na comunidade buscou subsidiar respostas no que tange ao papel do Incra na regularização fundiária. A descrição de território tradicional, a relação com o catolicismo, orientando a coesão de uma prática relacional, um discurso comum, para a superação de seus problemas internos; a percepção da sacralidade, relações religiosas delineiam uma ação homogênea, unificada, da memória coletiva. É uma trajetória de constante movimento que delineia a história de Água Morna tendo como centralidade a "figura do casal ancestral". O laudo antropológico narra a andança dos ancestrais até se fixarem no território; Benedita e Maurício seguem juntos à procura de um lugar permanente, definitivo. O ponto de partida é indefinido para os ancestrais, tudo é desconhecido, o não lugar, a errância, que se configura como lugar quando da fixação no território (PORTO, 2011).

Vejamos o depoimento de dona Dejair, na época com 67 anos, tomado por Liliana Porto.

"P: E a senhora falou dessa coisa da senzala e dos escravos, o que a senhora sabe da escravidão?";

> D: Ah, eu sei como diz essa história que Mãe Véia Benedita falava. Ela falava pras outras mãe véia, mas a gente prestava atenção, que eles sofriam bastante, e ela contava que tinha que fazer as coisas assim quando o patrão mandava, quando ele contava que tinha que fazer as coisa assim quando o patrão mandava, quando ele mandava já tinha que tá lá cuidando, era assim. Os homem La no serviço, arrastá pau, as muié ia cozinhá e se num fazer as coisas assim, ah, fazia proposta que se num queria fazer ia derramar gordura nos pé. Ela diz "óia mia fia, graças nos ta com vida, ocês nunca vocês percam a Fé que Deus ensinou, o que Deus ensinar é o necessário de nós viver. Isso porque a vida é boa se nos tiver paciência, nos tê humildade, isso porque senão ninguém vive, morre", ela falava assim. Eles sofrero muito. Do tempo da mãe dela, a falecida mãe Chica, minha avó da minha sogra né, era o tempo que eles sofriam. muitas vez tinha reze assim, porque foi um povo religioso, o patrão não deixava ir, tinha que trabaiá. Bem no horário de rezar eles tinham tá trabaiando. Era assim, daí eles rezavam na casa. Eles sofrero bastante. Aqui esse lugar nosso, eu creio é uma terra sagrada, é uma terra santa, porque quando o vovô entraro aqui já eles trouxeram Nossa Senhora. acompanhou eles na caminhada. Fazendo a devoção pra se livrar. Nessa parte você pensa, me entende, a Mãe Véia Benedita morreu com 120 anos, nesta terra aqui. Agora o Vô Mauricio eu num sei com que idade ele morreu. E ele morreu aqui. (PORTO, 2011, p. 31).

Constam os aspectos elementares da memória e ancestralidade do grupo. A inscrição do grupo no território é também marcada pela negação da escravização. Para os negros/as brasileiros/as, o território ressalta a memória, ainda que em condições de pobreza, porque é da terra que se terá o sustento do grupo. A mística do território "santo" passa pela reprodução da vida tradicional, pelo adequado manejo da terra. A plantação de feijão, de milho, a pesca, a caça, o cultivo de hortaliças, a garantia de remédios derivados de plantas medicinais. Esse tipo de extrativismo é importante para a manutenção da comunidade no que toca ao discurso da territorialidade. O território não está atrelado à concepção econômica; aponta, entretanto, a interação com ambiente em uma perspectiva de respeito e "sustentabilidade", em que não há distinção entre o sagrado e o profano, no mundo que conjuga a honra e a humildade, que se ancora no modelo de aceitação da alteridade, exceto se esta representar uma ameaça à ordem divina do mundo (PORTO, 2011).

> *Eu rezo a 25 de Março e é uma missão que eu tenho que cumprir se eu ia rezá lá na Santa na casa da amiga da gente que a religião da Monique todo ano eu ia rezar lá, aí quando foi o ano que eu fui eu não quis perguntar porque não achei jeito de perguntar porque e ela disse desde nós não vai poder rezar aqui dentro a senhora aceita de nós ir rezar lá para lá do Barracão, digo era é aonde que a senhora acha que pode rezar. Nóis vamos rezar no meio de um buraco lá, ela limpou e eu não quis perguntar para ela o porquê que aconteceu aquilo então eu não esqueço não porque isso é uma missão que tem que cumprir. Da história o território para mim é santo "risos", toda vida foi eu não sei se eu contei para Liliana da história do meu nascimento, leva o teu contato para ela a gente conversava bastante com ela, ô menina que eu sinto saudade. Isso eu não lembro de ter contado para ela mas o meu pai o meu avô contava a história de quando eu nasci dentro da casa do meu avô, pai da minha mãe se eu for lá vou bem servir no quarto que eu nasci virou capoeirão uma lembrança né nasceu e se criou aqui né. Então essa história eu não lembro se eu contei para Liliane que meu pai meu avô minha avó contava. A minha mãe fico dos avô meu pai ficou três dia em cima da cama era um tempo que nós tinha médico nenhum era parteira que eles falava e daí meu pai falava como na casa do meu avô minha mãe ficou doente para ganhar eu ficou três dias na cama perdeu a força perdeu a voz estava vendo ela por morta na cama aí meu pai e meu avô contava quero tempo de expor ao senhor sabe né que o divino Espírito Santo sair tinha pessoa que saía naquela peregrinação com santo eles era dois que carregava a bandeira com Santo que carregava a bandeira com santo aí minha mãe ruim mais ruim era só que morresse se dava por morta. Meu pai tava todo no quarto meu avô minha*

> *avó minha avó velho tava atendendo a minha mãe nossa tia tava atendendo a minha mãe aí meu pai saiu na cozinha tomar uma água escutou a voz do cântico do divino. E o Moisés é o dia é a daí meu pai ficou no quarto e meu avô foi recolher ele né estava cantando companheiro repicando fogo aí meu avô recolheu ele está dentro falou que o velhinho se chamava Tímóteo meu avô pediu para ele disse Mas vem eles falarem a língua grega sei lá faz favor de levar nosso pai eterno.* [ENTREVISTAS], gravadas, guardando anonimato. Entrevistador: Davi dos Santos. Curiúva; Água Morna, 2021-2022. 50 MP3 (1.500 min), 20 nov. 2021, s/p, dados da pesquisa.

O território, sob os princípios de uma lógica não mercantil, orienta uma concepção de mundo mais ampla quando não se identifica uma clara diferença entre sagrado e o profano. O respeito ao mundo criado por Deus, à natureza e aos outros é guiado por fundamentos que conjugam a humildade. Asseguram um modelo de convivência assentada na aceitação da alteridade do outro, mas sem ameaçar a ordem divina. A memória remete a um passado muito peculiar e significativo para todos os membros da comunidade de Água Morna e atualiza um projeto de futuro baseado na reconquista do território. O território tem um sentido amplo para a comunidade; como afirma Porto (2011, p. 35):

> Sua parte norte/leste consistia em local de moradia e cultivo-primeiro ocupado pela parte leste, Água Grande, depois, devido à expropriação da área [...] a parte norte, Água Morna-, enquanto a parte sul eram os "sertões", a "reserva", porque local de coleta, pesca, caça não habitado, mas percorrido para garantir os alimentos e recursos provenientes do extrativismo. A divisa do território, o Rio da Antas [...].

A sacralização do território dos ancestrais deu-se conforme a fixação e permanência no local de São João Maria, cuja presença e cuja memória são muito importantes no universo popular na região Sul do Brasil, daí se fazer mister a explicitação dessa ordem "sagrada" e, no que se refere à configuração do território, nas palavras de dona Dejair, *"terra santa"*. Assim, a presença de vários membros da comunidade com faixas etárias distintas são memórias coletivas que se remetem a um passado significativo para todos/as e ao mesmo tempo atualizam um projeto de futuro.

Contudo, a presença do monge São João Maria no imaginário popular explica, em certo sentido, a visão e perspectiva de mundo que adquire a figura simultaneamente histórica e mítica desse personagem. Trata-se da figura de um monge bastante conhecido, andarilho que percorre o Sul do país entre 1890 e 1908, fazendo discursos de cunho messiânico contra a república (PORTO, 2011).

Sobre o processo de inserção do catolicismo em Água Morna, a líder religiosa explica:

> [...] meu pai ficou três dias em cima da cama era um tempo que nós tinha médico nenhum era Parteira que eles falava e daí meu pai falava como na casa do meu avô minha mãe ficou doente para ganhar eu ficou três dias na cama perdeu a força perdeu a voz estava vendo ela por morta na cama aí meu pai e meu avô contava quero tempo de expor ao senhor sabe né que o divino Espírito Santo sair tinha pessoa que saía naquela peregrinação com santo eles eram dois que carregava a bandeira com Santo que carregava a bandeira com santo aí minha mãe ruim mais ruim era só que morresse se dava por morta. Meu pai tava todo no quarto meu avô minha avó minha avó velha tava atendendo a minha mãe nossa tia tava atendendo a minha mãe aí meu pai saiu na cozinha tomar uma água escutou a voz do cântico do divino. E o Moisés é o dia é a daí meu pai ficou no quarto e meu avô foi recolher ele né estava cantando companheiro repicando fogo aí meu avô recolheu ele está dentro falou que o velhinho se chamava Timóteo meu avô pediu para ele disse. Mas vem eles falarem a língua grega sei lá faz favor de levar nosso pai eterno. [ENTREVISTAS], gravadas, guardando anonimato. Entrevistador: Davi dos Santos. Curiúva; Água Morna, 2021-2022. 50 MP3 (1.500 min), 20 nov. 2021, s/p, dados da pesquisa.

De acordo com Robinson Fernando Alves (2010, p. 38), "A ideia norteadora desses movimentos é a crença em um líder, que possui poderes sobrenaturais e profetiza o fim dos tempos ou a vinda de uns messias, tempos em que terão melhor sorte seus seguidores".

Há de se considerar o papel das curas atribuídas às águas em função da medicina, pois os médicos eram incipientes, e não se conhecia a cura de muitas doenças, razão pela qual "a maneira de superar essa lacuna veio a ser a religião". Assim, "tornou-se típico de regiões interioranas do Brasil, principalmente se considerar o século XX, a existência de grandes benzedeiras, curandeiros entre outros" (ALVES, 2010, p. 41).

No imaginário popular, a figura de um monge, curandeiro, profeta e conselheiro, como é conhecido, foi importante na sacralização do território. Pode ter vivido em épocas diferentes e de origens distintas.

Para os catarinenses, já existiu um monge João Maria. Contudo, não há concordância em torno de quem representa, alguns dizem se tratar de João Maria de Agostinho; outros, de João Maria de Jesus. Para alguns, João Maria é uma figura única. No entanto, o perfil é de andarilho, curandeiro, sacralizado, eremita, religioso. São João Maria era um monge errante, afirmava ser monarquista, o que acentuava uma característica mais firme do que a do seu antecessor, José Maria. Percorria a passagem do século XX para o século XXI, a expansão do capitalismo, a alteração das relações de trabalho, a degradação do meio ambiente oriunda da atividade madeireira.

Cabe lembrar que, durante o século XIX, é notória a presença de monges barbudos e andarilhos e de perfil popular no interior do Brasil. A ausência de registros históricos a respeito da morte desses monges populares tem gerado muita expectativa e histórias em torno de sua imortalidade (PORTO, 2011). Já o caso em destaque, adquirido pelo monge João Maria, mantém-se na história por meio de um misticismo em torno de sua morte, o que está diretamente ligado à sua identificação com características do mundo rural do Sul do país, que reage à ordem social provocada pela expansão capitalista.

As profecias do monge são contadas para Maurício e Benedita, profecias de um tempo de muito pasto e pouco rastro, que identificam como tempo atual. Essa memória é contada por Dejair, e para a sacralização do território, muito relevante para o grupo. As considerações dão conta da importância da memória a respeito de São João Maria como sacralizado do território e da comunidade de Água Morna (PORTO, 2011).

É com base nessa memória que a comunidade afirma a sua forma de interpretar o mundo essencialmente camponês, cujos valores lembram o trabalho, a família, a honra, o território e a religiosidade. No depoimento supra, proferido por dona Dejair, o monge João de Maria é "um servo de Deus", o qual não somente permanece perto do casal ancestral por três dias, mas transmite ensinamentos, além de conviver com estes, e, nesse sentido, esse enredo de espiritualidade é parte integrante da fixação do casal no território tradicional de Água Morna. Esse monge propaga uma compreensão do mundo sagrado.

A questão do catolicismo é bastante presente na atualidade, isso porque é um elemento que faz parte da identidade do grupo com a territorialidade. Isso é percebido no apontamento de seus hábitos de figura iluminada por Deus. Uma pessoa sem grandes vaidades, simples, que em muito se assemelha à vivência da própria comunidade e ao mesmo tempo disposta a compartilhar a sua sabedoria e seus poderes com os mais humildes. Maurício e Benedita são por ele protegidos de uma chuva densa, experiência que contribuiu para ampliar a sua fé (PORTO, 2011).

Porto continua a dizer que D. Dejair relata a descrição de seu encontro com São João de Maria quando tinha 8 anos de idade, o que teria sido em 1949, data da presença do monge na memória, movido pelo desejo de conhecê-lo. Esse encontro teria acontecido aos pés de um cruzeiro, localizado na divisa do território tradicional de Água Morna, o que é algo extremamente expressivo para a comunidade, pois é um elemento de sacralização do território (PORTO, 2011). Passada mais de uma década, a pesquisa de campo feita por nós identificou que o cruzeiro ao qual se refere o laudo não existe mais. Isso porque membros relataram que o local onde estava fixado o cruzeiro foi tomado por fazendeiros, que o derrubaram para plantação de soja.

É certo que o passado e o presente estão vinculados pela fé, que é constantemente atualizada e reforçada pelos ensinamentos de São João de Maria, notoriamente atualizada nos ritos periódicos que organizam a comunidade e que fundamentam um modo de vida baseado no respeito à família, às memórias, às tradições culturais, às obrigações religiosas.

Como já indicado, a percepção do território não mercantilizado adquire de fato um sentido amplo. Porém, em casos em que os jovens dessa comunidade que não tinham a mesma relação com a terra, vierem a vendê-la para agentes estranhos, a comunidade se submete a um processo de perda do território. Essas terras deveriam retornar ao grupo, pelo seu aspecto simbólico e pela importância do sustento do grupo (PORTO, 2011).

Tem-se observado nesse cenário que, nas condições de acesso às políticas públicas, o elemento de coesão do discurso é apontado como espinha dorsal na conquista dos direitos fundamentais. Trata-se de um resgate de uma memória assentada no passado ancestral. Nesse contexto da luta por reconhecimento e por direitos, vislumbram-se expressões da vida social no seio de uma dinâmica mais complexa, com objetivo de ressignificar experiências novas. As relações entre os sujeitos dinamizam-se no bojo da nomeação de uma comunidade autorreconhecida como quilombola; isso intensifica os conflitos e por vezes reedita a memória de ancestralidade.

Ressalta-se, então, que o primeiro cruzeiro foi posto nesse lugar para a inscrição do catolicismo no território, apontando, assim, a sua religiosidade quando São João Maria teria tido contato com o casal ancestral. Nesse lugar se realizavam as peregrinações, portanto parte do território ancestral, onde se faziam as celebrações, por isso tido como lugar de forte sentido religioso, elemento de inquestionável sacralização e da inscrição no território negro. É o passado e o presente perfazendo um processo de ligação com a ancestralidade e com o território, no qual o diálogo acaba por fortalecer a identidade cotidiana, quando se tem como norte o desejo de permanecer na terra. Conforme Porto (2011), o catolicismo é a base dos valores sociais que orientam a comunidade, como é explicitado no seguinte trecho de dona Dejair, que também mostra o caráter profético desse catolicismo: "Aqui esse lugar nosso, eu creio que é uma terra sagrada, [...] porque quando o vovô Maurício entraro aqui já eles trouxeram Nossa Senhora, acompanhou eles na caminhada" (PORTO, 2011 p. 31).

Figura 8 – Desenho de Água Morna, Jean, 11 anos

Fonte: Porto (2011)

Figura 9 – Desenho de Água Morna, Kauana, 9 anos

Fonte: Porto (2011)

Figura 10 – Desenho de Água Morna, Thiago, 11 anos

Fonte: Porto (2011)

Figura 11 – Desenho de Água Morna, Thaís, 11 anos

Fonte: Porto (2011)

No desenho feito pela garotinha nominada acima, nota-se que a expressão da religiosidade se faz presente quando as crianças são chamadas a desenhar a própria comunidade. Os traços da religião católica ocupam um lugar de destaque no desenho, ao conferir legitimidade ao espaço de uso coletivo; a igreja é, assim, um lugar comum, carregada de significados, espaço de interação social. Nela convivem idosos, jovens e mulheres, e representa principalmente o sentido da própria história, convocada a dar respostas a uma realidade futura, sem que para isso perca seus elos de ancestralidade que perpassam o conceito de memória. A memória ancestral inscreve-se no território como um elo entre o passado e o presente por meio da fé (PORTO, 2011).

Não obstante, embora não exista mais o cruzeiro que simboliza a fé, a igrejinha continua a ocupar lugar de destaque na atualidade, fazendo a ligação dos moradores com o sagrado. Nela se realizam as missas, as quais reúnem jovens, parentes que vivem dentro e fora da comunidade.

Foi-nos concedida a oportunidade de participar de um ato religioso na mesma igreja em uma tarde de sábado, na ocasião, lotada de pessoas da comunidade. Como de costume, a figura singular da matriarca, mesmo na hora da celebração da missa, continuava a chamar atenção. Os que chegavam se dirigiam a ela para tomar a bênção (SANTOS, 20 nov. 2021, s/p).

3.14 Festas religiosas na comunidade Água Morna

Tabela 3 – As práticas religiosas da comunidade Água Morna

Romaria religiosa, praticada no dia 24 de junho de cada ano. Evento marca as comemorações do Dia de São João.
Reza de São José. Praticada a cada dia 19 de março como elemento que une a comunidade e gera vínculos afetivos entre seus membros.
Reza de São Roque. Realizada sempre no dia 19 de agosto.
Romaria de São João e a reza de Nossa Senhora Aparecida em 12 de outubro.
Reza de Nossa Senhora da Conceição. A cada 7 de dezembro.
A igreja da comunidade é a principal expressão de fé. Nela as missas ocorrem sempre no terceiro sábado de cada mês, às 16 h 30 min, e são celebradas por um sacerdote da cidade de Curiúva.
A recomenda é um hábito religioso para encomendar as rezas no Dia de Finados, que está se perdendo em função da idade avançada da matriarca da comunidade, tida como porta-voz das comunidades quanto ao passado ancestral.
Os outros símbolos religiosos, como as cruzes, foram sendo derrubados por máquinas a partir da entrada de agentes estranhos.

Fonte: adaptado pelo autor, com base em Santos (30 out. 2021, dados da pesquisa)

3.15 Membros da comunidade

Tabela 4 – Comunidade Água Morna, distribuição por faixa etária e gênero

Meninos de 0 a 18 anos de idade: 13.
Meninas de 0 a 18 anos de idade: 13.
Adultos homens de 18 a 60 anos de idade: 43.
Mulheres de 18 a 60 anos de idade: 34.
Adultos de 60 anos de idade ou mais: 6.
Mulheres de 60 anos de idade ou mais: 7.

Fonte: adaptado pelo autor (2022), com base em Santos (31 out. 2021, dados da pesquisa)

3.16 Informações socioeconômicas

Atualmente são 116 membros, distribuídos em 14 famílias que compõem a comunidade, e alguns deles vivem ou trabalham nas cidades vizinhas. As habitações dos moradores são bastante humildes. Geralmente são casas feitas de madeira pelos próprios moradores, e outras em alvenarias, girando em torno de 50 m² cada uma delas. As pessoas idosas que vivem junto ao grupo sobrevivem com o salário mínimo referente à aposentadoria, que recebem todo fim de mês em agência bancária da cidade de Curiúva. Cada família tem um pedacinho de terra equivalente a 1 hectare, situado no local mais íngreme do território, e complementa a renda com trabalho fora da comunidade. A população cultiva pequenas hortas e cria galinhas, porcos, tudo para o consumo interno. Com espaços insuficientes na comunidade, nenhuma família consegue sobreviver da terra, e, em função disso, as pessoas deslocam-se para buscar trabalho fora como forma de complementar a renda. Não existe criação de gado no interior da comunidade. O espaço físico é insuficiente para esse tipo de atividade. As sementes que usam para plantar são compradas na cidade de Curiúva, e dizem que atualmente o preço tem sido muito alto para aquisição. A comunidade não conta com escola nem posto de saúde dentro do território. Para poder ter acesso a esses serviços básicos, deslocam-se 3 km de transporte escolar até o bairro Felisberto, onde há um colégio estadual, uma escola municipal e um posto de saúde.

O principal ponto de diversão dos jovens tem sido o encontro de jovens que ocorre a cada 15 dias no distrito Felisberto, Xaxim, e na comunidade, nas dependências da igreja. A comunidade não conta com nenhum evento sobre o Dia da Consciência Negra. Também não professa religião de matriz africana, pois todos/as são católicos/as (SANTOS, 31 out. 2021, dados da pesquisa).

3.17 A questão fundiária em Água Morna

A trajetória da comunidade contempla a chegada dos ancestrais e a expropriação longa e lenta de suas terras, marcada pelo avanço da fronteira agrícola no estado do Paraná, no século XX. Desde então, o grupo tem desenvolvido estratégias de sobrevivência para fazer frente ao avanço do agronegócio na região. A expropriação é diversa e deu-se a partir da entrada de vários agentes econômicos, os grandes empresários da terra.

A história da comunidade quilombola de Água Morna é narrada por seus membros segundo dois eixos, sendo o primeiro o território e o segundo a inscrição do catolicismo nele. Os dois processos acontecem paralelamente, de modo que a construção do território não é alheia à sacralização, ambas interagem simultaneamente. O território, para os membros, constitui um processo complexo que se dá conforme a construção de valores tradicionais, refletindo, portanto, uma visão de mundo e, ao mesmo tempo, a expectativa de futuro inscrita nele. É um projeto de vida que está em jogo. É a tradição ancestral que dá significado ao presente (PORTO, 2011).

Nas narrativas de membros da comunidade, está presente a identidade e a defesa do território. Trata-se, portanto, de valores coletivos, religiosos e sociais presentes na construção do próprio grupo quilombola, marcado pela luta em defesa da terra e pela resistência em permanecer no território, ainda que este se encontre invadido por interesses que não os do grupo. Ainda assim, resiste a pressão das oligarquias que adentram o território.

A história dessa comunidade é assim demarcada pela negação de valores que são incompatíveis com sua lógica específica de viver. Em conversas com várias pessoas do grupo, percebeu-se que Benedita de Jesus e seu esposo, Maurício, ancoram a história da comunidade. A coesão dos discursos remonta à memória e à história desse casal. Na memória do grupo, no plano simbólico, eles continuam vivos, buscando a posse definitiva do território tradicional. É deles que as narrativas partem, e perfazem um enredo da luta pela terra e de valores ancestrais, no passado e na atualidade. Quando questionado sobre se tem esperança na titulação do território por parte do poder público, a entrevistada responde assim:

> *Muito, quanto antes que dê tempo da gente poder trabaia, né kkk. O nosso interesse é produzir mais prantar mais né. Tem meu filho que precisa trabaia né. E se preciso produzir ele fica aqui na terra né, se tivesse lugar de produzir na terra não precisava sair para fora. É preciso ter muito incentivo aos jovens.*
> [ENTREVISTA], 21 nov. 2021, s/p, dados da pesquisa.

A área original do território era de 11.634.045 m², da então Fazenda do Pinhal, com planta de 2 de setembro de 1914, adquirida por meio de doação de legitimação de posse de título concedido a Maurício Carneiro do Amaral, registrado em documento expedido pela Secretaria dos Negócios de Obras Públicas e Colonização, na capital Curitiba, em 6 de fevereiro de 1907, como consta na figura a seguir:

Figura 12 – Planta da Fazenda do Pinhal, datada de 2 de setembro de 1914 e titulada em nome de Maurício Carneiro do Amaral

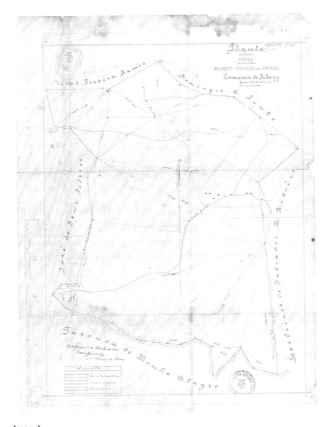

Fonte: Porto (2011)

Como se nota, a área em disputa é bastante significativa, porque, pela sua dimensão, garantiria a sobrevivência das famílias. Ao longo do século, os limites originais da fazenda foram sendo desfeitos por processos de invasão; assim, as chances de permanência na terra passaram a ser reduzidas a partir da presença de outrem (PORTO, 2011).

Não obstante, parece conveniente salientar que, nesse contexto, a situação socioeconômica da população negra liberta no século XIX, com a "oficialização" do fim da escravização, pouco se alterou em relação ao período em que se desenvolveu o escravismo. As desigualdades raciais continuaram incólumes, com um enorme contingente de pessoas de origem africana abandonadas à própria sorte. Nos quilombos, vivem um processo histórico de expulsão e violência da cidadania plena, e a esse respeito Alfredo Wagner Berno de Almeida *et al.* (2010) e Neuton Damásio Pereira (2015) advertem que, no chamado pós-abolição, milhões de descendentes de africanos/as ex-escravizados/as, agora na condição de pessoas livres, iniciaram as suas trajetórias em direção aos lugares mais marginalizados da sociedade. Sem emprego, sem educação e sem moradia digna, nem saúde e acesso à terra, estabeleceram-se nos mais precários lugares às margens dos rios e nas encostas nos grandes centros urbanos por onde chegaram, dando, outrossim, início ao ciclo de um longo período escravista, que ainda deixava as suas marcas e insistia em permanecer. É importante considerar que, após os mais de 350 anos de trabalho forçado, os negros/as nem sequer tiveram reparados os danos causados pelo escravismo colonial, não participaram da riqueza produzida por seus esforços durante a realização de trabalho compulsório no interior das fazendas e engenhos de açúcar, e as desigualdades raciais continuaram a ampliar o fosso social existente entre negros e não negros. A elite econômica tampouco os aceitava em seus postos de trabalho no ambiente urbano. A Lei Áurea não reparou danos nem aboliu a mentalidade escravista reinante na sociedade brasileira. De acordo com Pereira (2015, p. 33),

> Era preciso criar mecanismos para impedir o crescimento demográfico da população negra preta e mestiça e estimular a entrada de imigrantes, pois em período de meio século o Brasil seria um país de maioria branca e essa branquitude poderia significar um processo como o alcançado por países europeus. É o racismo operando por detrás de um discurso civilizatório progressista.

Sem o acesso à terra, era difícil a população negra se desenvolver com seu próprio trabalho, e há nisso um comportamento que afeta a própria existência do povo negro diante das condições de exclusão social e racial presente nas relações sociais. Pontua-se aqui que há um longo caminho a ser percorrido por esse grupo social em busca da cidadania plena. Diante das adversidades postas desde o século XIX, buscam burlar os mecanismos de exclusão social que atingem essa numerosa população, portanto a luta por igualdade racial em um país com os contornos raciais demarcados no nosso cotidiano, e, por certo, essa perspectiva, não passa por um discurso de cunho retórico, é uma situação de materialidade nas condições de vida desses grupos específicos. Converte-se, acima de tudo, em uma necessidade histórico-social, em um processo de simbiose entre o passado e o presente, e apresenta-se como bandeira não só dos afrodescendentes, mas de todo o conjunto da sociedade brasileira, nos seus mais variados níveis de organização social e política (ALMEIDA *et al.*, 2010; PEREIRA, 2015).

Conforme Almeida *et al.* (2010), de forma sistemática os negros/as foram expulsos dos lugares os quais escolheram para viver. Os quilombos existentes na geografia brasileira, urbanos e rurais, por séculos desenvolveram maneiras de burlar a violência do sistema para lidar com todas as opressões a eles dirigidas.

> A abolição formal da escravidão, oficializada pela Lei Áurea nº 3.553 de 13 de maio de 1887, não representou o fim da segregação e a falta de acesso aos direitos para os negros e negras, isso se refletiu fortemente nas comunidades quilombolas, constituídas em todo o país. (ALMEIDA *et al.*, 2010, p. 273).

Em se tratando das comunidades quilombolas, especialmente no decorrer do século XX, passam a sofrer as investidas dos fazendeiros que são umbilicalmente ligados ao poder político e econômico. Isso se mostra em função, de um lado, do interesse na manutenção da estrutura hierárquica do escravismo e, de outro, do desejo de liberdade, da luta por direitos, cultura, identidade e território (PEREIRA, 2015). O autor nos alerta que esse embate entre territórios quilombolas e interesses econômicos se intensificou ao longo do século XX, quando a terra passa a ter um valor capital. Megaprojetos rodoviários e a cultura do agronegócio contribuem para que as terras pertencentes a grupos negros sejam expropriadas. No mesmo sentido, Silva e Ferraz (2012, p. 76-79) salientam que,

> Deste modo, a formação de quilombos, após a abolição da escravatura, se dá em razão desses continuarem a ser, para muitos a única possibilidade de viver a liberdade. Construir um quilombo tornou-se condição de sobrevivência, visto que a Lei Áurea deixou os ex-escravizados abandonados à própria sorte: desprovidos de qualquer patrimônio, vivendo em absoluta miséria e tendo ainda que enfrentar as resistências e os preconceitos de uma sociedade que despreza sua cultura, sua visão de mundo e seu modo de vida. [...] Um número muito grande de quilombos no Brasil vive em situações consideradas alarmantes e em muitos casos, estão localizados em lugares afastados e sem condições necessárias para desenvolver a agricultura de maior qualidade. Falta documentação para obter financiamentos, empréstimos e subsídios para a produção [...].

Considerando as assertivas dos autores *supra*, observa-se que o contexto de comunidades negras no Brasil do século XIX de fato se configura como um problema de ordem social, política e econômica, especialmente em se tratando de uma parcela significativa da sociedade, que construiu as bases econômicas do Estado brasileiro. No entanto, esse novo momento da história reservaria poucos pedaços de terra nos grotões do território brasileiro, sob condição de convivência com expedientes expropriadores variados, como já foram expostos ao longo deste trabalho. Esses mecanismos, como se sabe, facilitaram que a população negra de um modo geral fosse em direção aos centros urbanos, e amargasse uma condição de vida insalubre.

As famílias de Maurício e de Benedita migraram até sua fixação, no fim do século XIX, no município de Curiúva, Norte Pioneiro do Paraná. De acordo com o laudo antropológico, é difícil estimar com precisão a datação da chegada do grupo ao território, isso porque não existem fontes históricas disponíveis anteriores ao século XX, portanto é difícil reconstruir um elo da comunidade que não seja o casal ancestral, de modo que a memória tem esse marco, tão somente. A união do casal Maria Benedita de Jesus e Maurício Carneiro do Amaral ocorreu antes, portanto, do fim da migração. Eles permaneceram um período em Castro, local que seria a senzala. A terra doada foi a Fazenda do Pinhal, titulada por legitimação de posse em nome de Maurício Carneiro Amaral. Como já exposto, o casal ancestral não dispunha de valores monetários para comprar terras. É a partir daí que o mercado de terras passa a exercer forte pressão sobre a região onde se localiza a comunidade (PORTO, 2011).

Figura 13 – *Documento da Secretaria d'Estado dos Negocios de Obras Publicas e Colonisação* reconhecendo, em 6 de fevereiro de 1907, a aquisição da Fazenda do Pinhal, por legitimação de posse, em nome de Maurício Carneiro do Amaral

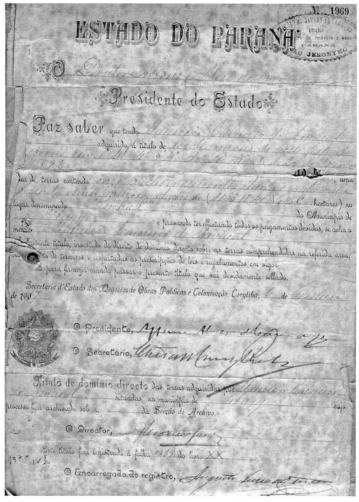

Fonte: Porto (2011)

Nesse contexto, cabe uma reflexão. A história-memória denota a expropriação territorial, pela qual o grupo será afetado, como de fato foi. Segundo relatos, o casal ancestral já avisava das lutas futuras, das perdas, das intromissões dos de fora. Como já foi dito, a coesão da comunidade Água Morna remonta a essa memória, é como se ela desse vida aos quilombolas e ao mesmo tempo orientasse a expectativa de futuro, sendo a terra o seu meio de reprodução simbólica. Sobre a origem do casal, a memória conta que os ancestrais fugiram da escravidão. Portanto, está aí a origem da comunidade quilombola Água Morna. A memória conta também que Água Grande foi onde se fixaram inicialmente.

Sobre a importância da memória, o historiador Joel Candau (2016, p. 124-125) referiu-se assim:

> A eficácia dessa transmissão, quer dizer, a reprodução de uma visão de mundo, de um princípio de ordem, de modos de inteligibilidade da vida social, supõe a existência de "produtores autorizados" da memória a transmitir: família, ancestrais, [...] como depositários da "verdadeira" e legítima memória, a transmissão social assegurará a reprodução de memórias fortes. [...] Não satisfazer o dever de memória é expor-se ao risco de desaparecimento.

Seguindo os rumos apontados por esse autor, a história oral registrada, acredita-se aqui, é de fato imprescindível, porque emana de sujeitos que vivem o processo histórico e, diante das adversidades, elaboram as narrativas sobre seu passado e sobre si mesmos, com enredo próprio e linguagem peculiar de grande interesse histórico. É um testemunho da história deles/as, falada por eles/as, com base neles/as. São de fato testemunhas do processo de expropriação que dura mais de uma geração. Se tomarmos como base o passado escravista, a andança do casal faz parte de uma estratégia de luta histórica pela liberdade, enquanto um povo que em momento algum se curvou à escravidão; a rota de fuga era, para eles e tantos/as outros/as ex-escravizados/as, a afirmação da insubordinação enquanto sujeitos históricos que vislumbravam viver fora da égide da violência e do tratamento degradante, característica do escravismo. Reitera-se, contudo, que, para eles/as, a conquista do território significava viver em liberdade. Não há como viver em comunidade longe da terra, morada dos ancestrais. As lembranças, no entanto, são o elo que os liga à terra, e, sobre o grupo, projeta-se uma perspectiva de futuro. Mesmo expropriado por interesses econômicos, o grupo apropria-se do território como bandeira de luta, atualizando a sua identidade diante de dificuldades que se impõem no cotidiano.

Abdias do Nascimento (2016) diz que a exclusão faz parte de uma estratégia de silenciamento e invisibilidade da população negra na atualidade. São, por certo, resquícios da escravidão, ainda presentes. A liberdade, no período pós-abolição, não representou acesso à cidadania para esse grupo, e indicou, de forma pessimista, que pouco se pode esperar de uma sociedade fundada no racismo e na violência contra esse segmento social. Para esse autor, o problema da exclusão do negro é racial, e, sendo assim, a libertação não resolveu o problema de marginalização dos ex-escravizados, categoricamente acrescentando que as

> Autoridades governamentais e sociedade dominante se mostraram perfeitamente satisfeitas com o ato de condenar os africanos livres, e seus descendentes, a um novo estado econômico, político, social e cultural de escravidão em liberdade. (NASCIMENTO, 2016, p. 81).

Consideram-se, nesse sentido, as indicações de Fernandes (2007), quando este afirma que o segmento populacional negro, depois da abolição, permaneceu à margem dos acontecimentos históricos de relevância nacional que se constituíram com base na exclusão dos processos produtivos. Tal pressuposto analítico demonstra que só entraram no "cálculo político dos brancos" enquanto perdurou a escravização. O trabalho realizado por sujeitos descendentes de escravizados, no processo de desagregação, deixou de ser relevante enquanto mão de obra. Isso porque o imigrante de origem europeia tornou-se um elemento principal na "reestruturação do sistema de relações de produção" (FERNANDES, 2007, p. 199-200).

O paradoxo, indica Fernandes, reside na ideia de que a sociedade brasileira, que tem a sua lógica fundada na sociedade de classes, traz como herança as hierarquias das relações calcadas na racialização da sociedade, tendo o negro como alvo. A manutenção de padrões raciais impostos por uma suposta hegemonia de descendência europeia das classes economicamente bem-sucedidas é um problema que impede que o segmento social negro rompa, sem ajuda de políticas públicas estatais, com a sua condição desfavorável no curso da história. Parece certo que o autor se refere à omissão do Estado brasileiro enquanto indutor de políticas públicas que visem à reparação histórica quando se trata do estigma da escravização sobre a população afro-brasileira. Não há nenhuma objeção quanto a isso. Para tanto, acredita-se aqui que, embora pareça inglória, a luta pela terra travada ao longo do tempo é um protesto contra o modelo agrário de concentração fundiária de lastro histórico que gera exclusão racial e social, notadamente, desse segmento da sociedade brasileira.

Indicam-se como problemáticas as questões que serão apresentadas a seguir. A questão da terra, especialmente quando se trata de comunidades negras, não obstante, passou a ser não um problema social, que deveria ser enfrentado pelo Estado brasileiro, mas um problema dos negros em si, como se estes fossem responsáveis pelas marcas da exclusão social. No Brasil, fala-se da questão do negro, da questão da mulher, da questão do índio como se os problemas que os atingem não derivassem da sociedade como um organismo que tem na sua origem a exclusão. Nisso reside a contradição arraigada na mentalidade colonial escravagista reinante nas relações que permeiam a sociedade no tempo presente. A mobilidade social plena da população negra só virá de fato quando houver planejamento estatal com políticas públicas consistentes de reparação social aos danos causados pelo escravismo, que reverbera no passado e no presente (FERNANDES, 2007).

Envolvido pelo estigma racial, o grito pela terra não causa comoção no seio da sociedade de classes e de contorno claramente racial. É como se o acesso à terra não fosse uma questão de suma importância para uma nação que se quer minimamente democrática. As desigualdades sociais e raciais que acometem um contingente significativo da população afrodescendente são, sem sombra de dúvida, antidemocráticas. Isso porque, aos olhos das elites fundiárias, historicamente, a possibilidade de elevação social do negro constitui-se em um elemento de ameaça à ordem social dominante (FERNANDES, 2007).

A noção capitalista fez com que parte importante do território fosse expropriada por agentes externos. Esse é o começo de um prolongado processo de perdas de vasta área quilombola. No começo do século XX, as terras da comunidade passam a despertar a ganância de interesse econômico conforme a valorização das terras da região Norte do estado do Paraná, e, nesse caso, o quilombo passa a se inserir nessa dinâmica de mercado com a valorização de áreas férteis que chamam atenção do agronegócio, que intensifica o processo de colonização e expropriação. A expropriação deu-se de maneira dinâmica e não homogênea, com vendas baseadas em estratégias ilegais e imorais, dando conta do uso da grilagem, amplamente conhecida no Brasil. Estratégias como enganar o grupo diante de sua humildade e até mesmo violência física são roteiros de um drama para esses sujeitos sociais. A falta de humanidade e respeito para com eles vai além de ocupar as suas áreas; isso porque as investidas se dão no sentido de violar uma forma de vida tradicional assentada em valores comunitários. Desse modo, sem dúvida, a comunidade foi sendo literalmente cercada dentro de seu próprio território, à medida que perdia as suas divisas, restando apenas uma área de pouco mais de 12 alqueires na parte mais acidentada do território (PORTO, 2011).

O período de maior drama deu-se na segunda metade do século, etapa em que se intensificou a chegada de terceiros ao território de Água Morna. Nesse espaço de tempo, que é marcado até a primeira metade do século XX, a comunidade encontrava-se plenamente inscrita no local, com a legitimação e a conquista de seu território tradicional, onde se tem a sua história. Nota-se que comunidades tradicionais entraram na rota dos interesses do mercado capitalista pela fertilidade de suas terras; e, no caso de Água Morna, por praticamente margear a rodovia. As áreas invadidas eram definidas como sertões, em que se desenvolviam pequenos cultivos agrícolas (PORTO, 2011). Um incêndio ocorreu, em 1963, na mata onde fica a residência do pai de dona Dejair, fato esse que marcou a vida da comunidade no processo de expropriação, depois de um injustificado aviso para que deixassem o local. Reza o laudo que, coincidentemente ou não, nesse local há uma concentração de terras nas mãos de uns poucos proprietários, caracterizando, assim, um processo de grilagem, no sentido clássico do termo. Na parte norte da comunidade, a expropriação deu-se de forma mais lenta, no geral a venda de pedaços de terras dava-se a preços muito baixos e até mesmo por barganhas que envolviam objetos como parte de pagamentos (PORTO, 2011). Essa questão apontada pela autora motivou a perguntar a um dos membros da comunidade Água Morna se se lembrava de como teriam se dado as vendas de suas terras, e ele se pronunciou da seguinte forma:

> *Rapaz, aí na época era coisa barato hein. Porque nessas áreas que a minha mãe vendeu na verdade esse tempo foi a média de não chegou a 1000 cruzeiro o alqueire, e tinha vez que entrava até móveis e até porco em tronco da terra. Pegava um pedaço de carne, que aconteceu com várias pessoas antigamente também comprava criação, um porco para comer não troco de até e as pessoas pegavam precisava naquele momento pegava e vendia a terra. Que nem no caso, a minha mãe meu pai, meus tios venderam por não ter condição de pagar as dívidas de trabalhado. sobreviver pegava a gente acabar só para sair um dia hoje e o pedacinho que tinha em outra cidade porque não tinha como sobreviver aqui as pessoas não tinha condição nele daí chegava as pessoas consertava um valor e vendi para ir pra cidade. Aqui morava a minha avó quando eu era criança trabalhava com meu pai e nóis tirava o sustento dessa terra.* [ENTREVISTAS, gravadas, guardando anonimato]. Entrevistador: Davi dos Santos. Curiúva; Água Morna, 2021-2022. 50 MP3 (1.500 min). 21 nov. 2021, s/p, dados da pesquisa).

A esse respeito, outro membro do grupo, que aceitou registrar a sua fala somente em diário de campo, afirmou que "a comunidade era pressionada a trocar a terra por sacos de feijão, que em certos casos, os que compravam a terra com uma parte em dinheiro e outros objetos como geladeira com parte do negócio" (SANTOS, 31 out. 2021, s/p, dados da pesquisa).

Quando se perguntou a um membro da comunidade se tinha expectativa em relação ao reconhecimento do território pelo poder público, ele respondeu que:

> A gente espera que isso aconteça, na verdade, a gente queria quanto mais logo, para a gente sobreviver e ter mais sossego na vida, porque aqui que tá muito apertado. Meu pai sempre trabalhava na lavoura, aqui no sítio a gente trabalhava muito em frente (pedaço de terra) mais vivemos sempre junto, fui ajudar ele, eu desde os meus oito anos de idade eu já acompanhava ele, e quando não estava junto com ele, estava com minha mãe. Sempre nossa vida foi aqui no sítio, sempre mexendo e trabalhando junto com eles. meu pai e minha mãe, meus irmãos sempre trabalhando, o que nóis podia ajudar nóis ia ajudando. A dificuldade é que nóis temo hoje é que nóis não podemos sobreviver na nossa terra porque nóis estamos rodeados né das pessoas que, como que eu posso dizer, há, dos fazendeiro né, que vêm vão comprando e vão plantando soja e calipto Hoje essas lavouras de soja e calipto eles estão praticamente plantando que nem você vê aí a roda da Casa nossa então, a nossa dificuldade é que nóis temos que deixar nossa casa aqui às vezes para ir trabalhar fora né para poder sobreviver. [ENTREVISTAS], gravadas, guardando anonimato. Entrevistador: Davi dos Santos. Curiúva; Água Morna, 2021-2022. 50 MP3 (1.500 min). 21 nov. 2021, s/p, dados da pesquisa.

Não é difícil imaginar que toda essa dinâmica não interfere diretamente na vida dos moradores, e, dessa forma, encontra-se Água Morna como parte do processo fundiário do estado, adentrando a cena de conflitos agrários, tão comum no Brasil. Essa problemática apresentada no relatório chama atenção pelo fato de que não se trata tão somente de uma comunidade em si, mas de um agravante que atinge centenas de comunidades quilombolas em todo o país, que, via de regra, orbitam fora da lógica econômica do agronegócio. Segundo Porto (2011, p. 47),

> A realização do inventário de Mauricio Caneiro do Amaral, concluído em 1944, representa um instrumento importante - sendo também um início significativo da inserção do território no mercado de terras. Houve, contudo, um extravio

de seu espólio expedido em 21/01/1944 (documento citado em outros mais recentes), segundo pesquisa realizada em Tibagi pela equipe de História de UFPR, em agosto de 2007.

A perda de documentos, de fato, é inestimável, e constitui um impedimento à reconstrução da dinâmica do grupo no território, especialmente na fase primeira do século XX. Ainda assim, o que importa é o fato de que a divisão das terras para os herdeiros não seguiu o rito econômico de exploração da terra. Mesmo a terra passando por processo de fragmentação, segue a premissa de uso coletivo, portanto, ainda assim, são garantidores de direitos. O período mais intenso das memórias de expropriação remonta a 1940, quando os ancestrais foram expulsos de onde teriam fixado as suas primeiras moradas, em Água Grande, que fica na parte leste do território, onde a terra é mais plana, e é também o lugar que marca o início da comunidade no território quilombola; por outro lado, o episódio marca o "fim da errância", o não lugar, para se fixar em um lugar determinado (PORTO, 2011, p. 50).

3.18 Comunidade Água Morna: terra e trabalho

A questão do trabalho é uma das principais preocupações dos jovens que vivem na comunidade. Há casos em que se deslocam para fora e têm que percorrer mais de 70 km até as cidades para trabalhar, como é o caso de um dos jovens de 29 anos que vivem na comunidade.

> *A ideia, pelos menos, é um dia retornar para trabalhar aqui. Mas por enquanto não tem condição né. Pergunta, você fica na cidade durante a semana? Não eu vou trabalhar e volto todo dia de moto ou de carro. Na verdade, eu vou até Telêmaco Borba e de lá, eu pego ônibus pra ir pro meu trabalho. Pergunta. Qual é a distância daqui até onde você trabalha? Há, dá uns 70 quilômetros. Se tornou quase como um caminho da roça daí não é tanta distância assim. Na verdade eu tô negociando uma casa lá pra alugar para parar lá por um tempo né. Mais, no momento eu tô indo e voltando. Faz uns dois anos já que vou e volto todo dia.* [ENTREVISTAS], gravadas, guardando anonimato. Entrevistador: Davi dos Santos. Curiúva; Água Morna, 2021-2022. 50 MP3 (1.500 min), 20 nov. 2021, s/p, dados da pesquisa.

Nota-se na narrativa que o fato do deslocamento para fora não é uma escolha, mas a falta dela. As dificuldades de sobrevivência são, para os jovens, um problema, mas que, segundo ele, *"acaba acostumando"*. Ele diz que tem interesse em permanecer durante a semana no local onde trabalha, mas que no momento percorre de moto cerca de 70 km da comunidade até o local, no caso, a cidade de Telêmaco Borba. A expectativa, segundo ele, é poder um dia trabalhar na comunidade, quando titulada. Na condição de expropriação, é difícil sobreviver da terra em quantidade irrisória, pois não há espaços suficientes para que as famílias possam realizar o trabalho nela. Esse é um problema que acompanha a grande maioria dos territórios quilombolas não titulados no Paraná e no Brasil. Eles apontam um agravamento do problema a partir da chegada de outros dentro da comunidade, como indica outro jovem, de 18 anos.

> Essa chegada de outras pessoas vai ficando muito curto a terra e não dá para fazer muita coisa. Não dá para criar nem animais porque a terra não consegue sustentar aquela quantidade de vacas para tirar o leite. A gente tinha animais, mais como chegou gente de fora, a gente precisou tirar os animais porque não tinha espaço. [ENTREVISTAS], gravadas, guardando anonimato. Entrevistador: Davi dos Santos. Curiúva; Água Morna, 2021-2022. 50 MP3 (1.500 min), 20 nov. 2021, s/p, dados da pesquisa.

Osvaldo Martins de Oliveira (2016) chama atenção para a ressonância que o passado tem no presente, em se tratando de grupos que buscam ressignificar as experiências vividas no território, com base na realidade presente. Na narrativa se nota que, conforme a negação de relações que os liguem à escravidão, é possível observar que "A história não é, assim, produto do passado, mas de uma exigência do presente. Por essa razão, tal discussão da história está relacionada não ao passado, mas o presente" (OLIVEIRA, 2016, p. 267). Mesmo com as dificuldades expostas pelo jovem, nota-se que sua identidade negra é bastante marcante nas falas. Essa parece ser uma estratégia de resistência às dificuldades existentes quando se fala de jornadas extenuantes de trabalho. A autoidentificação como quilombola norteia, dessa forma, os resgates de uma história social que faz sentido para o grupo. Isso faz mais sentido ainda quando se sabe que a juventude quilombola não tem memória histórica, então tece as suas lutas históricas baseando-se na realidade do presente. Ser quilombola perpassa uma dimensão política, como forma de buscar direitos a uma vida melhor, valendo-se do reconhecimento oficial por agentes públicos para assentar a autonomia de um projeto político de futuro mais horizontalizado, quebrando, por assim dizer, preceitos hierárquicos presentes na sociedade.

No depoimento *supra* está explícito o desejo de maior integração social, pelo simples fato de autodeclararem-se quilombolas. Esse conceito, presente no Decreto 4.887/2003 é valoroso, porque a nomeação como comunidade quilombola emana dos sujeitos envolvidos no processo de regularização fundiária. Não é um conceito atribuído pelo Estado, mas por eles/as, interferindo no ordenamento de políticas públicas e na própria história de comunidades quilombolas.

> [...] a luta pelo reconhecimento de direitos territoriais, a partir da efetivação dessas ações, pode representar uma mudança e subversão das regras do jogo até então prevalentes a definir para eles, e por que não para nós, outras formas de fazer história. (OLIVEIRA, 2016, p. 272).

3.19 Hierarquia racial, jovens quilombolas, mundo do trabalho e perspectiva

Florestan Fernandes (2007) aventa sobre a importância da quebra de hierarquias raciais e sociais e indica como certo que, diante disso, a discriminação é parte fundante da estrutura de uma sociedade de castas, cuja estratificação social era igual ao princípio de integração econômica e sociocultural do escravismo. Há, nesse sentido, em função da estratificação social, um fundamental paralelismo entre posição hierárquica na sociedade estabelecida sob a égide da hierarquia da sociedade de classes.

É certo acreditar, e concorda-se aqui com a análise de Fernandes (2007), que a dicotomia entre posição social e cor negra tem sido, ao longo do processo histórico, uma constante que determina o lugar dos descendentes de africanos no tecido social brasileiro. A ordem senhorial escravagista persistirá enquanto esses sujeitos sociais não forem plenamente integrados à sociedade brasileira, naquilo que lhes foi negado ao longo do tempo, pois sobre eles recai maior estigma do preconceito racial, que se materializa na exclusão social.

Em Fernandes (2007), esse contexto de exclusão racial é cristalino e sobre ele não paira dúvida ou dubiedade. A ordem social vigente no Brasil ainda guarda ressonância do escravismo, porque segrega esses sujeitos do seio social. Desde a abolição, inexistem políticas públicas de integração da população negra, e a esse respeito Fernandes escreve que

> É preciso que se note, nesse passo, que as manifestações de preconceito e discriminação raciais nada têm que ver com ameaças porventura criadas pela concorrência ou pela com-

petição do negro com o branco, nem com o agravamento real ou potencial das relações raciais. Elas são expressões puras e simples de mecanismos que mantiveram literalmente, o passado e o presente, preservando a desigualdade racial. Ao estilo que imperava no regime de castas. Isso significa, naturalmente, que onde o tradicionalismo se perpetua incólume, na esfera das relações raciais - por mais que se propale o contrário – ele acarreta a sobrevivência tácita do paralelismo entre "cor" e "posição social". (FERNANDES, 2007, p. 122).

Na mesma esteira de reflexão desse sociólogo, o historiador baiano Joel Rufino dos Santos (2013, p. 98) observa que o "Preconceito racial e discriminação são parentes sim do racismo, mas se diferenciam". De acordo com esse autor, o sentimento de superioridade é comum na história humana, sobretudo quando se trata dos povos de origem europeia, como é o caso. O etnocentrismo tende a acrescentar o medo do outro como uma ameaça, acreditando, por assim dizer, na própria superioridade intelectual e biológica. Nesse sentido, cor e raça são um aporte de sentimento de superioridade inerente aos primeiros, como uma etnia superiormente hegemônica.

Ao considerar o fim do processo da escravização negra, especialmente na questão da terra, começou-se a observar as diversas aldeias, coesas e espalhadas pelo território nacional. Isoladas geograficamente da própria sociedade (RUFINO, 2013, p. 98), redutos dos antigos quilombos, as comunidades negras são vistas como "terra dos pretos", "lugar de pretos", como se elas não fossem parte integrante do mundo camponês e da sociedade brasileira. Vê-se aqui a semelhança entre o que escreveu o autor e a fala de uma personagem quilombola. Quando perguntamos a uma mulher quilombola de Água Morna se já sofrera preconceito e se considerava a feitura do laudo antropológico na comunidade importante, ela respondeu que:

> *Não conheço. Sempre, sempre, a gente se reconhecia como comunidade quilombola antes do laudo tecido feito. A gente sempre foi criticado por causa disso né que a gente era conhecido como o bairro dos pretos pelos de fora. É que antes é que antes do laudo ter sido feito eles chamavam a gente só era os pretos né nem se reconhecia como comunidade quilombola ele chamar a gente de preto da água morna. Depois do laudo mudou muitas coisas também para a gente né muitas pessoas mudou o jeito de tratar gente.* [ENTREVISTAS], gravadas, guardando

> anonimato. Entrevistador: Davi dos Santos. Curiúva; Água Morna, 2021-2022. 50 MP3 (1.500 min), 20 nov. 2021, s/p, dados da pesquisa.

A fala, no entanto, vai na contramão de um discurso oficial de silenciamento e de invisibilidade diante dos de fora. Seu testemunho, como salienta a historiadora Marieta de Moraes Ferreira (2000), é um convite a examinar o passado e o presente segundo as demandas de sujeitos até então esquecidos. Isso porque a comunidade não é algo morto no passado, ela é dinâmica e se coloca como pauta de reivindicação na ordem do dia ao acenar ao poder público que está requerendo a posse do território. Ao negar a expressão pejorativa "preto", coloca-se como sujeito histórico de direito que reclama contra as práticas racistas, comuns na forma como, ao longo do tempo, são tratados. Mais que o direito à terra, é também o direito à própria história que está em jogo. Cabe, então, destacar que o fato de comunidades negras terem as suas narrativas sobre o passado silenciadas não quer dizer que estejam condenadas ao esquecimento eterno. Pelo contrário, elas representam uma possibilidade de resistência que se insurge contra um discurso oficial imposto por quem, por ora, ocupa o poder na esfera política do Estado brasileiro. Estão em jogo os valores familiares, a cosmovisão, as relações territoriais baseadas em um modo de vida camponês, que se contrapõem ao discurso oficial hegemônico.

Apontam-se como problemáticas as questões que serão apresentadas a seguir. A questão da terra, especialmente quando se trata de comunidades negras, não obstante, passou a ser não um problema social que deveria ser enfrentado pelo Estado brasileiro, mas um problema dos negros em si, como se estes fossem responsáveis pelas marcas da exclusão social. No Brasil, fala-se da questão do negro, da questão da mulher, da questão do índio como se os problemas que os atingem não derivassem da sociedade como um organismo que tem a gênese da exclusão. Nisso reside a contradição arraigada na mentalidade colonial escravagista reinante nas relações que permeiam a sociedade no tempo presente. A mobilidade social plena da população negra só virá de fato quando houver planejamento estatal com políticas públicas consistentes de reparação social aos danos causados pelo escravismo, que reverbera no passado e no presente (FERNANDES, 2007).

Envolvido pelo estigma racial, o grito pela terra não causa comoção no seio da sociedade de classes e de contorno claramente racial. É como se o acesso à terra não fosse uma questão de suma importância para uma nação que se quer minimamente democrática. As desigualdades sociais e raciais que acometem um contingente significativo da população afrodescendente são, sem sombra de dúvida, antidemocráticas. Isso porque, aos olhos das elites fundiárias, historicamente, a possibilidade de elevação social do negro constitui-se em um elemento de ameaça à ordem social dominante (FERNANDES, 2007).

Entretanto, essa realidade fundiária conflituosa envolvendo os agentes externos impacta a realidade do presente e o desencadeamento de um novo processo de migração para fora do território quilombola, motivado pelas condições pessimamente desfavoráveis. Muitos dos jovens quilombolas se deslocam em busca de trabalho. Esse é um dos graves problemas que derivam da expropriação fundiária.

Sem querer adentrar a história contrafactual, uma vez expropriados da comunidade Água Morna, pouco se sabe sobre o que o futuro reserva aos jovens quilombolas que se aventuram no mundo do trabalho diante de um quadro de crise estrutural do capitalismo. Além da relação com a terra, perdem-se também vínculos familiares. O sociólogo Ricardo Antunes (2005), contudo, oferece algumas pistas. É importante notar, nesse contexto, as mudanças provocadas no mundo do trabalho, especialmente no século XX, quando, diante das crises estruturais do próprio capitalismo, verificam-se elementos que apontam para esses jovens uma realidade ainda mais precária que a até então vivida. A precarização da força de trabalho, que em si provoca a degradação humana, é um elemento que atinge frontalmente jovens que moram em comunidades campesinas, considerando a lógica exclusiva da terra como produtora de mercadorias. O autor chama atenção para as relações precárias no mundo do trabalho na expressão de uma sociedade onde o valor capital a substitui. Essa é a definição mais completa dessa questão.

Não obstante, a atual conjuntura de uberização do trabalho e da suspensão de direitos sociais constitui-se em elemento que aponta para os caminhos de mais desemprego e mais precarização das relações de trabalho. Nas últimas décadas do século XX, o mundo do trabalho passou por sua maior crise desde o advento da industrialização. É uma crise no interior do capitalismo (ANTUNES, 2005). Nesse sentido, indica Antunes, a classe trabalhadora fragmentou-se, gerando ainda mais dificuldades de acesso ao trabalho, e, com isso, criou-se, diante de mudanças no interior do sistema, um trabalhador fragmentado no contexto da sua dimensão humana em condição de absoluta alienação, na qual, diante das transformações tecnológicas, despojou-se de sua identidade pessoal. A era informacional do controle tecnológico do trabalho no ambiente das fábricas produz um contingente de trabalhadores precarizados nas suas relações de trabalho, com baixos níveis de qualificação profissional, que os empurram para fora do mundo do trabalho.

Há nisso tudo um enorme passivo social causado por tais mudanças no interior do capitalismo industrial. É certo que Ricardo Antunes nessa análise não considera o componente racial e sua exclusão do mercado de trabalho, então se pode indagar com segurança: quais são, diante disso posto, as condições de jovens não brancos advindos de comunidades remanescentes dos antigos quilombos, como é o caso em análise? Tais trabalhadores em situação fundiária precária passam a compor o rol dos atingidos por tais mudanças não provocadas por eles, mas que os atingem diretamente. Enfrentam a difícil realidade de invasão de suas terras, a completa omissão dos agentes governamentais que deveriam proporcionar condições mínimas de permanência na terra, e nessas condições lhes resta enfrentar a realidade complexa quando em contato com o mundo do trabalho. Reaver as suas condições naturais de trabalho no âmbito físico-político do território em disputa é um ponto importante na afirmação de sua identidade enquanto camponês e, sobretudo, quilombola.

É então certo que o quadro apresentado por Antunes (2005) naturalmente se constitui em um drama individual e coletivo para esses agentes. Deslocados de seus vínculos coletivos, estes, na sua imensa maioria, tendem a adentrar os espaços urbanos em busca de emprego, por mais precário que seja. É importante pensar qual é o impacto que as mudanças do mundo do trabalho, especialmente em meados do século XX — tempo em que o território vem sendo vilipendiado por agentes econômicos —, na comunidade. Pode-se dizer que a luta pela terra perpassa também a luta do trabalho contra o capital quando este atribui o uso mercadológico da estrutura agrária no Brasil.

É o que aponta também o relatório antropológico dessa comunidade. É importante pensar em que medida a expropriação do território interfere na forma de vida da referida comunidade, tendo em vista o perene quadro de migração forçada, no qual são certamente os mais vulneráveis. Que sujeito político quilombola reside nesse complexo quadro fundiário em litígio? Essa é a preocupação da investigação da dissertação de mestrado. Que história oral é essa que se contrapõe à história de conflito agrário envolvendo

Água Morna? A questão a ser apontada consiste na influência da estrutura capitalista fundiária no município de Curiúva, Norte Pioneiro do Paraná, desde meados do século XX. Nesse sentido, importa saber em que medida a identidade de jovens quilombolas tem relação com a territorialidade:

> É que nem eu já te falei na pergunta anterior, é carregar uma história que vem dos antepassados eu conheço as comunidades quilombolas são todas unidas que nem antes nossos pais avós eles trabalhavam, tipo não a troco de ganhar o dinheiro, mas se ajudando. Um daí trabalhava na terra do meu avô, outro dia trabalhava na terra do [...], outro dia trabalhava na minha terra. Só que com essa chegada de outras pessoas a comunidade ficou pequena e os recursos já não podemos ter mais, como os empregos. Tem que sair para fora e aí que vem as dificuldades. [...] Igual o [...] falou, a gente sai, mas a gente sente, as pessoas de fora enxergam a gente como pessoa diferente pela questão da cor. [ENTREVISTAS], gravadas, guardando anonimato. Entrevistador: Davi dos Santos. Curiúva; Água Morna, 2021-2022. 50 MP3 (1.500 min), 20 nov. 2021, s/p, dados da pesquisa.

No momento em que esta pesquisa está em curso, teve-se a notícia de que uma família da comunidade que concedeu entrevista se mudou para trabalhar numa fazenda a cerca de 20 km do quilombo. Um membro da família informou que os eventuais serviços realizados até então nas vizinhanças acabaram, o que motivou o grupo a deixar a comunidade. Em uma das visitas, demonstrou-se interesse em conhecer o local da nova moradia. Em uma tarde de sábado, dirigimo-nos até a fazenda objetivando conhecer a nova realidade que a família vivenciava. Chamou atenção a geografia íngreme do local onde foram morar. As dificuldades de acesso eram imensas, estradas com muitas pedras soltas e terreno montanhoso. O veículo não conseguiu subir o morro, o que fez com que retornássemos, sem nem ao menos ter acesso ao local. Naquele dia voltei muito chocado para casa, pude testemunhar *in loco* como esses grupos negros sofrem na pele os prejuízos da perda de seu território. O local fica a 40 km de distância da cidade de Curiúva (SANTOS, 11 dez. 2021, dados da pesquisa).

A seguir, reproduz-se trecho da entrevista de uma criança que consta no laudo antropológico, para tentar examinar a percepção em se tratando de dificuldades financeiras de membros da comunidade. O detalhe é que a criança seria integrante dessa família que deixou o território em busca de emprego fora, como narrado anteriormente.

> Eu me Chamo Kauana, eu tenho 9 anos e meu pai se chama Rozildo e minha mãe Claudinéia, meu irmão Kauan. Vou contar um pouco do tempo passado. Antigamente Água Morna era uma fazenda que se chamava Coroado Piau e que se tornou uma comunidade muito pequena e que se chama Água Morna. Água Morna é uma comunidade unida e trabalhadora que também enfrenta várias dificuldades. Água Morna tem sua capela, todos participam de missas e com isto nós temos nossos desejos e não podemos realizar porque temos muitas dívidas e pouco dinheiro. E o dinheiro que nossos pais ganham dá pra despesa e para o nosso sustento. Nossos pais trabalham na agricultura e também de empreita. Todos têm seu pequeno lugar para plantar e morar. Eles plantam feijão, arroz, mandioca, e etc. Eles também trabalham na horta e plantam de tudo um pouco. Essas terras, que hoje são de fazendeiros umas foram vendidas e outras griladas. É o que meu avô fala. (PORTO, 2011, p. 63).

É possível observar que as crianças também têm uma visão sobre a situação financeira dos pais e apontam-na como um problema. A horta à qual ela se refere na narrativa já não existe mais. Essa pesquisa constatou que, por falta de política pública estatal de investimento em projetos comunitários, tornou-se inviável a continuidade da horta, pois, segundo os moradores, não tinham para quem vender os produtos. Aliada a isso, tem-se a falta de transporte e de conhecimento técnico que garanta o desenvolvimento do projeto. Hoje só existe o sinal de onde era a horta. Destaque-se que hoje a criança da narrativa é adulta e, a exemplo da família, também se evadiu para a cidade de Telêmaco Borba, em busca de emprego.

Nesse dia, a mesma jovem estava visitando a família. Na ocasião, foi um prazer conversar com ela sobre a vida na cidade e sobre a perspectiva de retornar à terra. Ao lhe perguntar *"O que mudou quando você saiu da comunidade em busca de emprego na cidade?"*, ela respondeu:

> *Então, eu de 12 anos para cá e com 9 anos eu já tinha uma noção que eu hoje com 23 anos lendo aquilo que eu falei, uma criança de 9 anos hoje não tem noção do que é trabalho na roça. Eu lembro que até hoje assim eu esperava meu pai chegar com a marmita para comer, aquela marmita que ficou o dia todo lá então eu tinha uma noção do que era não ter condição de se viver na comunidade.* [ENTREVISTAS, gravadas, guardando anonimato]. Entrevistador: Davi dos Santos. Curiúva; Água Morna, 2021-2022. 50 MP3 (1.500 min), 20/11/2021, s/p, dados da pesquisa).

Pergunta-se: "*Se o território for titulado, você retornaria? Que perspectiva você tem?*". Ela diz que:

> A titularidade é muito importante para a comunidade. Só que a comunidade não precisa somente da titularidade. Ela precisa de mais recursos porque não adianta nada ela ter toda a terra e não ter como fazer com que essa terra produza. Na verdade, hoje eu sou casada e tenho um filho. Na verdade, na cidade eu tenho que pagar escola pro meu filho. Se eu voltar como que eu vou ter o padrão de vida que eu tenho lá? Aqui não tem mercado próximo, não tem posto de saúde. (ENTREVISTA, 20 nov. 2021, s/p, dados da pesquisa).

Outra entrevistada relata os problemas que afetam o grupo de modo geral, como o desemprego na comunidade.

Pergunta: "*Qual é o ponto positivo e o negativo em viver na comunidade?*".

> Positivo é que aqui é nossa raiz né. Eu não saio daqui para lugar nenhum na cidade. Eu me dou muito bem com aqui é o nosso. As única vez que eu sair daqui foi para trabaia meio forçado mesmo né, as necessidade obriga a gente sair daqui mas a gente sempre tá retornando pro lugar. O ponto negativo é que a gente quer que as coisas melhore cada vez mais, não sei como né, mas Deus vai mostrar o caminho a gente quer umas coisas aqui mas não tem. [ENTREVISTAS, gravadas, guardando anonimato]. Entrevistador: Davi dos Santos. Curiúva; Água Morna, 2021-2022. 50 MP3 (1.500 min), 11 dez. 2021, s/p, dados da pesquisa).

Os vínculos familiares com o local, na visão dela, mantêm minimamente coeso o grupo, e isso fica patente quando fala que não deixa o local para morar na cidade. Relata que quando saiu foi para trabalhar e argumenta que foi por necessidade ou por falta de oportunidade. Nota-se que há uma angústia na narrativa ao afirmar que há interesse em que as coisas mudem, ou seja, ela vê o território como lugar de proteção coletiva baseado no trabalho.

Assim, vemos que se faz emergente a titulação de territórios quilombolas no Brasil. A reconquista de suas terras é a garantia não só de liberdade, como no passado, mas é, acima de tudo, a ampliação de direitos, no contexto da história do Brasil. Parece frustrado qualquer argumento que intente contrariar a dimensão das lutas das famílias negras quilombolas campesinos na perspectiva dos direitos. Segundo Silva (2016, p. 191-193),

> [...] a palavra quilombo, em certas ocasiões pontuais, aciona os horizontes emancipatórios do passado, correlacionado a visão de futuro, a novos projetos de mudança social e política. [...] Ao contrário do que temos visto nos argumentos trazidos pelos chamados "contralaudos", produzidos para tentar desacreditar as mobilizações pelos direitos coletivos das famílias negras pelos territórios, está cada vez mais difícil uma sustentação acadêmica que afirme tratar-se de lutas quilombolas de uma manobra artificial dos militantes negros, ou obra de ficção dos cientistas engajados nas lutas sociais. Tento também não me apegar ao argumento de que o quilombo vai deixando de ter importância, pois esta constatação não corresponde à realidade do que vemos nas mídias diversas no Brasil e nas revistas científicas internacionais.

Para Ricardo Antunes (2009, p. 165), o trabalho enquanto categoria se constitui em "fonte originária, primária, de realização do ser social". Registra-se, entretanto, que ele não está fazendo menção ao trabalho assalariado no contexto do capitalismo fabril do trabalho abstrato, mas emanado do homem no sentido ontológico, portanto um ser integrado à sociedade onde desenvolve as suas relações sociais. O trabalho aqui é um fazer humano, portanto produto das experiências na sua dimensão não abstrata, mas concreta, inscrito em uma sociedade emancipada. A autonomia de trabalhadores livres que se constitui no "[...] seu domínio efetivo do ato laborativo, mostra-se como fundante ontológico para a sua condição de ser livre e universal [...]" (ANTUNES, 2009, p. 165-166).

O autor advoga na sua causa do autodomínio do âmbito do trabalho como produto da vida não dominada por aqueles que exploram a força do trabalho, e, sendo assim, o trabalho é o momento de afirmação daquilo que de fato importa quando se tem como norte a finalidade das relações humanas na sua ampla dimensão de sentido. É, então, uma elementar experiência da vida no cotidiano, oferecendo respostas às necessidades da vida em sociedade. "Reconhecer o papel fundante do trabalho na gênese e no fazer-se do ser social nos remete diretamente à dimensão decisiva dada pela esfera da vida cotidiana, como ponto de partida para a genericidade para si dos homens" (ANTUNES, 2009, p. 166).

O autor quer investigar como o trabalho influencia a constituição do ser social dotado de experiências no processo histórico e como estabelece relações dialéticas na vida cotidiana quando se tem como indicativo a própria formação da consciência do ser social antológico. Faz-se necessário, então, nesse caminho, investigar as correspondências da vida dos sujeitos e as relações originárias com o trabalho enquanto categoria sócio-histórica, de modo a saber em que medida as interações entre a materialidade das inter-relações e a vida se relacionam no universo na esfera material da vida (ANTUNES, 2009).

3.20 Expansão do eucalipto, territorialização de empresas de papel celulose e desterritorialização parcial da comunidade Água Morna

Pretende-se analisar de que forma o avanço da produção de madeira ocupa dimensão no território paranaense, e como a territorialização de empresas afeta os recursos hídricos, elemento que interfere na vida da comunidade Água Morna. Objetiva-se ainda pensar de que forma a comunidade está sendo pressionada por processos complexos de expropriação, tendo como foco as plantações de eucaliptos até mesmo nas proximidades dos terreiros das casas, invadindo as fontes naturais de água. Esse ramo da monocultura é preocupante para grupos quilombolas, porque esse tipo de cultura é plantado especialmente em território íngremes, afetando direta e indiretamente comunidades tradicionais que se localizam nessas partes mais inclinadas do território. Esse tipo de cultura demanda pouca mão de obra, desde a plantação, o cultivo e a extração, que leva em média sete anos até a extração final para a indústria de papel celulose.

A seguir, vê-se o mapa para se ter a dimensão da situação geográfica do território.

Mapa 2 – Região entre Curiúva e Felisberto, onde se localiza a comunidade quilombola de Água Morna

Fonte: Porto (2011)

Ademais, apontam ainda outro agravante, a presença da cultura do eucalipto diante do quintal das casas, o que interfere no curso de água que abastece a comunidade, além dos prejuízos causados à biodiversidade local. Durante as visitas ao quilombo, testemunhou-se a variedade de culturas e principalmente das áreas de cultivo de eucaliptos margeando a estrada de acesso, e também em grande parte do território expropriado. A imensidão das florestas de eucalipto e de pínus, além da cultura da soja, faz parte da paisagem do território em conflito fundiário, como consta no diário de campo (SANTOS, 30 e 31 out. 2021, dados da pesquisa).

Figura 14 – Comunidade Água Morna, Curiúva/PR

Fonte: o autor (2021)

A imagem mostra a presença dos de fora, valendo-se da plantação de eucalipto. Esse pequeno pedaço de roça é da comunidade e está localizado na beira da estrada que dá acesso ao bairro Felisberto. Apesar de ser uma área pequena, os moradores esperam ter uma boa colheita de milho.

Em conversa registrada em diário de campo a respeito da extensão territorial, eles relatam o desrespeito com as matas de proteção ao rio, quando afirmam que

> O Rio das Antas é o principal que circunda a comunidade. Os fazendeiros não respeitam as matas ciliares e desmatam até o limite para plantar soja. De acordo com os relatos, há preocupação quanto ao futuro das nascentes dentro

> do território, por conta do avanço do eucalipto e do pínus, e indica que seria bom que tivesse um poço artesiano para abastecer o território quilombola, porque este está tomado por eucaliptos. (SANTOS, 30 e 31 out. 2021, s/p, dados da pesquisa).

As narrativas do grupo como um todo dão destaque à importância do Rio das Antas para a manutenção da biodiversidade no local, o que quer dizer que, apesar das presenças dos de fora no território, a comunidade mantém relação de respeito para com as nascentes e o rio.

A esse respeito, Porto (2011) escreve que, desde o fim do século XIX e início do XX, tem se intensificado o plantio de eucalipto para a produção de lenha na área correspondente ao território tradicional, cultura essa que tem afetado diretamente a vida da comunidade, além de trazer prejuízo aos recursos hídricos dentro da área do quilombo, situação que tem apontado uma problemática futura que interfere no meio ambiente. O quadro socioeconômico complexo do município de Curiúva dá subsídio para compreender a realidade da comunidade de Água Morna e, ao mesmo tempo, torna importante a sua demarcação por parte do poder do Estado brasileiro. Chama atenção o aumento significativo do crescimento da atividade madeireira em território paranaense, e também na comunidade Água Morna. A esse respeito, o quadro não é nada alentador:

> Torna-se, assim, possível perceber o crescimento de 577, 4% na produção de lenha no período, e de 812, 5% na de madeira em tora, sendo que, 96, 8% desta última é destinada a produção de papel e celulose. Para tanto, a presença da Klabin em Telêmaco Borba é fator explicativo de relevo. (PORTO, 2011, p. 25).

A autora demonstra preocupação em se tratando do avanço do agronegócio por parte da empresa de Klabin Celulose, que explora grandes áreas de eucalipto nos municípios de Telêmaco Borba e Ortigueira, na região Norte do estado do Paraná, empreendimentos que ameaçam a comunidade Água Morna pela sua capacidade de expansão sobre áreas de pequenos sitiantes, áreas de proteção ambiental e território tradicionais. A cultura do pínus e dos eucaliptos atua como uma intrusa nas dependências da produção familiar, o que pode acarretar a dissolução do manejo tradicional da terra e, concomitantemente, a saída desses grupos para fora. Não pairam dúvidas de que esse complexo quadro fundiário atinge, portanto, todo o modelo de organização familiar cuja base é a pequena propriedade, onde se desenvolvem laços de solidariedade, tais como as relações de parentesco, identidade e compadrio. Para a referida comunidade, a reivindicação do território é uma emergência (PORTO, 2011).

No território nacional, o avanço de eucalipto a partir da implantação do neoliberalismo que atinge o campo e a abertura do mercado, especialmente nos anos de 1990, foi importante para que grandes empresas nacionais e transnacionais de empreendimento da celulose pudessem pôr em prática os seus megaprojetos em regiões diversas do país. Os novos atores e agentes econômicos, no contexto da abertura econômica, impulsionaram a valorização de áreas que propiciam uma elevada rentabilidade com a redução do tempo de giro do capital, ampliando a sua condição de reprodução, obviamente com a generosa ajuda estatal,

> [...] e seus diferentes extratos de governos, nos espectros financeiros, técnicos e jurídicos, bem como as estratégias de convencimentos das populações locais para a aprovação dos projetos de introdução, desenvolvimento e expansão do monocultivo de eucaliptos. (RAMOS FILHO; MITIDIERO JUNIOR; SANTOS, 2016, p. 37).

A rapidez que a cultura do eucalipto vem tendo no Brasil, especialmente em comunidades quilombolas, e em outros setores da economia tem chamado atenção, e não deve demorar para que o país assuma a liderança mundial na produção de celulose proveniente das plantações de madeiras em território paranaense, tendo por consequência o conflito no campo envolvendo o agronegócio e as comunidades negras. Ainda de acordo com os mesmos autores, em um espaço curto de tempo, o Brasil ocupou posições de destaque nos rankings, entre 1975-2011, de produção mundial de celulose, além de ser beneficiado pelo fator tecnológico na sua colheita, o que demanda pouca mão de obra (RAMOS FILHO; MITIDIERO JUNIOR; SANTOS, 2016).

Observa-se que a escala nacional e mundial da plantação de eucaliptos para a produção de celulose e o processo de reorganização do próprio capitalismo no espaço físico do território brasileiro se deu de forma importante, e concomitantemente se tem a territorialização das grandes empresas nessas áreas tendo as chamadas commodities no período de 1975-2011, por meio de órgão responsável por cuidar da alimentação e da agricultura, cujo nome é Food and Agriculture Organization of the United Nations (FAO). A respeito da territorialização de celulose, Ramos *et al.* explicam que,

> [...] de fibra curta e de fibra longa são oriundos da Associação Brasileira de Celulose e Papel (Bracelpa); e, finalmente, as informações sobre as vendas globais, o ranking mundial das principais empresas, a produção de celulose papel e o quadro de funcionários das principais empresas transnacionais no período de 200/210 provieram do site da RISI, especializado em estatísticas mundiais do setor de celulose e papel. (RAMOS *et al.*, 2016, p. 39).

O que está sendo dito é que a territorialização de empresas dessa área em todo mundo tende a atender, em essência, aos objetivos do capital em sua escala abrangente, na qual se vislumbra o máximo de lucro, com amplo espectro de mercadorias para a venda, independentemente do que isso possa acarretar ao ambiente. O crescimento exorbitante da demanda por papel em escala mundial exerce no campo forte pressão em áreas de comunidades tradicionais, dando lugar a enormes áreas de plantio espalhadas no território. No mundo, a produção brasileira de celulose, de fibra longa ou de fibra curta, está inserida em um processo mais curto de produção, demandando menos tempo de produção. Quando se trata da rotação, o tempo médio do plantio até a colheita é de 7 anos para eucalipto; a cultura de pinos leva em média 15 anos. Esse tempo de produção naturalmente considera o clima tropical do Brasil. No mundo, de maneira geral, nas áreas de cultivo tradicional, esse tempo se amplia, chegando até 35-40 anos e 45-90 anos (RAMOS FILHO; MITIDIERO JUNIOR; SANTOS, 2016).

Para tais pesquisadores, os dados mostram o destaque do Brasil em relação ao tempo que decorre até a madeira ser levada por grandes caminhões até a fábrica, e principalmente à quantidade que cada hectare comporta de plantio, além do rendimento por hectare. Quando se trata das vantagens no campo comparatista, o Brasil, como se vê, sai na frente por conta das condições favoráveis; o clima, o preço baixo da terra, a mecanização do processo de produção são fatores determinantes para que ocupe esse destaque. Aqui, cabe ressaltar que tais condições de produção de biomassa, tendo a madeira como principal matéria-prima, favorecem a presença do capital no território.

> A produção de madeira em tora para papel e celulose dos países com terras situadas entre os trópicos cresceu a taxas superiores a 1.000% no período 1975/2011, com destaque para a Indonésia, Brasil e Chile. A Indonésia, em 1975 era o penúltimo produtor mundial (47º) e passou a ocupar o 5º lugar em 2011. O Brasil, por sua vez, ocupava em 1975 a

> 9ª posição e alcançou o 2º lugar em 2011. Considerando o período 2000/2011, a produção brasileira cresceu a uma taxa superior à da Indonésia (65,5% contra 50,5%) e os Estados Unidos reduziram a sua produção em 24,8% no mesmo período, fato que coloca o Brasil com grandes chances de ocupar o 1º nos próximos anos. (RAMOS FILHO; MITIDIERO JUNIOR; SANTOS, 2016, p. 41).

O crescimento desenfreado da produção de madeira, por certo, está inserido em um contexto de expansão do capitalismo em âmbito global, ao se colocar a busca por áreas que têm menores custos de produção e mão de obra barata para aumentar a lucratividade de seus produtos. Assim, é exercida uma forte pressão no território, utilizando ao máximo os espaços de proteção ambiental. O território aqui é usado na sua capacidade máxima de produção da madeira como matéria-prima para atender à demanda no mundo todo. Esse processo aviltante, em ordem global, deixa claro que não cessa a descoberta de áreas mundo afora, quanto às áreas de permanente exploração, mas o que se pretende é maximizar o grande fluxo da mais-valia em escala extensiva. E mais, aprofundou as válvulas de escape do próprio capital tangenciando um lucro absoluto, alertam os autores.

> [...] multiplicar as sobrevidas desse sistema sócio metabólico, através de novas formas novas histórias de exploração de classe trabalhadora, que determinou a totalidade intensiva. Dessa forma, o capital tanto pode avançar como totalidade extensiva através da incorporação de novos territórios, quanto como totalidade intensiva, ao utilizar as inovações técnicas e organizacionais para alcançar maior produtividade e lucratividade, explorando, assim, ao máximo as vantagens comparativas dos territórios. (RAMOS FILHO; MITIDIERO JUNIOR; SANTOS, 2016, p. 44).

A questão da territorialização de empresas de papel celulose via expansão dos fluxos do capital não é homogênea, pois diversos fatores interferem, tais como o geográfico, em que se permitem altas lucratividades, que tem na monocultura dos eucaliptos uma taxa alta de desenvolvimento, em se tratando de Brasil. A indústria de papel acaba, por assim dizer, exercendo um fator de atração e, ao mesmo tempo, de mobilidade do capital, que sem fronteira avança sobre os territórios e seus afins. Há, nesse sentido, uma premente necessidade do capital em ampliar as suas zonas de atuação e de escala de operação, tendo o uso do território como o lugar de reprodução permanente, tendo a totalidade extensiva como um meio de territorialização do próprio capital, na condição de exploração de recursos. No que se refere às relações sociais no âmbito do capital, elas são determinadas e, mais ainda, materializam o território, tornando pública a dominação do homem sobre o homem, e deste sobre a natureza, contribuindo sobremaneira para aprofundar as desigualdades sociais e raciais, ao mesmo tempo que reinventam e redefinem antigas relações no espaço territorial a fim de torná-lo mais eficiente em se tratando de meios técnicos e tecnológicos que chegam ao campo. Nesse caso, o que se vê é a subordinação da natureza e dos próprios indivíduos às incumbências determinadas pelo capital para fazer circular as escalas variadas de mercadorias (RAMOS FILHO; MITIDIERO JUNIOR; SANTOS, 2016).

Partindo dos pontos apresentados, no caso específico do território quilombola, o cultivo do eucalipto é tido como um problema para a comunidade Água Morna. Segundo relatos de moradores, isso tem prejudicado a organização do grupo como um todo e também afetado as nascentes que abastecem as famílias. Como se trata de uma cultura que demanda pouca mão de obra, as narrativas dão conta de que os de fora investem na plantação para, no espaço de cinco a sete anos, venderem-na para a indústria madeireira, sem com isso demandarem trabalhadores para os devidos cuidados. Segundo eles, o plantio de eucalipto serve para a especulação financeira de agentes externos que exploram o local; ou seja, há nesse sentido uma espécie de especulação financeira com o plantio dessa cultura. A esse respeito, salientou um dos entrevistados:

> *No meu jeito de pensar dependendo da área que o eucalipto é prantado ele pode fazer parte da renda sabe, mas tem parte que é prantado que prejudica muita água até os pedaços de terra aqui nóis prantamo e eu, no meu caso tem um pedaço, e eu tive que correr atrás de cortar eucalipto que não produziu na terra. Terra de calipto e cabeceira de água onde tem várias nascentes eles seca as minas. Que nós sobrevivia da mina da minha avó, hoje secô por causa do eucalipto, porque tá plantado em cima da cabeceira. Olha, a família do meu pai, nóis temo uma mina aqui e tá sustentando hoje cinco ou seis famílias e no caso que é essa que eu acabei de falar pra você, era uma mina excelente e nunca tinha secado, hoje, o calipto foi plantado perto da mina, pois hoje a água acabou tá seca a mina, na verdade. Então, né, a falta da água, na verdade a gente tem medo de no futuro faltar.* [ENTREVISTAS], gravadas, guardando anonimato. Entrevistador: Davi dos Santos. Curiúva; Água Morna, 2021-2022. 50 MP3 (1.500 min), 20 nov. 2021, s/p, dados da pesquisa.

Figura 15 – Comunidade Água Morna, Curiúva/PR

Fonte: o autor (2021)

A imagem mostra uma nascente que fica dentro do território expropriado, localizado perto do quintal das casas. No entorno da mina em extinção, existe uma plantação de eucalipto que é tida como principal causadora do secamento da fonte de água.

Nesse quesito, fazem-se aqui algumas ponderações que julgamos importantes. Diante da preocupação apresentada pelo morador do quilombo nessa narrativa, manifestou-se o interesse em conhecer e fotografar a mina que abastece grande parte da comunidade. Pediu-se permissão para fazer algumas imagens, o que foi prontamente atendido. Em uma tarde de domingo, algumas pessoas nos conduziram até a nascente dentro de uma pequena reserva de mato existente perto de uma das casas. Nesse caso, os moradores não derrubaram nenhuma árvore da vegetação que envolve a nascente, por uma razão simples, a preocupação com as gerações futuras, também partindo do pressuposto de que se trata de um bem esgotável. É interessante notar que grande parte das narrativas dão conta da preocupação com os recursos hídricos em escassez no território. Diante do testemunho como fonte, percebe-se que a expropriação não afeta tão somente as questões de ordem econômica, mas coloca em risco o abastecimento de água potável, um bem precioso para a reprodução da vida comunitária. Tem-se como certo, diante da narrativa, que esse problema apresentado relacionado à questão hídrica se soma aos demais, já amplamente apresentados aqui, a expropriação territorial constituindo-se em um agravante a mais que as famílias têm que enfrentar para continuar a viver no território, além de ser um fator que contribui para a saída deles do local em busca de melhores formas de sobrevivência.

Água Morna, por sua memória ancestral, carrega na sua constituição experiências históricas fruto de processo de resistência, pois apropria-se de sua identidade e reafirma seus valores culturais, mesmo que esteja vivendo, enquanto grupo, em um espaço que mal dá para o plantio da agricultura de subsistência. Mesmo assim, mantém vivos os elos que a ligam à ancestralidade, e, por essa razão, é um fato histórico relevante do ponto de vista historiográfico que se impõe como sujeito de direitos à estrutura agrária paranaense, negando, por certo, a lógica de uso privado de seu território. São vozes que categorizam uma emergência quanto à conquista da terra como meio de reprodução da vida (SANTOS, 21 nov. 2021, dados da pesquisa). Partindo desses pressupostos, Paula Carolina Batista (2019, p. 404-405) assinalou que

> [...] o quilombo torna-se um projeto de nação dos excluídos, sua grandiosidade de resistência faz valer o direito ao território, e ela transporta essa relação com o pertencimento da terra para sua existência. [...] O quilombo torna-se, então, um símbolo da resistência do passado e do presente.

Figura 16 – Mina que abastece a comunidade Água Morna, Curiúva/PR

Fonte: o autor (2021)

Essa mina é a mais preservada, pois está dentro do território que ainda está sob controle da comunidade, e no seu entorno a mata está devidamente preservada. Contudo, nas suas margens está a plantação de eucaliptos, o que para a comunidade é uma ameaça à permanência no local. Como dito na narrativa anterior, essa fonte de água abastece cinco famílias e é a única relativamente preservada. Quando questionada sobre a história das invasões das divisas, uma moradora diz que:

> *Olha a lembrança que eu tenho é que toda vida eles falavam que aqui era uma comunidade família. Pai mãe com os filhos, como família. Ai com o passar do tempo, que a mãe véia Benedita morava na Água Grande, aí aconteceu, que compraram o pinhal dela, o vô Maurício já tinha falecido, e ficou ela com a fia na casa, que era uma pessoa assim deficiente bem dizer. E daí ela vendeu o pinhal, quando foi para assinar os compradores a levaram pra fazer a desistência do pinhal pro home que comprô e ela assinou a desistência do pinhal e da terra. Então daí aconteceu que os compradores levaram ela para assinar os papel da desistência do pinhal. Ela desistiu com terra junto. Era inocente eles eram pessoa humilde, não tinha leitura nenhuma, e daí que foi a história, que ele conta. Essa época eu não tinha nascido mais ele já existia. E daí dali um pouco expursaro a mãe veia de lá pra cá. Então foi o começo da história, entende? Aí passaram para cá que o fio dela mais veio morava aqui, saiu da Água Grande e ele que abriu aqui que era sertão. Ele falava que aqui foi uma terra onde tinha de tudo. Então aí a mãe véia Benedita passou para cá e ficou até o final da vida dela. Mais foi uma vó que se os filhos não guardou o que ela explicou. Então eu participei de muita coisa que ela passou para gente. Ela falava assim, hó minha fia um dia se for da vontade de Deus, se vai ter tua família que passa vai contando a história da vida pro teus filhos, prum dia teus filhos passam pro fios deles ela falava. Quer dizer, nóis num pode deixar perder a nossa tradição, os nossos costumes, porque ela contava quando era neste tempo que quando eu comecei a caminhada com a santa é uma peregrinação. Antes de ontem eu saí com a santa aqui na comunidade, eu tava falando pros netos, fui e expricando para eles. Isso meu filho é uma herança que ela deixou para nóis da família, né [...].* [ENTREVISTAS], gravadas, guardando anonimato]. Entrevistador: Davi dos Santos. Curiúva; Água Morna, 2021-2022. 50 MP3 (1.500 min), 21 nov. 2021, s/p, dados da pesquisa.

O depoimento aponta o motivo pelo qual saíram de Água Grande, resultado de uma ação de má-fé para enganar a ancestral por seu compadre devido à situação de humildade e de analfabetismo, o que os deixa ainda mais vulneráveis à expropriação. Desprovidos de quaisquer proteções do Estado, a perda contínua do território está associada a processos de negociação do território dele com os de fora, em áreas grandes e pequenas. A única presença de serviço público na comunidade é o transporte escolar, que leva diariamente estudantes até o colégio estadual que fica no Felisberto, grupo rural não negro. Nota-se nesse processo a questão da vulnerabilidade do grupo perante os de fora, que se aproveitavam da situação de pobreza e de humildade para usurpar o território, se soma a violência simbólica.

Os argumentos eram de que as divisas estavam fora do lugar, para se forjar pretexto para avançar sobre a extensão territorial. Ressalta-se nesse sentido que as narrativas dão conta de que os agentes de fora se aproveitam da fragilidade e das condições humildes, que acabam cedendo a pressões impostas sobre seu território. Não há, portanto, nenhuma solidariedade para com eles, nem mesmo respeito a sua condição. É uma situação complexa de perda, envolvendo um quadro dramático, o qual a comunidade tem que enfrentar.

3.21 Projeto modernizador: o campesinato negro e pressão agrária sobre o território de Água Morna

A apropriação da terra pelo capital causa impactos de natureza social, política e econômica em terras tradicionais e interfere sobremaneira na forma de organização social tradicional em lugares historicamente ocupados por grupos tradicionais que sobrevivem do manejo da terra, gerando ainda mais conflito fundiário de difícil resolução. Água Morna tem sido, por essa ótica, prejudicada pela apropriação do agronegócio que adentra a região.

Roniery Rodrigues Machado (2018) explica que, no contexto de conflito fundiário, a expropriação é demarcada por relações capitalistas, além de integrar aquilo que se entende por projeto nacional de expansão, no qual a fronteira econômica do capital delimita o espaço ocupado pelos "civilizados", o homem branco perfazendo as relações de cunho meramente econômico, que explora a terra na chamada frente pioneira. E a outra que se inscreve na zona de ausência de recursos, mas perfaz a zona de expansão quando tardiamente se submete às relações de mercado, "mantendo relações não tipicamente capitalistas, mas que estão inseridas no sistema mundo do capital, uma vez que produzem capital. No limite da frente de expansão, se encontra a fronteira demográfica" (MACHADO, 2018, p. 164).

Seguindo no caminho desse autor, é importante frisar que situação da expansão capitalista de total desequilíbrio, por óbvio, é no mínimo emblemática para a comunidade Água Morna, que, ainda assim, mantém capacidade de resistir a uma situação hostil de sujeitos expropriadores que tentam imprimir um modelo que não necessariamente lhes interessa. Ressalta-se, contudo, que o caso em voga se estende a outras realidades quilombolas que lutam para a demarcação de seus espaços tradicionais. Para esses sujeitos histórico-sociais em voga, defender o território parece não ser uma luta inglória, pois nele existem valores civilizatórios de uma concepção de vida comunitária, cuja memória dos ancestrais atua como um contrapeso, assinalando uma história construída na e pela terra, que não dialoga com o modelo econômico empregado pela monocultura do agronegócio, algo que é trivial. Sem nenhum demérito verbal, no Brasil, paradoxalmente, diante do quadro de expropriação, manter-se na terra torna-se, para quilombolas, indígenas e outros grupos tradicionais, um ato de resistência. É preciso de fato lançar luz sobre a natureza histórica de tal evento enquanto pesquisa no campo historiográfico. A imagem a seguir demonstra a situação impactante de expropriação territorial, especialmente na segunda metade do século XX.

Figura 17 – Território expropriado de Água Morna, Curiúva/PR

Fonte: o autor (2021)

Como se nota, a expropriação mais aviltante do grupo em Água Morna perpassa o século XX, com agravante entre 1940 e 1970. Diante do exposto pela pesquisadora, Liliana Porto observa que, nesse período, áreas da antiga Fazenda do Pinhal já estavam vilipendiadas. Mesmo resistindo, essa situação coloca a comunidade a reboque dos agentes expropriadores, provocando uma situação de miséria, apontando para uma piora nos anos subsequentes. A resistência aos expropriadores, a luta para manter as divisas, a alegação de compras por terceiros demonstra a capacidade do grupo em permanecer no local enfrentando as adversidades.

As áreas de grande abrangência territorial perfazendo divisas com o Rio das Antas e que hoje estão tomadas pelos eucaliptos, soja e outras culturas estão totalmente fora do controle do grupo. Pressionados pela situação de pobreza, havia casos em que os próprios membros optaram por vender as terras para saldar as dívidas (PORTO, 2011). Quando questionada se se lembra de quando a comunidade começou a perder parte do território, uma líder quilombola responde assim:

> *Olha, o que eu lembro dessa época que começou as vendas de terra meu pai nós morava na anta, lá perto do Rio das Anta que o Rio das Anta divisa, daí então meu avô pai da minha mãe colocou nóis lá, ele deu uma frente para minha irmã falou com meu pai essa frente eu dei para mãe é para o senhor também se eu criar seus filhos era a Terra é um pedaço de terra frente. Então eu dei essa frente para filha do senhor que foi para criar seus filhos daí se eu fui, eu era pequena, mas eu lembro quando meu pai saiu da minha mãe carregada nas costas essa é uma memória que foi Deus que me deu e daí nós morava lá e daí aconteceu um dia que meu pai levou minha mãe de passear na casa do Zé e quando vortemo tava queimando a casa nós ficamos com a roupa que estava no corpo ninguém soube como é que foi que o fogo começou e queimou a casa lá aí meu avô pai da minha mãe buscou nós e trouxe para cá, daí foi feito a casa do meu pai perto dele perto dele, tia toda a família aqui nóis é que tava lá mais longe daí ele trouxe nós para cá e vendeu essa parte de terra daí vorta e meia nós fala que como o povo é malvado para lograr os outro. Aí meu avô trouxe nós para cá dizia ele que ele vendeu 5 arqueiro mas aí quando o homem foi medir já mediu quase a metade do terreno, aí vende um arquerinho para um melhor que ele para outro e foi assim o povo foi chegando ficamos aqui espremido, descanso dá para*

> nós viver, graças a Deus, mas volte meia eu tô falando aqui para o senhor ver, nesse pedacinho de chão quantos arqueiros que dá aqui com a reserva da mata. [ENTREVISTAS], gravadas, guardando anonimato. Entrevistador: Davi dos Santos. Curiúva; Água Morna, 2021-2022. 50 MP3 (1.500 min), 20 nov. 2021, s/p, dados da pesquisa.

Nessa região, é grande a concentração de propriedades de terra por parte de alguns fazendeiros, o que gera uma anomalia, que é a grilagem de áreas rurais de grande potencial econômico. Contudo, é aí que a construção da Estrada do Cerne passa a fazer parte do discurso modernizador de integração com outras regiões, sendo a estrada o principal corredor de mercadorias produzidas no Norte do estado, ligando-o à capital e à região portuária no litoral paranaense. Tendo sido iniciada em 1933 e concluída em 1939, a Estrada do Cerne imprime uma nova dinâmica, ocasionando a valorização das terras, o que chamou atenção do latifúndio e do agronegócio. A valorização exerceu uma forte pressão sobre a comunidade quilombola Água Morna e, obviamente, fora dela, inaugurando um modelo predatório de produção e expropriação de comunidades tradicionais e ao mesmo tempo afetando a biodiversidade da região, bem como os cursos de água (PORTO, 2011).

Além de cortar o município de Curiúva, a estrada serviu para escoar mercadorias rumo à capital e ao Porto de Paranaguá. Por mais de 20 anos, foi a principal rota de escoamento da safra de café, tendo sido substituída nos anos de 1980 pela BR-376, que corta o estado de norte a sul. A devastação de florestas de araucárias, que até então eram nativas, deu-se em grande escala com a atuação desregrada de madeireiras que se instalavam em áreas quilombolas para serrar as toras e vendê-las no comércio local. Desde o início, a presença das madeireiras teve um impacto negativo para o atual grupo de Água Morna, prejudicando sobremaneira a sua estada no território. Não obstante, assegura Liliana Porto,

> A inserção das terras locais no mercado capitalista terá, portanto, um duplo impacto nas comunidades quilombolas: em primeiro lugar, fecha o acesso a novas terras para os descendentes dos primeiros casais negros que se estabeleceram na região e formaram os atuais grupos de Água Morna e Guajuvira; em segundo lugar, representa o avanço, por terceiros, sobre o território destas comunidades através de grilagem ou compras por preços irrisórios. (PORTO, 2011, p. 22).

Mapa 3 – Mapa da Estrada do Cerne. O retângulo em azul sinaliza a proximidade com a comunidade Água Morna em uma distância de aproximadamente 20 km

Fonte: https://especiais.gazetadopovo.com.br/gpbc-ccr-rodonorte-arteria-do-parana/o-impacto-da-rodovia-nas-cidades/. Acesso em: 20 maio 2021

Inaugurada em 1940, a Estrada do Cerne foi, por cerca de 20 anos, o mais importante corredor de exportação da cultura cafeeira no estado, ligando a capital, o estado de São Paulo e outras regiões do estado; a estrada exerceu enorme pressão sobre a comunidade e seu território. O processo de perda forçada das terras a partir de 1940 iniciou-se com a construção da Estrada do Cerne (1933-1939), o que resultou em uma supervalorização das terras da região, sobretudo no município de Curiúva; além de intensificar a expropriação de terras de comunidades negras no interior do estado, na região Norte. Na parte norte do território quilombola Água Morna, a perda deu-se a partir da venda de pequenos pedaços de terra. Contudo, destaca-se a divisão da Fazenda do Pinhal entre herdeiros possuidores de plenos direitos (PORTO, 2011). O problema é que essa lógica de mercado de terras produziu um duplo impacto no tocante à comunidade quilombola de Água Morna. Negou-se, assim, o acesso dos casais negros às novas terras desbravadas que se fixaram e formaram os atuais grupos de Guajuvira e Água Morna. Destaca-se, nesse aspecto, o processo de grilagem de terras sobre os limites territoriais dessas comunidades historicamente estabelecidas (PORTO, 2011). Vale ressaltar que é um cenário de conflito fundiário dinâmico e complexo quando se trata da questão agrária no Brasil diante do processo histórico de expropriação territorial, principalmente quando se envolvem comunidades negras remanescentes dos antigos quilombos.

A população quilombola sofre nesse cenário uma expressiva desvantagem em todo o processo de mobilidade coletiva e individual. Existem poucas possibilidades de escaparem das limitações de uma posição social baixa. Nesse processo de expropriação territorial, perdem-se os recursos materiais e, principalmente, os simbólicos, pois na terra se vislumbra a reprodução de modo de vida diferente daquele dos não negros. Por certo, a complexidade em processos de expropriação não está restrita às comunidades negras paranaenses (PORTO, 2011).

Conforme indica Octavio Ianni (1981), não diferentemente do estado do Paraná, a estrutura fundiária no Brasil nos últimos anos tem sido palco de intensos conflitos agrários, a exemplo do município de Conceição do Araguaia, que tem sido protagonista nos embates fundiários, bem como na transformação da terra em mercadoria, no cenário nacional brasileiro. Trata-se do ensejo do desenvolvimento do capitalismo sobre a terra, em uma espécie de metamorfose. Se antes ela acomodava o plantio rudimentar e as moradias de famílias camponesas, de repente, tudo se transformou. Agora, era necessário o título, a posse registrada em cartório, denotando assim a formalidade da posse "legal". O modo de vida do campesinato era drasticamente influenciado pela apropriação privada do uso e da posse da terra, de modo que "Essa estrutura fundiária mudou bastante em 1970. Nesta data já era notável a influência dos incentivos e proteção governamentais, além das facilidades criadas pela construção de rodovias" (IANNI, 1981, p. 155).

O quilombola de Água Morna, em entrevista, demonstra o trabalho duro que sempre tiveram. Exalta com uma certa nostalgia a saga dos quilombolas em tempos passados na lida diária com a terra como meio de reprodução familiar. É interessante pensar na diversificação das atividades; ora trabalhavam para fazendeiros, chamados por ela de "safristas", ora na comunidade.

> Aqui foi um povo baiador a vida foi sofrida mas era o tempo de saúde, tá os homens no trabalho dele era era empreitada por safrista você quer hoje fala fazendeiro mas antes era safrista cortar empreitada os patrão tudo usando aqui trabalhar queria das empreitada começava a roçada e terminava na colheita era assim. Cada um tinha uma frente para trabaia, prantava assim ele fez muita roça pra vendê, depois passou um tempo aí vou tocar a pranta de algodão essa pranta ela agora que deu mais um pouco folha do algodão depois pararam algodão aí começou a lidar com bicho da seda, e daí depois terminou ali dos bichos-da-seda também aí era assim trabalhava para uns para o fazer uns pouco para nós. Adeus trabalhava sempre por empreitada quando apurava muito fazer um mutirão é um monte de gente vinha fazer as plantas para nós e depois quando plantava tudo os homens ia trabalhar nas fazendas nas empreitada a vida foi sempre assim aqui na comunidade sempre trabalhando muito trabalho eu sempre trabalhei desde cedo os fios sempre trabalhando. [ENTREVISTAS], gravadas, guardando anonimato. Entrevistador: Davi dos Santos. Curiúva; Água Morna, 2021-2022. 50 MP3 (1.500 min), 20 nov. 2021, s/p, dados da pesquisa.

Nesse contexto, a mais notável estratégia de luta dos/as descendentes de povos africanos contra o escravismo, em todas as regiões do país, foi a formação dos quilombos. O quilombo Água Morna está inscrito nesse contexto de permanência e de resistência dentro do território expropriado com o advento da expansão capitalista do projeto "modernizador" do campo.

Verifica-se aí o elo histórico que liga a luta dos quilombos atuais em defesa da terra. Há de se resguardar, portanto, as especificidades temporais em comum, a luta pela terra e contra a opressão que os identifica com o passado. Clóvis Moura (1988) indica que, historicamente, o quilombo foi a unidade básica de resistência ao processo de escravização, que se desenvolveu em qualquer lugar onde houvesse exploração do trabalho nas fazendas e nos engenhos. Grande ou pequeno, lá estavam oferecendo resistência e desgastando o regime escravista estabelecido. Os quilombos, na sua maioria, constituíam-se nas proximidades das estruturas dos engenhos. Por dezenas de vezes destruídos, reapareciam em outros lugares, fazendo frente, interagindo e negando, ao mesmo tempo, a dinâmica da vida social escravagista. Quanto mais se investia contra eles, mais comunidades surgiam em lugares diversos da geografia acidentada do Brasil colonial. Esses quilombos se estabeleceram como a principal força que se opunha ao trabalho escravizado nos engenhos de açúcar. Sua dinâmica dentro do tecido social vigente chamava atenção da ordem estabelecida. Não se trata, nesse sentido, de um fenômeno vazio menor e insignificante, sem importância do ponto de vista histórico-social. No passado e no presente, as comunidades quilombolas têm demonstrado capacidade de se reinventar dentro do processo social de exclusão, ao mesmo tempo que resistem tanto na dinâmica do regime colonial quanto na dinâmica de conflitos fundiários na atualidade. No contexto da sociedade escravista, constituíam-se em um contraponto ao oferecer resistência ao trabalho escravo compulsório, esfacelando "[...] as forças produtivas, quer pela ação militar, quer pelo rapto de escravos, fato que constituía, do ponto de vista econômico. Uma subtração "[...] as forças produtivas dos senhores-de-engenho" (MOURA, 1988, p. 103).

O historiador Flávio dos Santos Gomes (2015) assinalou que, mesmo com o fim do escravismo colonial, os mocambos e os quilombos continuaram a se reproduzir como verdadeiras comunidades camponesas em diversos lugares do Brasil. Continuaram em um intenso processo de deslocamento e, em alguns casos, desaparecendo e emergindo no contexto socioeconômico do campesinato brasileiro. É interessante destacar o processo dessas organizações camponesas negras no contexto complexo que é o quadro da expansão capitalista no pós-abolição, principalmente no transcorrer do século XX. O fato de desaparecerem e reaparecerem em lugares diferentes, como indica Moura (1988), demonstrava, por assim dizer, o deslocamento como forma de sobrevivência, haja vista que o quilombo também recebia pessoas brancas fugidas e empobrecidas buscando se livrar da tirania do colonialismo português. Manterem-se, do ponto de vista simbólico-político, era rumar mata adentro ao encontro de uma comunidade quilombola, por menor que fosse (GOMES, 2015). Seja lá, seja cá, para esses agrupamentos humanos, que tinham pessoas na condição de escravizados, estar na terra, e nela se locomover à revelia das insurgências promovidas, era a principal possibilidade de sobrevivência individual e coletiva. Por outro lado, as comunidades camponesas negras, principalmente no século XX, intensificaram as suas lutas para permanecerem na terra diante dos processos variados de expropriação, como é o caso da comunidade Água Morna de levar as suas demandas ao poder público. Esse processo intenso de conflito fundiário, como indicado anteriormente, não se deu apenas neste século, mas está ancorado no período longevo da escravização colonial.

O campesinato negro, cuja dinâmica se forjou na luta pela terra e em uma visão de mundo não hegemônica, tem relação direta com a história dos quilombos em todo o território nacional. No pós-abolição, a absoluta ausência de política pública foi fator determinante na invisibilização dos trabalhadores/as negros/as, uma vez que o poder político instituído não considerava sequer, segundo Gomes (2015), o lugar onde se estabeleceram as comunidades quilombolas, que a rigor se situam, de maneira geral, nos piores lugares do território nacional. Na sua imensa maioria, são afastadas dos grandes centros urbanos e de difícil acesso. A narrativa a seguir dá a dimensão da capacidade de reinvenção, mesmo diante de obstáculos quanto ao acesso à terra e à escassez de políticas públicas capazes de garantir minimamente alguma condição de cidadania. As relações familiares dão sentido à vida em comunidade, como exclama o relato a seguir:

> *Nossos filhos sempre teve um bom interesse em criar uma criação aqui, fazer uma pranta boa não tem como você vê onde que vai fazer pelo menos um potreirinho para ter um animal não tem espaço pra fazer uma mangueira pelo menos pelo menos pelo menos para criar um leitão. não tem espaço. Nós temos esse pedacinho e pranta um pedacinho o irmão dele pranta outro e o pai pranta o buraquinho para cá outro pranta para lá nós graças a Deus eu tenho só que agradecer. Porque mesmo pedacinho que eles planta já dá para remediar alguma coisa né mesmo no pedacinho que seja já dá para comprar alguma coisa. O companheiro ali coieu milinho dele. Já deu para vender um pouco e a filha ajudando criar os franguinho dela. Agora eu só rezo por essa família. Por todas as famílias porque tudo precisa o mundo precisa de oração essa saúde, porque o pouco com Deus é bastante. O muito sem Deus não é nada. Para comunidade é ruim porque prantaram eucalipto quase dentro da mina... e daí o soja através do veneno muito forte, então, não tem o que gente faze né [...].* [ENTREVISTAS], gravadas, guardando anonimato. Entrevistador: Davi dos Santos. Curiúva; Água Morna, 2021-2022. 50 MP3 (1.500 min), 20 nov. 2021, s/p, dados da pesquisa.

Figura 18 – A imagem é do milho colhido na pequena roça no fundo da casa onde mora a matriarca da comunidade água Morna

Fonte: o autor (2021)

O fragmento de memória aponta para um certo otimismo em relação à titulação do território, ao mesmo tempo que traz à baila situações que provocam problemas dentro da comunidade. Diante da ausência do poder público, resta recorrer à fé como forma de alimentar as esperanças no futuro. Percebe-se, como já mencionado, o catolicismo como componente da memória. A situação economicamente desfavorável força a recorrer-se a Deus como multiplicador daquilo que se colhe na terra, ainda que, como é o caso, a quantidade seja ínfima, resultado da plantação de pequenos pedaços de terra no entorno das residências. A religião constitui-se, assim, em aglutinadora de um discurso coletivo emanado da mulher quilombola, endereçado a minimizar a situação de exclusão social potencializada pela expropriação. Como se nota, a terra é de fato, para comunidades quilombolas, de suma importância, pelas razões já expostas.

Assim, seria possível trazer à luz, pelo exposto, a questão que envolve a justa distribuição da terra, que, não por acaso, nunca ocupou centralidade no debate nacional. De acordo com o pesquisador Roniery Rodrigues

Machado (2018), as elites políticas historicamente têm se mantido sob o monopólio da terra como estratégia para se preservar o poder político das oligarquias, constituindo-se em linha mestra da política nacional, especialmente no interior do Brasil, garantindo por certo os votos que os parlamentares do Legislativo central precisam para se reeleger nas suas bases estaduais. O autor observa que grupos econômicos ligados à estrutura agrária, ao longo do tempo, sempre deram um jeito de sabotar os projetos destinados à reforma agrária no país, acarretando o embate no campo e a consequente violência contra campesinos. Em outras palavras, ele diz que as elites não alimentam sobre o outro o senso de justiça, e o contato entre camponeses e latifúndios gera conflitos com potencial de mortes no campo. O conflito agrário, entretanto, está relacionado ao tempo do desenvolvimento do próprio capitalismo, sobretudo a sua influência nas fronteiras econômicas, que muito agrada setores do agronegócio, tendo como norte a questão econômica, motivo pelo qual se justificaria qualquer ato de violência, em uma perspectiva na qual o camponês é preso a um regime de servidão.

> A continuação da violência, dos massacres, da barbárie é corolário do monismo jurídico, incapaz de dar uma solução aos conflitos sociais no Brasil. [...] É sempre as classes dos senhores de terra determinando que continuarão com a suas terras independente se eles cumprem a lei e que os rigores da lei e do que está acima da lei valerá para os camponeses. Não é à toa que no Brasil é famoso o ditado "aos amigos, os favores; aos indiferentes, a lei; aos inimigos, os rigores da lei". [...] Os pobres do campo lutam por algo creem ser direito líquido e certo: a terra para viver e trabalhar com dignidade e cuidar dos filhos. (MACHADO, 2018, p. 157-158).

Gevanilda Santos e Maria Palmira da Silva (2005, p. 46) escreveram que, ao longo do tempo, "a formação social brasileira se estruturou combinando capitalismo e escravidão, o que implicou relações socio raciais desiguais entre negros, indígenas e brancos". Naturalmente, levando-se em consideração a natureza da formação social brasileira forjada segundo privilégios, resta certo observar que o silenciamento sobre comunidades negras é parte marcante do racismo institucional, conceito cuja compreensão ainda é muito recente. Surgiu a partir de 1980, quando o movimento social negro denunciou as condições desiguais em que está imersa a população negra descendente, concebida no âmbito social pelo prisma da escravização. As desigualdades sociais e raciais residem no acesso precário ou inexistente à saúde, à educação e, principalmente, ao mercado de trabalho, em todos os setores da sociedade. Por óbvio, a melhor forma de se conscientizar da importância desse conceito, o racismo estrutural, é pelo reconhecimento das desigualdades que acometem esse segmento populacional por parte da sociedade e do poder público.

Não obstante, centenas de comunidades e bairros negros nas proximidades urbanas não entraram nas estatísticas do poder público no pós-abolição. Segundo Gomes (2015), como parte dos antigos quilombos, os camponeses não brancos foram transformados em caboclos, pescadores, caiçaras, via de regra ignorados pelo censo do período republicano. Nesse sentido, constituía-se assim a ideologia de comunidades rurais isoladas, sendo muitas delas identificadas como comunidades negras descendentes de escravizados na lógica da exploração capitalista da terra — do isolamento à estigmatização. Segundo Porto (2011), as comunidades negras, nesse caso, passaram a ser isoladas pela falta de comunicação, de escolas, de postos de saúde e, depois, estigmatizadas por agentes da sociedade que os rodeiam.

Tendo como referência os apontamentos teóricos metodológicos de Gomes (2015), Porto (2011), Machado (2018), Martins (1996) e Santos e Silva (2005), no campo dialético, é possível assegurar que as lutas travadas em defesa da elaboração na terra de um modo de vida específico se convertem em um fenômeno de resistência em contraposição à estrutura agrária calcada nas grandes propriedades. Contudo, de outro lado, a tradição histórica capitalista indica que comunidades quilombolas devem ser combatidas do meio rural e, quando não for possível, que sejam ao menos empurradas para grotões onde não há como atrapalhar os negócios de grupos empresariais que atuam na terra. Se de um lado o Brasil é um país onde há uma forte influência das elites agrárias com lastros históricos encravados no colonialismo e no capitalismo na sua forma de expropriação, por outro, é o lugar onde grupos sem terras e comunidades tradicionais se colocam em marcha contra o status quo.

Figura 19 – Comunidade Água Morna, Curiúva/PR

Fonte: o autor (2021)

Na imagem, vê-se a plantação de arroz em Água Morna. Frisa-se que a produção é insuficiente para suprir as necessidades alimentares. Esse tipo de cultura tradicional de manejo da terra, dadas as circunstâncias, não garante a manutenção alimentar do grupo como um todo. Diante da situação de pobreza, relatam que o que produzem não precisam comprar fora.

Em sintonia com os/as autores/as citados/as anteriormente, nota-se aqui que, nesse sentido, as comunidades tradicionais e seus afins se constituem em base do mundo agrário em uma relação dinâmica, especialmente na defesa do território, como forma de reprodução da própria existência, que não se assenta epistemologicamente nas interpretações atribuídas às sociedades de matriz europeia. No caso de comunidades negras, sua forma de vida é ancorada na ancestralidade vinda de África, aportada aqui nos navios negreiros nos tempos imemoriais do colonialismo. Parte integrante do processo histórico, as comunidades quilombolas demarcam presença no sentido oposto daquilo que é apresentado como forma universal de exploração da terra quando a ela se atribui um caráter estritamente mercantil. Inexiste, a rigor, a possibilidade de diálogo, ou mesmo de algum ajuste, entre a concepção campesina do uso da terra e a perspectiva econômica emanada de grupos poderosos que exploram o campo desde os tempos remotos. São, na verdade, duas concepções de mundo antagônicas assentadas no desacordo e no conflito fundiário.

Não se objetiva com isso afirmar que a terra sob domínio de comunidades negras, campesinas ou indígenas estejam livres, em certo sentido, de algum tipo de exploração econômica — seria frágil tal afirmativa. Contudo, equivocado seria, então, supor que o nível de exploração econômico do território por parte de tais comunidades seja equivalente ao grau de exploração promovido pelo agronegócio, cujo fim é a maximização dos lucros. O que se deve observar, antes, é que a terra como tal deve primeiro servir para a reprodução de outros valores que não sejam em essência os de interesses monetários.

Acrescenta-se ainda que, sem o princípio de justiça social na sua distribuição, o território, ao invés da promoção da paz social, passa a ser um instrumento de opressão nas mãos de grupos que têm a seu dispor os aparatos estatais, jurídicos, políticos e econômicos, impedindo que grupos politicamente minoritários participem como sujeitos de direito na vida nacional. Não seria exagerado dizer que tomar a terra de forma antidemocrática foi ao longo do tempo a forma que grupos de latifundiários encontraram para a afirmação de um poder desproporcional no campo, especialmente em locais onde as terras oferecem claras possibilidades de exploração econômica. Essa assertiva de poder, formulada como tal, no passado e no presente, transforma em palco de guerra na imensidão do campo brasileiro, que se destaca na geopolítica local como território continental. Há nisso tudo um paradoxo de difícil resolução, sendo nesse universo nebuloso que a comunidade Água Morna está inserida enquanto emergência histórica na luta pela terra, em um quadro complexo de conflito fundiário.

Conforme Octávio Ianni (1981), na lógica campesina de ocupação da terra, estar nela desde os tempos passados já é mais do que suficiente para se ter o direito de permanecer nela, pois existe um vínculo histórico ligado aos antepassados, por si só razão que justifica a posse dela. Na concepção capitalista da exploração da terra, dono dela é quem possui o título, ainda que este, e é o caso, seja obtido por meios fraudulentos em cartórios onde o poder político e econômico dita as regras. Trata-se de processos históricos de grilagem de terras, principalmente as chamadas terras devolutas pertencentes ao Estado brasileiro. Para essas populações tradicionais, parece uma luta infrutífera e inglória. Sem o título em mãos, torna-se muito difícil para os camponeses se oporem aos grileiros e ao poder desproporcional dos agentes externos. É como se a identidade camponesa da terra se diluísse na questão fundiária. É aí que reside o estranhamento que dialoga com a perda da identidade territorial coletiva.

3.22 A questão da terra no Paraná: colonização dirigida do Noroeste

Passa-se a considerar agora a questão fundiária no extremo Noroeste do estado do Paraná, tendo como norte os processos de colonização dirigida e os conflitos no campo oriundos do avanço da fronteira agrícola, especialmente no século XX, e considerando nesse contexto as narrativas da comunidade Água Morna como contraponto ao discurso de modernização fundiária.

Não diferente do restante do país, a questão da terra e os conflitos no campo no Paraná são um caso emblemático, pelo caráter de concentração fundiária e pela violência, tendo em vista o monopólio do capitalismo sobre ela. Isso porque se abriu mão de acessá-la por vias legais, e optou-se pela grilagem de grandes extensões de terras públicas, deixando em segundo plano a justa distribuição dela para a reforma agrária. Por mais emblemático que possa parecer, com o aval do governo do Paraná, as companhias colonizadoras intensificaram o embate pela apropriação de vastas áreas no território paranaense, especialmente no transcorrer do século XX. É nesse contexto que se nota a presença dos interesses econômicos sobre a terra e seu avanço sobre ela. Trata-se de megaprojetos de colonização promovidos pelas empresas colonizadoras de grupos privados com suas sedes centrais instaladas no exterior. É nesse complexo quadro sociopolítico e econômico que se assenta a emancipação política do Paraná enquanto província de São Paulo, que em 1853 deu início à marcha colonizadora do extremo Noroeste do Paraná (SERRA, 2005).

Tomando por base o pensamento do autor, parece certo problematizar o impacto de megaprojetos colonizadores como esse em curso em comunidades tradicionais negras. Seria então ingenuidade supor que a marcha colonizadora em território paranaense não afetou as comunidades quilombolas em âmbito estadual. O nível de violência da estrutura fundiária, aqui, reflete o drama da terra em todo o país. Para as comunidades quilombolas, os benefícios são inexistentes, restando apenas a condição de expropriadas, cabendo tão somente lutar para não perder os pequenos espaços que restam do território tradicional, mesmo parcialmente expropriado.

Se para o quilombo Água Morna os benefícios são exíguos, por outro lado, para o agronegócio há uma relação bastante diferente e desigual. É preciso saber quem de fato desfrutou dos benefícios desse processo todo e quem perdeu; essa pergunta é de fácil resposta, em se tratando da forma como a terra foi distribuída na estrutura geográfica fundiária brasileira. O ponto aqui não é a questão ambiental, que mereceria uma atenção especial — não é necessário, à luz do processo histórico, esforço para chegar a uma conclusão. Nunca houve, contudo, equidade quando se tem a terra como forma de reprodução. No entanto, a questão territorial é fundante para a comunidade quilombola, pois nela se pode minimamente garantir a reprodução cultural e econômica, e é nesse sentido que membros de Água Morna, a respeito da terra, elaboram expectativas quanto ao reconhecimento público de direitos territoriais:

> A gente espera mais cedo né, porque a gente precisa ter sossego na vida e poder trabaia mais tranquilo né então a gente a gente precisa da titulação da Terra quanto antes. A gente trabaia numa correria né porque sobreviver aqui nesse pedaço de terra é complicado. Meu meu pai trabaiava muito aqui no sítio e a gente trabalhava muito na lavoura aí fora para gente poder sobreviver, aí nóis crescemos sempre ajudando ele desde meus oito anos de idade já acompanhava ele aí no trabaio. [ENTREVISTAS], gravadas, guardando anonimato. Entrevistador: Davi dos Santos. Curiúva; Água Morna, 2021-2022. 50 MP3 (1.500 min), 21 nov. 2021, s/p, dados da pesquisa.

O processo de invasão de terras tradicionais é longo. Na região Noroeste do estado do Paraná, por exemplo, a expropriação remete a uma situação de conflito territorial anterior à Proclamação da República. Sob a égide de um discurso modernizador, os grandes empreendimentos de obras públicas, como a construção de estradas e ferrovias, são uma parte que marca a história política paranaense, na lógica do desenvolvimento capitalista, é claro. No caso em questão, a obra a ser paga com vultuosos montantes se dava por meio de concessão de terras de controle estatal, endereçadas à iniciativa privada como forma de pagamento por serviços prestados ao Estado do Paraná, como a abertura de estradas e a construção de ferrovias.

A malha viária do estado remete-se a um discurso de modernização do campo, portanto de progresso patrocinado pelas elites econômicas e políticas. Tal discurso gerava entusiasmo, especialmente nas oligarquias agrárias, que, historicamente, sempre viam a injusta estrutura agrária como quintal, o lugar certo de maximização de seus lucros, isso porque as rodovias e as ferrovias geram especulação imobiliária, valorizando sobremaneira o território por elas cortado, exercendo, por óbvio, a pressão sobre o campesinato (SERRA, 2005). Inexistem dúvidas de que megaprojetos interferem na vida no campo.

A construção da Estrada de Ferro São Paulo Rio-Grande, cujo objetivo foi interligar o município paranaense de Guarapuava, entre outras regiões, de acordo com os governos federal e estadual, era uma obra considerada estratégica para a ligação ferroviária entre Rio Grande do Sul e São Paulo, perfazendo, assim, as rotas do tropeirismo. A destinação de terras da União e do estado para cobrir dividendos com o setor privado que promovia obras públicas era tida à época como normal. Assim, a relação promíscua entre o público e o privado era naturalizada, e em nada surpreendia as elites que atuavam no campo. Foi dessa forma que as terras devolutas foram sendo em um processo acelerado entregue às empresas colonizadoras, tudo em nome do progresso.

No caso ora em análise, a empresa colonizadora era a Brazil Railway, de origem inglesa, contratada em 1920, e passou a executar de imediato a obra, com denominação Companhia de Estradas de Ferro São Paulo-Rio Grande (CEFSPRG) (SERRA, 2005).

O apontamento teórico de Serra permite fazer uma observação. Como se percebe, a relação entre poder estatal e poder econômico privado é bastante íntima, tanto na ação quanto na elaboração de um discurso de projeção do capitalismo por meio de suas fronteiras agrícolas que atravessa o século XX e adentra o século XXI. Não seria talvez abusivo afirmar que a fronteira agrícola avança sobre grupos tradicionais em proporção semelhante ao desenvolvimento dos espaços urbanos por meio do capitalismo industrial. À medida que a terra paulatinamente vai adquirindo valor capital, o ambiente urbano em franco desenvolvimento vai acompanhando tal crescimento, ancorado, por certo, no discurso de modernização da estrutura fundiária, angariando também a especulação imobiliária sobre o campo e as cidades, de modo que tal expansão, na prática, representa uma ameaça a povos tradicionais. São na verdade projetos ameaçadores de padrão de vida que destoam da visão mercantilista imprimida no campo. Nesse processo, os fazendeiros do agronegócio ocupam o lugar de senhores de engenho do Brasil colonial, na forma e no conteúdo, isso porque, desde o escravismo, a estrutura agrária pouco se alterou, e ao adquirir valor capital se diz quem pode permanecer nela. O interesse de empresas colonizadoras sobre o espaço agrário, assim como o seu uso econômico, conta com prerrogativas, ou no mínimo a omissão do Estado, e passa a estimular níveis assustadores de violência, desencadeando conflitos agrários no território brasileiro. Os valores de povos tradicionais estão em contraposição à forma pela qual as elites oligárquicas lidam com a terra. O embate fundiário dá-se, portanto, no campo dialético e com perspectivas de mundo distintas.

Por meio de sua proposta brasileira, a Brazil Railway Company, a EFSPRG assegurou o direito de receber uma generosa quantidade de terras, que chegou a 2,1 milhões de hectares de terras devolutas. Do montante, 500 mil hectares foram entregues à concessionária da empresa inglesa, Companhia de Viação e Comércio – Braviação, de grupos empresariais do estado de São Paulo, cujo ramal que acessava Guarapuava ficou sob a sua responsabilidade para execução das obras. Para esse segmento econômico prestar serviços de obras públicas ao estado do Paraná, era por certo um negócio bastante rentável, pois dessa forma era garantido o acesso a vastas extensões territoriais, cujo fim era afirmar a expansão do capitalismo por meio da fronteira agrícola, maximizando o conflito fundiário, tendo como personagens pequenos agricultores e comunidades tradicionais. Dessa forma, acrescenta o autor,

> É nessa área que se localiza a porção Extremo Noroeste, onde se localizava atualmente 20 municípios de pequeno e médio portes, tendo o município de Paranavaí como principal unidade administrativa e o município de Querência do Norte como maior palco de conflitos rurais. (SERRA, 2005, p. 1.420).

Como já esperado, as empresas colonizadoras, no entanto, exigiam que, conforme as obras fossem avançando, o Estado deveria ir titulando as terras remetidas ao pagamento dos contratos públicos de prestação de serviços. Os autores destacam, entretanto, as grandes extensões de áreas destinadas a essas concessionárias colonizadoras. Nesse período, o Estado perdeu o controle de grande parte de suas terras devolutas em favor do capital financeiro que historicamente age sobre a terra. Uma vez titulada, a Braviação assumiria o domínio sobre grandes áreas, corroborando o aumento de inúmeros processos de expropriação territorial de camponeses presentes no vasto território paranaense (SERRA, 2005).

A corrida pela lavoura cafeeira fez parte da história política paranaense, acelerando, assim, o processo de migração. Para trabalhar nas lavouras, no ano de 1929 chegaram cerca de 1.400 famílias vindas do Nordeste em direção à Fazenda Brasileira, empresa colonizadora. No auge desse mesmo ano, ela era a única que contava com cartório para respaldar as devidas grilagens de terras, onde também se registravam os nascimentos, os casamentos e os contratos de trabalhos. Sustentada pelo boom do café até então, a propriedade sofreu o seu primeiro revés político e econômico com a Crise de 1929 nos Estados Unidos da América, quando da quebra da Bolsa de Valores de Nova Iorque, fazendo despencar o preço do café em todo o mundo. A crise internacional arruinou o agronegócio paranaense, atingindo fortemente a Braviação (SERRA, 2005).

Outro problema de natureza política se deu com a chegada de Getúlio Vargas, que ascendeu ao poder central em 1930. Este passou em sua gestão a adotar políticas que não eram tão alinhadas aos interesses das oligarquias nacionais e locais, atingindo os chamados barões do café. As vísceras das debilidades das oligarquias do café estavam expostas pela crise. Conforme indica Elpídio Serra, Mario Tourinho, interventor federal designado por Vargas após o afastamento de Afonso Alves de Carvalho, governador paranaense, aproveitando-se do momento político nacional, editou o Decreto de Lei de número 300 no dia 3 de novembro de 1930, retomando parte das terras destinadas à Braviação, empresa colonizadora do Noroeste do Paraná, detentora da Fazenda Brasileira (SERRA, 2005).

Mario Tourinho, além disso, fez retornar ao controle do estado 6 milhões de hectares de terras, produto direto da grilagem. Havia por parte do estado o interesse de se criar regras para o incentivo ao processo de colonização tendo em vista a repartição, base da divisão de terras férteis e agricultáveis, muito embora esse mecanismo tenha contribuído para acirrar a luta pela terra, como se verá adiante. Da colonização, participavam grupos econômicos do próprio Estado. Indica o autor que a materialização do interesse se deu por meio basicamente de dois instrumentos jurídicos, que foram o Decreto 800 e a Lei 46, indicando que deveria haver critérios básicos de apropriação de terras e, ao mesmo tempo, permitindo que a iniciativa privada pudesse pleitear o acesso à terra, regra essa devidamente posta na Lei número 46. O que está em voga é que, da parte governamental, havia a permissão e até mesmo o incentivo para que os representantes do empresariado privado ocupassem grandes extensões de terras da região Noroeste (SERRA, 2005).

As formulações desse autor trazem à baila o incentivo público ao uso privado da terra, razão pela qual se têm tantos conflitos no campo. Há, assim, motivo suficiente para ao menos imaginar que tais políticas minimamente estão em consonância com um frágil princípio de justiça. É importante destacar que a mudança no cenário político no começo da década de 1930 não necessariamente freou o processo colonizador. Isso porque o projeto de avanço das fronteiras agrícolas corria a longos passos, à medida que as áreas devidamente escolhidas eram de imediato direcionadas ao capital privado (SERRA, 2005).

Nesse rumo, apontado por Serra, parece que o fato mais grave é que se trata de transferência de áreas de domínio público para a iniciativa privada, incluindo generosas formas de facilitação e baixos preços, que assim tornaram o negócio próspero sob a compra de frações de terras denominadas loteamento. O poder público, de forma absolutamente descomprometida com quem da terra tira o seu sustento e dela forja uma forma de vida, pouco se importou com os impactos de tais ações. O saldo, é claro, foi a geração da violência advinda da estrutura agrária contra os que detêm a posse da terra há décadas nesse mesmo século. Nisso tudo, o que importa como categoria de análise é lançar luz sobre o uso econômico por parte do megaprojeto de infraestrutura assentado tendo a terra como um meio para atingir ganhos.

Nesse contexto, os relatos de história oral de um morador da comunidade Água Morna, território envolvido em conflito fundiário desde o início do século XX, estão em contraposição a isso. Há, nesse sentido, reclamações feitas a respeito da invasão de suas terras, tendo em vista esse contexto sociopolítico do avanço de fronteira agrícola em território estadual. Naturalmente, nessa concepção se tem incalculáveis prejuízos causados pelo avanço da fronteira agrícola no território quilombola, indicando que:

> *Então essa área de frente à casa minha aqui, bem antes no tempo que era da minha avó aqui, aí ela faleceu e ela dividiu entre os filhos, e daí essa parte que hoje tá formado eucalipto, antes ela era área que a comunidade, as famílias produzia o arroz, o feijão e milho, daí, o que aconteceu que por falta de recurso a*

> *minha tia acabou tendo que vender para fazer o gasto da casa que ela tinha vontade de construir uma casa com o recurso que ela vendeu, aí daí ela teve que vender para o fazendeiro, e o fazendeiro veio e investiu no eucalipto.* [ENTREVISTAS], gravadas, guardando anonimato. Entrevistador: Davi dos Santos. Curiúva; Água Morna, 2021-2022. 50 MP3 (1.500 min), 21 nov. 2021, s/p, dados da pesquisa.

O que se quer dizer é que esse processo em curso afeta direta ou indiretamente a comunidade Água Morna. Nesse caso, empresas como a Braviação retomam o controle de terras perdidas nessa mesma região.

Para Serra, o Decreto 800 de autoria do governador Mario Tourinho contraditoriamente desrespeita o limite de 200 hectares, norma essa contida no corpo do mesmo documento, descumprido pelo próprio poder público em benefício do latifúndio local. Isso quer dizer que a denominada colônia de Paranavaí, cuja sede está a 78 km de Maringá, região Norte do estado, seguiu critérios, os mais diversos, para o processo não muito claro de divisão de lotes. No ano de 1944, no entorno da antiga Fazenda Brasileira, foi demarcada a primeira área (SERRA, 2005).

Para efeito de ironia, tão somente, comove a generosidade e a benevolência do poder público estatal para com o capital ao deliberadamente incentivar a corrida de plantadores de café e colonos que se deslocaram de várias regiões do país em direção à região, e não poderia ser diferente. Com isso, veio o investimento na malha viária para atender aos interesses da agricultura cafeeira, ligando as linhas de ônibus à sede da colônia, localizada na cidade de Londrina. De acordo com Serra (2005), o processo estava a todo vapor, e somavam-se os conflitos na terra, que aos olhos do poder público eram invisíveis. Com a regularização houve uma corrida para a compra de lotes de terras, que não foram suficientes para atender à demanda. Todavia, em 1940, com objetivo de frear a procura especialmente em áreas de fronteira agrícola, como era o caso, pelo avanço do café, junto da ocupação se tinha a ação de grileiros e posseiros, que desembocou em números altos de conflitos no campo, envolvendo personagens como Companhias Colonizadoras, grileiros e posseiros. No caso, as companhias representantes do poder econômico tinham a proteção do poder público estadual, direta ou indiretamente.

Seguindo na mesma toada do autor, não por mera coincidência, conforme indica a pesquisadora Liliana de Mendonça Porto (2011), foi a partir da segunda metade do século XX que se intensificou a pressão fundiária na comunidade quilombola Água Morna. Esta, a essa altura, já estava inserida no contexto de exploração econômica da estrutura agrária estadual e de mecanização do campo, motivo pelo qual teve grande parte de seu território invadido. Somando-se aos argumentos da autora supracitada, o historiador José de Souza Martins (1996), em sua obra *O cativeiro da terra*, afirma que a corrida pelo café movimentou uma verdadeira indústria da grilagem de terras. Como já anteriormente posto, o que está em voga aqui é o frenético avanço da propriedade privada sobre as terras devolutas como mercadoria.

Para Rosângela Bujokas de Siqueira e Danuta Estrufika Cantoia Luiz (2019), a concepção de expansão do capital ancora-se nos pressupostos de que o Estado moderno é entendido como um mero aparelho reprodutor da ordem burocrática, portanto instrumento das elites que controlam o poder. O Estado, enquanto tal, funciona como aparato burocrático de coerção de comunidades tradicionais que estão em contraposição a tal concepção. Nesse rumo se tem o desenvolvimento de lutas de comunidades negras que no plano dialético se insurgem contra essa poderosa estrutura política e econômica. Nesse sentido, advogam as mesmas autoras, tem-se a ideia mítica de que as sociedades modernas se encontram em um patamar de superioridade, opondo-se então a comunidades negras, tradicionais. O mito da civilização moderna indica quem deve permanecer na terra, tendo como norte a ideia de superioridade. No caso em questão, o modelo agrário não considera os traços culturais, o processo de mobilidade histórica e econômica das comunidades quilombolas. É uma concepção rígida que permeia a concepção de território baseado, também, em uma espécie de eurocentrismo. Em outras palavras, a estrutura fundiária foi desenhada para promover violência no campo, especialmente em comunidades tradicionais negras.

Um membro da comunidade Água Morna, um jovem de 18 anos, quando indagado se a titulação da terra mudava a vida da comunidade, e se os jovens tendiam a permanecer na comunidade, afirmou: "*Sim porque daí já têm relação do manti*mento. *A gente precisa ter condição de se manter e trabalhar aqui. Como a gente não tem recurso, é necessário sair do bairro para ir* estud*ar e procurar emprego fora, e é difícil*" [ENTREVISTAS], gravadas, guardando anonimato. Entrevistador: Davi dos Santos. Curiúva; Água Morna, 2021-2022. 50 MP3 (1.500 min), 20 nov. 2021, s/p, dados da pesquisa.

O avanço do agronegócio tem provocado inúmeros conflitos intermináveis nos territórios quilombolas. É uma política que tem como pressuposto a invisibilidade dessas comunidades entre o poder público e a sociedade civil. Naturalmente isso gera uma tensão social. As disputas entre os campesinos e o latifúndio perfazem cenários de terror no campo. Aos quilombolas cabe tão somente resistir e se articular internamente para permanecerem no território. Nesse caminho, advertem as autoras,

> [...] a ocupação territorial se deu, obviamente desconsiderando os povos tradicionais que viviam e vivem no Paraná, gerando inúmeros conflitos e episódios de violência, como expressão dos interesses econômicos em torno da posse da terra [...]. (SIQUEIRA; CANTÓIA, 2019, p. 109).

Diante do exposto, denota-se que esse modelo desigual e violento contido na concepção de modernidade apresentado afronta a lógica existencial das comunidades quilombolas, colocando-as em segundo plano, visto que o que se pretende é fazer com que a elite econômica avance sobre a propriedade da terra, ainda que para isso tenha que usar de expedientes ilícitos, como se nota no processo de expropriação do território de Água Morna, assim como em tantas outras comunidades negras espalhadas pelos rincões do território paranaense, que não estão imunes à ação das oligarquias agrárias locais.

Ainda assim, percebe-se no testemunho de membros da comunidade a consciência de que precisam a todo momento ancorar a memória dos antepassados para reelaborar a sua condição de sujeitos sociais. Para eles/as, a estrutura agrária é opressora, pois interfere na sua condição de vida, como se vê neste fragmento oral:

> *As dificuldade sempre teve né, a gente acompanho desde cedo as dificuldade dos nossos pais né. É o pai trabaiava na roça né, a mãe os filho em casa às necessidades daquela época. Foi difícil né, a gente ia pra escola depois vortava ia trabaia na roça mais a gente lembra de coisa boa.* [ENTREVISTAS], gravadas, guardando anonimato. Entrevistador: Davi dos Santos. Curiúva; Água Morna, 2021-2022. 50 MP3 (1.500 min), 20 nov. 2021, s/p, dados da pesquisa.

Nesse contexto, está o desenvolvimento urbano que se intensificou quando do emprego da tecnologia de modernização do campo nas atividades agrícolas e na agropecuária. Com a construção de estradas e ferrovias, houve em paralelo o desenvolvimento das pequenas e médias cidades. O processo de modernização da estrutura agrária segue em paralelo aos investimentos em infraestruturas nas cidades do estado no contexto de um discurso ufanista de desenvolvimento, nem que para isso se exproprie territórios quilombolas. É claro que o avanço do capitalismo cada vez mais tecnológico influencia diretamente a vida de milhares de famílias quilombolas e campesinas, que têm no campo o meio de reprodução física e simbólica. A expropriação territorial é assim direcionada exclusivamente a atender aos interesses do capital, imitando as fábricas. O campo adquire, por certo, um sentido de lógica direta de expropriação, tendo o agronegócio como seu principal agente de grilagem e de expulsão dos homens e mulheres do campo (BRITO; PERIPOLLI, 2017).

Diante de tais pressupostos, mas sem querer apelar para um discurso retórico sobre tal questão, faz-se uma indagação. Parece que nisso tudo está uma equação difícil, a ser enfrentada por comunidades negras com lógicas de vida não capitalista. Quanto mais se atribui valor capital à terra como forma de incentivar a grilagem, mais pressão fundiária sofrerão as comunidades campesinas e quilombolas. A lógica familiar da agricultura camponesa, no caso quilombola, resiste a ser desapropriada. Isto porque, da mesma forma que o trabalho escravo era para os negros uma forma de expropriação, o valor capital da terra segue a mesma lógica para esses agentes sociais quilombolas, que enfrentam esse dilema desde o escravismo, haja vista que o agronegócio é a expressão da herança do colonialismo na atualidade. A titulação de comunidades quilombolas é uma bandeira histórica de conquista da cidadania e da luta também contra o racismo. Portanto, não se trata de tomar terras de fazendeiros, como reza o senso comum, esquecendo-se de que a expressão do racismo enquanto instrumento de dominação está presente quando se trata de sujeitos descendentes de pessoas escravizadas. A esse respeito, Roniery Rodrigues Machado (2018, p. 178) escreveu que

> O possuir, nela viver e trabalhar, respeitando a natureza e a vida humana, é a base da sua concepção, a qual muito se assemelha com as origens desses institutos. O que quer dizer que o camponês assenta o seu direito numa concepção que não é estranha, nem mesmo ao capital. A posse foi o fundamento da propriedade durante o período colonial e, em boa parte do Império, serviu como critério na regularização de terras durante o último século e ainda neste novo século. A diferença aqui foi no tratamento díspar para com a posse do latifúndio (que era legitimada e acolhida) e a posse camponesa que era deslegitimada e expropriada pela violência).

O pesquisador, citando o Movimento dos Trabalhadores Sem Terra (MST), em sua análise aponta que o direito à terra deve considerar a luta de trabalhadores por sua posse, baseando-se nela como um direito humano. Nesse caso, não é o direito que legitima a posse da terra, mas, para a lógica campesina, a terra configura-se como propriedade "quando ele a possui e nela produz" (MACHADO, 2018, p. 179).

A lógica das elites agrárias paranaenses em explorar o campo segue o *modus operandi* do restante do Brasil, cujas relações de exploração se deram por meio do trabalho escravo pela metrópole portuguesa, gerando casos de conflitos no campo e paralelamente acumulando riquezas provenientes do trabalho escravo. No caso, parece que há uma forte contradição entre os resquícios da escravidão e o capitalismo, vivendo juntos. A pergunta que se faz é se, de fato, a burguesia capitalista tem interesse em romper efetivamente com outros modos de produção. Nesses parâmetros, torna-se difícil abrir mão da expropriação capitalista da terra e também da exploração da força de trabalho. A compreensão do capitalismo no campo é a compreensão que remonta ao cerne da propriedade privada da terra, pano de fundo que vai além da força de trabalho, "escrava e não escrava" (BRITO; PERIPOLLI, 2017, p. 50).

Em se tratando de Brasil, pode-se dizer que o tráfico de escravizados/as se insere na forma originária desse dilema, quer dizer, da acumulação. Portanto, as desigualdades e as contradições estão forjadas, o que quer dizer que, para o capitalismo se afirmar enquanto modo de produção e de exploração, as condições devem permanecer. No meio de tudo isso, vê-se uma frenética busca pelo lucro desmedido com as ações no campo. A questão agrária no Brasil, como se percebe, é muito complexa e requer um nível atento de observação sobre o monopólio da propriedade de terras no Paraná, pois sua origem remonta ao período colonial — à medida que o tempo passa e o capitalismo muda, intensificam-se as pressões sobre as comunidades quilombolas e outras (BRITO; PERIPOLLI, 2017).

Convém anotar o contexto de expropriação territorial deliberado, e acima de tudo as narrativas de história oral que foram feitas em campo com sujeitos expropriados de seu território quilombola, Água Morna, inscrito na estrutura agrária e fundiária do estado do Paraná, quando estes, ao mesmo tempo que reivindicam a demarcação da terra como bandeira histórica coletiva, trazem à baila situações de desigualdades raciais. Tomando as suas respectivas vozes como caminho a ser trilhado, indica-se que a perda forçada do território ancestral para esse grupo quilombola não está somente na questão das desigualdades sociais no âmbito da luta de classes, isoladamente. Nela residem outras variáveis que aos sujeitos negros/as interessa, e muito pelo fato de que, desde a sua origem, o elemento racial foi introduzido pelo escravismo europeu com o propósito explícito de dominação de grupos de matriz europeia sobre as populações negras e indígenas. Muito embora se tenha nas narrativas oficiais a ideia de menosprezar esse fato, ele está presente nas relações que se estabeleceram ao longo do tempo, de modo que pensar a questão agrária sem considerar o racismo enquanto uma mácula histórica é, de fato, simplificar o debate público. A esse respeito, Souza alerta para

> [...] a tônica que trazem para a sociedade brasileira a discussão sobre a questão quilombola, no século XX, são frutos de um longo processo. Os movimentos negros urbanos tiveram grande peso nesse contraponto à invisibilidade. Somando-se a isso, e caracterizando-se como o grande marco desse processo, está a força e resistência das comunidades quilombolas, que perpassaram a história do Brasil com uma diversidade de formações e abrangendo todas as regiões do País e chegam ao século XXI reivindicando seus direitos fundamentais, com ênfase no direito à terra. (SOUZA, 2008, p. 108).

Para a autora, a mobilização de comunidades negras no entorno de seus territórios se estende ao longo do tempo; a perspectiva de luta pela terra é antítese de tudo, emanada da voz de sujeitos reais que vivem o drama da expropriação territorial em uma comunidade negra, no caso Água Morna; todavia, deve-se ter em mente a questão racial, elemento norteador das desigualdades e que, por isso, não pode ser posto em segundo plano. Dessa forma, a reforma agrária não deve ser balizada com critérios de distribuição de terras tomando como norte a ideia de que comunidades quilombolas são iguais às demais categorias de luta pela terra. Há especificidades que devem ser observadas, como a trajetória histórica da luta contra a escravização, tendo na terra a sua singularidade. Portanto, os territórios tradicionais assentam-se sob outros parâmetros de análise e de compreensão da própria realidade em que diferentes grupos vivem na estrutura fundiária no Brasil.

Quando questionado ao jovem entrevistado se gostava de ser quilombola e se já sofrera preconceito, ele respondeu:

Não diretamente, mas indiretamente, a gente sente uma diferença. Mas algo que levo comigo sempre eu tenho orgulho de ser quilombola porque a gente carrega uma história. A gente fica feliz de ter uma história. [...] a gente vai levar para frente essa história que serve como motivação de luta pela terra e pela vida. [ENTREVISTAS, gravadas, guardando anonimato]. Entrevistador: Davi dos Santos. Curiúva; Água Morna, 2021-2022. 50 MP3 (1.500 min), 20 nov. 2021, s/p, dados da pesquisa).

No depoimento do jovem, há a afirmação de sua identidade e uma repulsa moral àqueles que expropriam o território quilombola para fins econômicos. O conteúdo de sua fala parte de uma concepção proveniente de sujeitos desprovidos de recursos materiais, portanto insuficientes para a afirmação da dignidade plena. Está textualmente registrado que lutar pela terra é também lutar pela vida, portanto está em inequívoca dessintonia com a perspectiva mercantil da terra. O território destina-se a esse fim, razão mais do que justa, acredita-se aqui, para lutar por ele. Na formulação do poder econômico sobre a terra, pouco importa a história de quem sempre viveu no território. A rigor, não é demais e tampouco desproporcional, portanto, afirmar que paira sobre a estrutura agrária brasileira um pensamento que se assenta no escravismo colonial, que viola formas de vida tradicional ao colocar grupos quilombolas a reboque da população local. Então, quando o grupo não branco se assume como sujeito de direito ao pleitear a terra, está subjacente o valor da reprodução humana em essência. Lutar pela terra, para eles/as, é também negar a forma de poder institucionalizado.

Na comunidade Água Morna, esta em debate, mora uma paradoxal dicotomia: expropriar e apropriar-se por meios pouco lícitos. A invasão do território no contexto da expansão do capitalismo no campo está cercada por essa premissa. Mais ainda, o uso privado de um território negro por pessoas estranhas dos arredores prejudica o uso dele para a reprodução da territorialidade não essencialmente econômica por parte da comunidade. Esse impasse por meio do conflito fundiário tem se arrastado por décadas. Reafirma-se aqui que esses pressupostos são fundantes na compreensão mais arejada da luta pela terra no Brasil.

De acordo com Souza (2008), o movimento de grupos quilombolas deve ser analisado pela ótica dos movimentos da sociedade civil organizada, tendo como parâmetro não só as relações econômicas, mas também as comunitárias. Com isso em vista, no cenário de intenso conflito rural, em 1947, criou-se a Fundação Paranaense para Colonização e Imigração (FPCI) pelo então chefe do Executivo estadual, Moises Lupion, eleito após o período em que o Paraná estava sob intervenção, sendo Mario Tourinho o interventor entre os anos 1930-1932 e Manoel Ribas de 1932 até o fim do Estado Novo. A essa nova empresa cabia a tarefa de abrir frentes de colonização na região Oeste, onde se criaram loteamentos cuja extensão era de 450 mil hectares, local em que se originaram os municípios de Terra Roxa e Corbélia. Ocorre que, nesse estágio de colonização dirigida, há que considerar as influências políticas de alguns caciques da política paranaense. O apadrinhamento político e econômico vai delinear os rumos de ocupação de terras em grande monta. Na gestão do governador Lupion, tal empresa atuou para a proteção dos interesses privados (SERRA, 2005).

3.23 Comunidades quilombolas no Brasil, terra e trabalho

Segundo o historiador José Maurício Arruti *et al.* (2014), a maioria das comunidades quilombolas no Brasil tem status de apenas reconhecidas pela FCP. Estas passaram a ser objeto de processos administrativos ao intencionar a regularização das suas terras tradicionais, pois, nesse estágio, já tiveram o seu perímetro demarcado e estabelecido, muito embora não tituladas, pois esta consiste na etapa final da titulação. Para os autores, a diferença de renda entre negros/as e não negros é um gargalo que potencializa as históricas dificuldades vividas.

Quando se trata de populações tradicionais quilombolas, há uma especificidade, por se falar das terras de uso comum, acarretando, assim, a propriedade de posse não individual. Ocorre que o conceito de uso comum tem lá suas variantes, e em muitas das vezes incompreensível à luz do senso comum. Isso implica mais desafios à complexa distribuição da terra, como os grupos quilombolas não disporem de renda como os demais trabalhadores. Via de regra, têm rendimentos muitos baixos em todas as faixas etárias de comparação, em relação a regiões e ao município onde se encontram e em se comparando com os não negros, como demonstra os mesmos Arruti *et al.* (2014, p. 10). Veja-se a seguir:

> O diferencial de rendimentos entre os grupos de cor ou raça é bem conhecido nos estudos demográficos brasileiros. De acordo com os dados do Censo Demográfico de 2010, o

rendimento mensal médio dos brancos (R$ 1574) e amarelos (R$ 1538) era quase o dobro do observado entre os pretos (R$ 834), pardos (R$ 845) e indígenas (R$ 735). Ao compararmos esses dados com os levantamentos pelo nosso estudo, é possível observar que a população dos setores censitários pertencentes aos TQs teve rendimentos bem menor que todos os grupos: R$ 504, que representa 31,5% menos do que os menores ganhos em âmbito nacional. Esses dados mostram que o rendimento médio mensal dos brancos é 305% maior do que aquele observado na população negra de todos os TQs analisados.

Tabela 5 – Valor do rendimento nominal médio mensal das pessoas de 10 anos ou mais de idade, por grupo de cor ou raça, Brasil

	Em R$
Branca	1.574
Preta	834
Amarela	1.538
Parda	845
Indígena	735
TQs	504

Fonte: banco de dados de territórios quilombolas CEM/Cebrap e Cpei & Nepo/Unicamp; IBGE, Censo Demográfico 2010 (ARRUTI et al., 2014)

É importante considerar o total geral de rendimentos nos territórios quilombolas, que é em média 55% menor que o da população geral nas maiores regiões brasileiras. Verifica-se, de acordo com o que apontam os dados, que as maiores disparidades no que se refere à média de rendimentos dos TQs estão no Centro-Oeste, pois a média geral é 207% maior que as observadas nos TQs, depois do Nordeste (191%), Sudeste (182%), Norte (174%) e Sul (124%) (ARRUTI et al., 2014).

Tabela 6 – Valor do rendimento nominal médio mensal das pessoas de 10 anos ou mais de idade

	Territórios quilombolas (em R$)	Brasil (em R$)
Centro- Oeste	666	1.378
Nordeste	371	708
Norte	499	867
Sudeste	756	1.378
Sul	977	1.216
Total	521	1.142

Fonte: banco de dados de territórios quilombolas CEM/Cebrap e Cpei & Nepo/Unicamp; IBGE, Censo Demográfico 2010 (ARRUTI et al., 2014)

Os autores chamam atenção para o fato de que as populações negras quilombolas no geral, ou seja, em todas as regiões do país, têm renda inferior, renda nominal em média 42% mais baixa que a dos habitantes dos municípios onde se encontram os quilombos. Trabalhadores quilombolas encontram-se em desvantagem, primeiro pela perda de suas terras e por ganharem menos do que os não negros. Esse dado é igual nas regiões brasileiras onde estão as comunidades quilombolas, com exceção do Sul, onde existem as menores quantidades de comunidades negras (ARRUTI et al., 2014).

Na região Nordeste, onde está a maior quantidade de grupos quilombolas, a renda média dos municípios onde eles se encontram é de R$ 734; nos setores onde estão os territórios o valor é de R$ 371. Mesmo na região mais rica do país, a Sudeste, a diferença é significativa. Na comparação entre a zona rural e a urbana, verifica-se que a renda mais baixa é a dos quilombolas. "Se a média de rendimento nominal é de R$ 1796 nas áreas urbanas e de R$ 661 nas áreas rurais dos municípios selecionados, nos territórios quilombolas ela não passa de R$ 1114 na zona urbana e de R$ 458 na zona rural" (ARRUTI et al., 2014, p. 12).

Considerando a situação apontada, em se tratando de quilombos urbanos, pode ocorrer de fato um contexto de maior vulnerabilidade mais explícita do que os quilombos não urbanos. Isso porque, no ambiente urbano, dependem de relações ou mecanismos econômicos tradicionais do comércio local onde estão inseridos. Nesse caso, dispõem de pouca condição de negociação (ARRUTI et al., 2014).

Tabela 7 – Valor do rendimento nominal médio mensal das pessoas de 10 anos ou mais de idade nos TQs, municípios selecionados e Brasil por região e situação

		TQs	Municípios	Brasil
Região Centro-Oeste	Rural	658	972	887
	Urbano	799	2.224	1.512
	Total	667	2.119	1.379
Região Nordeste	Rural	365	391	413
	Urbano	472	926	896
	Total	371	740	709
Região Norte	Rural	499	495	538
	Urbano	-	1.094	1.069
	Total	499	931	867
Região Sudeste	Rural	574	850	768
	Urbano	1.262	1.828	1.463
	Total	756	1.789	1.378
Região Sul	Rural	718	873	853
	Urbano	2.855	1.901	1.336
	Total	977	1.827	1.217
Total	Rural	458	616	615
	Urbano	1.114	1.796	1.306
	Total	521	1.672	1.143

Fonte: banco de dados de territórios quilombolas Cem/Cebrap e Cpei & Nepo/Unicamp; IBGE, Censo Demográfico, 2010 (ARRUTI et al., 2014)

Como se pode notar na tabela *supra*, a situação de vulnerabilidade econômica é uma prática para esse segmento social, pois há um nível de comparação nos diversos municípios, e, no Brasil como um todo, em que a renda não passa de um terço do salário mínimo — o que é gritante nos setores censitários onde estão os quilombos. Se se olhar a proporção de pessoas que ganham até um terço do salário mínimo, é de 3% no país em geral e de 3,9% nos municípios que têm territórios quilombolas. Esse número é bastante superior nos setores onde estão os territórios (18%). No ambiente rural, onde a pobreza se nota historicamente, os quilombos estão em uma situação assustadora, com 19,3% de sua população com renda mensal de até um terço do valor total do salário mínimo, enquanto temos 15,2% no Brasil rural e 16% nos municípios selecionados. Nas cidades em que a disposição e a circulação monetária se tornam mais difíceis, visto que nesse caso os quilombos não conseguem recorrer aos meios tradicionais de subsistência, os números mantêm-se: destes, 8,9% dos quilombolas e 6,3% nos municípios onde se localizam, e 4,8% no Brasil (ARRUTI et al., 2014).

Tabela 8 – Porcentagem de pessoas com rendimento de até meio salário mínimo sobre o total das pessoas residentes. Territórios quilombolas, Brasil e municípios selecionados, 2010

	Rural	Urbano	Total
Territórios quilombolas	19,3%	8,9%	18%
Brasil	15,2%	4,8%	3%
Municípios	16%	6,3%	3,9%

Fonte: banco de dados de territórios quilombolas CEM/Cebrap e Cpei & Nepo/Unicamp; IBGE, Censo Demográfico 2010 (ARRUTI et al., 2014)

É importante olhar os dados com uma certa criticidade para não se imaginar que a situação de pobreza nos quilombos se dá pela sua peculiaridade em se tratando de economia tradicional de subsistência. Afinal, que fatores são determinantes para se acirrar a situação de pobreza? A questão racial? A situação de pobreza, tão somente?

4

COMUNIDADES NEGRAS EM MOVIMENTO: A LUTA PELA TERRA

4.1 Quilombos no Paraná: processo de identificação pelo GTCM

Neste capítulo, a intenção não é fazer pormenorizadamente um estudo sobre os quilombos no Paraná e no Brasil, isto é, em linhas gerais, discorrer sobre a situação das comunidades quilombolas e a luta pela terra tendo em vista a trajetória de expropriação que os atinge historicamente, tendo em vista os processos de regularização de seus territórios tradicionais. Os grupos quilombolas espalhados pelo estado do Paraná, e em todo Brasil, apesar do tempo, mantêm práticas tradicionais trazidas por seus ancestrais vindos da África: religiosidade, cultura, formas variadas de organização social e política envolvendo técnicas agrícolas milenares e também a diversidade de manejo do solo. Estabelecem relações com o ambiente em que estão inseridas no mundo agrário brasileiro há séculos. Prezam pela manutenção desse estilo de vida para as gerações futuras. Para esses grupos, a conquista da terra é passagem para a cidadania e ao mesmo tempo significa preservar a manutenção da sua identidade, perpassando o inequívoco direito à titulação territorial, demarcando, por assim dizer, a presença dos ancestrais.

Por outro lado, é importante pensar como estão organizadas no território nacional, e em que quantidade elas estão sendo identificadas a partir do ano de 2003. Assim, sabe-se que, no alvorecer do século XX, as comunidades remanescentes quilombolas sofreram novas investidas por parte das oligarquias agrárias. No bojo do desenvolvimento do capitalismo, sobretudo na segunda metade do século, setores econômicos do agronegócio passaram a vilipendiar as áreas secularmente ocupadas por esses grupos, cujo interesse foi a exploração capitalista de um modo de produção predatório que põe em risco o modo de vida campesino e quilombola. Não obstante, o deslocamento de famílias de libertos do trabalho escravo das fazendas e dos engenhos nesse século XX foi notável, literalmente jogados à mercê da própria sorte; por meio "de arranjos de moradias, trabalho e parceria, as famílias de libertos tentaram reconstruir território para as suas famílias" (GOMES, 2015, p. 126).

No estado do Paraná, o Grupo de Trabalho Clóvis Moura foi instituído por meio da Resolução 01/2005 para identificar e mapear as comunidades quilombolas no estado, até então não conhecidas. Apesar de em muitos casos existirem há pelo menos 200 anos, como é o caso de quilombos situados no Vale do Ribeira, o poder público estadual nem sequer tinha conhecimento da existência delas. Estão espalhadas por todo o território estadual e em todas as regiões, e na ocasião foram identificadas, até o ano de 2008, 86 comunidades negras de perfil camponês. A identificação deu-se com base na autodeclaração e no autorreconhecimento enquanto sujeitos dotados de ancestralidade (LEWANDOWSKI, 2009; LOBO, 2010).

Fugindo da escravização, as comunidades fixaram-se em seus territórios de diversas maneiras, algumas com doação de terra por meio de antigos donos de fazendas onde seus ancestrais trabalhavam na condição de escravizados, por meio da compra da terra. Daí se estabeleceram nos locais. O que têm em comum é a fuga da escravidão e a presunção de ancestralidade. Não obstante, os problemas — a perda do território e a questão do trabalho — são comuns a todos os grupos negros presentes no Paraná, como apontou o relatório do GTCM, realizado entre 2005 e 2008. Há de se considerar que a mudança de conjuntura política a partir de 2003, que se deu com a eleição do então presidente Luiz Inácio Lula da Silva (2003-2010), que, motivado pela pressão histórica do movimento negro, em um de seus primeiros atos, instituiu o Decreto Lei 4.887/2003. Como já exposto, o impacto desse documento, que visou reconhecer e titular territórios quilombolas, deu-se de forma muito peculiar nesse estado em função, como foi dito, da formulação do grupo de trabalho, em que foi possível, por meio de uma equipe multidisciplinar, identificar os quilombos (LOBO, 2010).

Ressalta-se aqui que, apesar de tardiamente, visto que os quilombos sempre existiram, reconhece-se a importância de tais ações do poder público estadual. Nesse sentido, houve uma nova dinâmica na solicitação de reconhecimento por parte da Fundação Cultural Palmares, criada em 1998. A pesquisa realizada por Cambuy (2006) identificou que a população do Paraná era composta por 24,5% de afrodescendentes, contudo o número já chega a 28,5% da população do Paraná, como demonstra Delton Aparecido Felipe (2018).

O reconhecimento de ancestralidade, autoatribuição enquanto quilombolas, é elemento importante na identificação. Constituído, o grupo multidisciplinar viajou para as mais distantes localidades para então conhecer as comunidades. Foi possível entrar em contato com a oralidade, a história, as dificuldades enfrentadas, tais como trabalho, saúde, educação e principalmente o desejo de titulação definitiva do território. As lutas de grupos negros não se dão por questões econômicas essencialmente, mas por uma afirmação de valores culturais, assentada na relação com a terra. É uma identidade quilombola que está em jogo, pois esta é forjada na luta contra as desigualdades raciais (LEWANDOWSKI, 2009; LOBO, 2008, 2010).

Nesse contexto, após a identificação, houve um aumento de comunidades que solicitaram a feitura de laudo antropológico para fins de mediação deste com o estado para o devido reconhecimento jurídico do território. Das 86 identificadas pelo GTCM, 36 comunidades foram reconhecidas pela Fundação Cultural Palmares, e destas nenhuma foi efetivamente titulada pelo poder público federal. Reitera-se que não é de interesse desta pesquisa pormenorizar a situação de todos os quilombos do Paraná e do Brasil, mas analisar de forma geral a situação desses grupos a partir de 2003, quando se tem uma substancial mudança na conjuntura política nacional, especialmente, na prática como o drama da perda territorial afeta o emprego em comunidades quilombolas. Observe a tabela a seguir para se ter uma melhor dimensão das comunidades e de seus respectivos municípios, número de pessoas e total de famílias.

Tabela 9 – Comunidades quilombolas certificadas pela Fundação Cultural Palmares no Paraná

Município	Comunidade	Famílias	Habitantes
Adrianópolis	João Surá	24	88
Adrianópolis	Poço Grande	5	26
Adrianópolis	Guaraçu	12	35
Adrianópolis	Praia do Peixe	6	23
Adrianópolis	Porto Velho	15	66
Adrianópolis	Sete Barras	18	73
Adrianópolis	Córrego dos moços	20	68

Município	Comunidade	Famílias	Habitantes
Adrianópolis	Córrego Malaquias	6	19
Adrianópolis	São João	17	62
Adrianópolis	Córrego do Franco	70	124
Adrianópolis	Estreitinho	12	33
Adrianópolis	Três Canais	4	13
Adrianópolis	Bairro dos Roque	8	40
Adrianópolis	Tatupeva	6	23
Adrianópolis	Varzeão	8	30
Adrianópolis	Queimadinha	5	25
Bocaiúva do Sul	Areia Branca	16	30
Campo Largo	Palmital dos Pretos	24	88
Campo Largo	Sete Saltos	10	53
Lapa	De Restinga	37	271
Lapa	Do Feixo	84	344
Lapa	Vila da Esperança	10	74
Guaraqueçaba	Rio Verde	22	80
Guaraqueçaba	De Batuva	24	94
Castro	Da Serra de Apon	31	103
Castro	Paiol do Meio	2	5
Castro	Faxinal de São João	10	32
Castro	Santa Quitéria	15	53
Castro	Lagoa dos Alves	4	13
Castro	De Mamãs	25	96
Castro	Do Sutil	26	95
Castro	Do Tronco	12	60
Ponta Grossa	De Sutie	41	144
Ponta Grossa	De Santa Cruz	11	39
Condói	Despraiado	42	210
Condói	Vila Tomé	21	110

Município	Comunidade	Famílias	Habitantes
Condói	Cavernoso	12	86
Guarapuava	Invernada Paiol de Telha	85	325
Palmas	Adelaide Maria Trindade Batista	88	391
Palmas	Castorina Maria da Conceição	20	74
Palmas	Tobias Ferreira	19	98
Turvo	Campina dos Morenos	10	66
Ivaí	São Roque	51	203
Ivaí	Rio do Meio	22	84
Guaíra	Manuel Ciriaco dos Santos	7	42
São Miguel do Iguaçu	Apepu	6	44
Curiúva	Água Morna	19	61
Curiúva	Guajuvira	38	132
TOTAL	48	1.076	4.348

Fonte: adaptado pelo autor (2022), com base em Lobo (2008)

A maior parte das comunidades identificadas já foram certificadas pela Fundação Cultural Palmares, e as demais se encontram com processos de certificação pela mesma fundação. Tais grupos, depois de constar nas estatísticas estatais, passaram a fazer parte minimamente do interesse público estatal. Passaram, como se verá a seguir, a constar no mapa do estado oficialmente. O estado do Paraná, como já indicado em mais de uma ocasião, que têm os órgãos que deveriam zelar pelo devido cumprimento legal da terra, é um dos estados que mais que criam condições para a grilagem da terra, ao favorecer processos fraudulentos de acesso à terra, até mesmo com emissão de documentos falsos em cartórios (BUT, 2022; LOBO, 2010). Analisando o relatório do GTCM, é possível observar que grupos negros diversos estão nas terras há mais de 250 anos por meio de seus primeiros ancestrais. É o caso da comunidade negra Serra do Apon, no município de Castro (LEWANDOWSKI, 2009; LOBO, 2010).

Como é possível verificar no mapa a seguir, a maior concentração de comunidades rurais quilombolas no estado está no Vale do Ribeira, na parte paranaense.

Mapa 4 – Estado do Paraná, distribuição das comunidades quilombolas

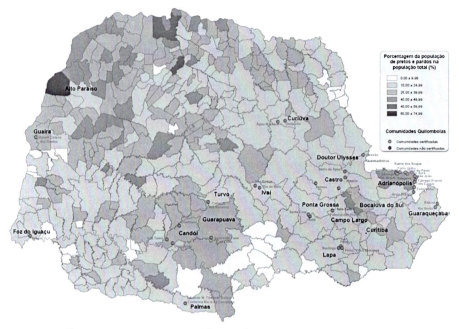

Fonte: http://www.guiageo-parana.com/mapas/quilombolas.htm. Acesso em: 27 jul. 2022

Como se vê no mapa do estado do Paraná, a maior parte delas, já reconhecida pela FCP, está concentrada na região Leste. É importante pensar que tais comunidades mantêm laços históricos com o território, ainda que por alguma razão o tenham perdido. Pouco importa a permanência ininterrupta na terra, mas a historicidade que os liga a relações comunitárias intergrupais. A esse respeito, Felipe (2018, p. 167) assegura que

> [...] o território quilombola propicia condições de permanência, de continuidade, das referências simbólicas importantes à consolidação do imaginário coletivo e, por vezes, os grupos chegam a projetar nela a sua existência, mas não tem uma dependência exclusiva. Tanto é assim que temos hoje inúmeros exemplos de grupos que perderam a terra e insistem em manter-se como grupo, como o caso de Paiol de Telha no Paraná. Trata-se, portanto, de um direito remetido à organização social diretamente relacionado à herança.

A herança à qual se refere o autor passa pelo crivo de aspectos de ancestralidade, elemento fundador da identidade coletiva. É nesse contexto sócio-histórico que as comunidades asseguram as suas referências identitárias, a fim de tornarem-se sujeitos de direitos reivindicando o direito a uma vida mais digna.

4.2 Comunidade quilombola Serra do Apon

A comunidade quilombola Serra do Apon está situada a 50 km da cidade de Castro, nome que tem origem na serra homônima. O grupo está na terra há 250 anos, de acordo com narrativas da senhora Vani Rodrigues dos Santos. A quilombola destacava que os descendentes dos que foram escravizados habitavam o Ribeirão e a Serra do Apon, estes escravizados/as na Fazenda Capão Alto, em Castro. Ademais, quatro núcleos compõem a comunidade: Paiol do Meio, Lagoa dos Alves, Santa Quitéria e Faxinal de São João (LEWANDOWSKI, 2009; LOBO, 2010).

Para Oliveira (2016, p. 319),

> No período após a abolição, povoados compostos por famílias e pessoas estabeleceram uma territorialização possível, compondo espaços de resistência no campo ou na cidade, no interior de uma sociedade, que [...] ainda mantêm práticas de dominação.

Como se observa, a pressão sofrida sobre os grupos quilombolas não cessou no pós-abolição do escravismo. No período de maior decadência de fazendas escravistas, e mesmo com carta de alforria, em muitos casos, os ex-escravizados/as, para manter os vínculos sociais locais, optaram por permanecer nas dependências das antigas senzalas. Os vínculos, de certa forma, asseguravam a convivência na sociedade escravista, mesmo na fase de decadência. Essa dinâmica pressupunha construir nas proximidades, e até mesmo dentro das fazendas em ruína, povoados que vão se constituir em quilombos, por razões de sobrevivência. Em outros casos, grupos negros com a decadência dos chamados senhores de engenho eram descartados no interior das grandes propriedades. Tais caminhos teórico-metodológicos desenhados por Oliveira (2016) indicam a complexidade da formação dessas unidades quilombolas ao longo da temporalidade histórica.

A Fazenda Capão Alto foi cenário da última revolta dos escravizados no estado do Paraná. No ano de 1749, passou a pertencer à ordem religiosa carmelita. Contudo, devido a uma epidemia em São Paulo, os carmelitas foram obrigados a abandonar a fazenda. Na ocasião, os então escravizados passaram um século na condição de livres, com o que puderam praticar a agricultura para tirar seu próprio sustento, longe do trabalho forçado. As novas gerações nasciam livres. Depois de um século de abandono, em 1864 os descendentes livres foram vendidos pelas carmelitas para uma firma de São Paulo; nesse caso, a Fazenda Capão Alto foi vendida pelos padres carmelitas. Os novos donos encontraram negros livres que resistiram à escravização e que promoveram revoltas. Os fazendeiros pediram reforço militar em Curitiba e em Ponta Grossa. Os grupos fugiram e dividiram-se em dois grupos, o Acróbios e os Prudente, e rumaram em direção à Serra do Apon, Paiol do Meio, Santa Quitéria e Lagoa dos Alves. Prudente Rodrigues da Silva, filho de Liberata Rodrigues da Silva, herdou as terras em Santa Velha ou Serra do Apon. Raimundo Rodrigues da Silva, seu filho, casado com Durcelina Rodrigues da Silva, também permaneceu na terra, assim como seus filhos, netos de Prudente e bisnetos de Liberata, entre eles Acróbios, casado com dona Zelina Rodrigues. A sua descendência permanece no local desde então (LOBO, 2010).

4.3 Comunidade quilombola Despraiado

Distante 20 km de Candói, seus membros estão no local há mais de 200 anos. O habitante mais antigo é o senhor Pedro Alves de Araújo, de 67 anos. Relata que seu avô Luiz Caetano de Araújo, morto aos 90 anos de idade, foi escravizado na Fazenda Sepultura. Seus ancestrais ficaram no então distrito de Candói, no município de Guarapuava, e, mesmo após a libertação, continuaram exercendo o trabalho compulsório.

As habitações eram geralmente feitas de bambu, que fincavam na terra para fazer as paredes, e cobriam-nas com folhas de taquara e de palmeiras. As camas eram feitas de forma parecida: fincavam quatro estacas no chão, lascavam as taquaras, amarravam com cipó até ficar firme.

Na região, a escravidão adentrou o século XX. Pedro Alves de Araújo afirma que há 40 anos fazendeiros durante as noites clareavam com a luz do jipe para que os negros abrissem estradas na mata (LEWANDOWSKI, 2009; LOBO, 2010). Depois, uma parte das terras foi comprada, e outros quilombolas tinham herdado as terras. Conta que nessa fazenda havia sinais de taipas de pedras que teriam sido feitas por trabalho escravo. Os quilombolas trabalharam na Fazenda Sepultura, cujo dono era Laudelino de Araújo, sem serem remunerados, e mesmo sem direito a descanso.

Atualmente os quilombolas desenvolvem trabalhos em terras arrendadas, pois na comunidade a terra não é suficiente para que o grupo sobreviva (LEWANDOWSKI, 2009; LOBO, 2010).

4.4 Comunidade Palmital dos Pretos

Está situada no município de Campo Largo, que integra a Região Metropolitana de Curitiba, e a comunidade está distante da cidade 85 km, e 65 km de Ponta Grossa. O nome refere-se à vasta quantidade de palmeiras na região, assim como à ancestralidade africana.

Hortêncio Ferreira Pinto conta que o território foi fundado por famílias negras vindas de vários lugares do Paraná, quando, fugindo da escravização, buscavam terra e liberdade. A história conta que Brasílio e Librano José de Deus vieram da comunidade do Sutil, do município de Ponta Grossa. Nota-se que a família do senhor Ferreira Pinto veio da Fazenda Santa Cruz, comunidade que integra o Sutil, também em Ponta Grossa. Outros vieram de Bolo Grande e Pulgas, no município de Palmeiras. Benedita Gonçalves diz que estão na terra há pelo menos 200 anos. Conta que a mãe da bisavó foi capturada no meio do mato, mas não se sabe se era escravizada.

Em 2009, foi implantado um projeto de horta comunitária, cuja produção é de subsistência, milho, feijão, mandioca, abóbora. Os membros da comunidade são todos descendentes de uma mesma família. As pessoas que vivem na região chegaram depois dos primeiros negros (LOBO, 210).

4.5 Comunidade quilombola Areia Branca

O quilombo está a 115 km da cidade de Bocaiúva do Sul, também na Região Metropolitana de Curitiba. O nome deve-se ao fato de o território ser banhado por um rio com areias claras e limpas. Quem deu esse nome teria sido o senhor Francisco Miguel da Rosa, fundador do território, ao receber as terras. Ele que era negro fugitivo.

> A história de nosso bairro teve início com a chegada de Francisco Miguel da Rosa, o qual era da raça negra. Ele era o pai de Isabel Cordeiro da Rosa. Francisco Miguel foi pego fugido na mata. Ele começou a trabalhar com um homem que era criador de porcos. Esse homem notou, desde o início, a habilidade, criatividade e facilidade com que fazia canoa

> e até monjolo e muitas outras coisas que ele havia herdado de nossos antepassados. [...] Esse senhor (o criador de porcos), gostou muito do trabalho de Francisco e não o tratou como escravo, mas sim como amigo, porque ofereceu a ele suas terras e Francisco passou a chamá-la de Areia Branca, pois logo após ter ganho as terras ele casou, formando uma família, da qual descende este povo que vive aqui até hoje. (LOBO, 2010, p. 105).

O grupo recebeu as terras do ancestral Francisco da Rosa por meio da doação de um fazendeiro. Contudo fazendeiros nos arredores pressionam a comunidade para que deixem o território. O preparo da terra dá-se de forma manual, aplicando-se adubo orgânico para cultivar as roças de mandioca, milho, arroz, abóbora, banana e batata-doce, além de cana-de-açúcar (LOBO, 2010).

4.6 Sobre a densidade demográfica das comunidades no Paraná

A densidade demográfica das comunidades negras tradicionais é de 2.766 habitantes distribuídos no território do Paraná; 1.398 pessoas são do sexo masculino. O maior número de quilombolas está na mesorregião metropolitana de Curitiba, e, por outro lado, a menor quantidade está na mesorregião de Prudentópolis. De acordo com Lobo (2008), os dados são imprecisos, pois 15% dos quilombolas não possuem certidão de nascimento e isso gera dúvidas sobre as atribuições por faixa etária de pessoas que vivem nessas comunidades.

Sobre os quilombos, o relatório aponta de maneira geral para um ponto fundamental: todas as identificadas têm como principal luta a demarcação territorial. Os problemas apontados vão desde saúde a emprego. Contam que ao longo do tempo lutam contra invasores, que na sua imensa maioria são fazendeiros. Apontam para o mesmo problema de expropriação das terras, em um processo lento e variado (LEWANDOWSKI, 2009; LOBO, 2008, 2010).

Sobrevivem de forma precária do que plantam na agricultura familiar, isso quando têm espaço físico para plantar arroz, abóbora, batata-doce, inhame, milho, feijão. Para completar a renda, trabalham prestando serviços para alguns fazendeiros. O que fica evidente é que no dia a dia recriam suas formas de viver e driblar as dificuldades que os atingem, problema com transporte, saúde, educação e trabalho (LEWANDOWSKI, 2009; LOBO, 2010).

Todas as comunidades que estão nas terras identificadas pela Fundação Palmares têm a presunção de ancestralidade. E os lugares onde estão foram deixados como herança pelos falecidos ancestrais.

> O registro documental mais antigo de terras da comunidade Varzeão data de 1856, com terras havidas por João Alves de Souza, principalmente por herança e por posse de seus pais (todos registrados como negros). Nesse momento, no caso de castro, as terras, denominadas Arroio Claro e/ou Sertão do Fundão, e, em Guarapuava Paiol de Telha e/ou Fundão, já estavam registradas documentalmente em nome das famílias negras no caso de Paiol de Telha, recebidas em 1860, da proprietária de uma fazenda. (LOBO, 2010, p. 29).

Como de praxe, mesmo com documento de posse, os quilombolas de Paiol de Telha tiveram a perda de suas terras em 1875 por Pedro Lustoza Siqueira. De maneira geral, os casos de expropriação têm contextos específicos em todas as comunidades. Via de regra, salvo exceções, as invasões começam lentamente quando o primeiro ancestral morre. É no momento da partilha entre os herdeiros que os aproveitadores entram para comprar as terras. É o caso de Água morna e de Varzeão, com a morte de João Alves de Souza e a morte de Maurício Carneiro do Amaral, caso da primeira. É possível observar que essa realidade pouco muda de uma comunidade para outra (LEWANDOWSKI, 2009; LOBO, 2010).

4.7 Comunidade Paiol de Telha, um caso de disputa judicial: o retorno para o território

A comunidade Paiol de Telha é um quilombo localizado na região Centro-Sul do Paraná, no município de Guarapuava. Oficialmente os membros foram efetivamente expropriados de suas terras na década de 1970 por processo de usucapião de autoria de cooperativa agrária que disputava as terras da Fazenda Fundão, com várias famílias quilombolas. A retomada do território deu-se a partir de uma mobilização política por parte da comunidade e por via judicial, em um tempo que chega a quase 50 anos. O grupo é formado por descendentes de africanos que tinham recebido o título de doação (testamento) deixado por Balbina Siqueira e Manoel Francisco de Siqueira, em 1866, já no fim do século XIX, quando vieram a falecer. Os doadores das terras eram um casal luso-brasileiro que em 1850 dispunha de uma quantidade de escravizados, cerca de 16 pessoas. A extensão de terra, como consta no testamento, que era de Balbina e seu esposo, Manoel, é a Invernada Paiol de Telha, localizada na Fazenda Capão Grande, também conhecida como Fundão. O testamento dá conta de que tudo o que existe na terra passa a pertencer aos ex-escravizados e seus familiares que nela habitarem (BUT, 2022; SENE, 2008).

Balbina e Manoel pertenciam a uma família de posses com prestígio na região. O pai de Manoel, Lustosa de Siqueira, era fazendeiro abastado e tinha sob seu domínio grandes extensões de terras. Era dono das Fazendas Cambaré, Pinhal Ralo, Limeira Capão Grande Jordão e Limoeira. O testamento, deixado ao grupo Paiol de Telha, deixou a sociedade local apreensiva, mas há algumas razões, segundo escreve Sene (2008, p. 49-50), para retribuir o trabalho prestado: dona Balbina cedeu-lhes "um fragmento de terra aos negros escravizados e seus descendentes, por causa do seu comprometimento e dedicação".

Em 1866, o grupo recebeu a herança, mas foi expropriado de suas terras doadas no transcorrer da década de 1970, prevalecendo os interesses locais ligados ao agronegócio devidamente representado por meio da Cooperativa Agrária de Entre Rios, que requer na justiça o direito de usucapião. Isso se deu em um processo de grilagem com a participação de juízes locais, em clara negação dos direitos territoriais e da ancestralidade presente no território. Diante da perda, o grupo articulou-se contra o pedido de usucapião da Agrária na justiça, em 1981. No Paraná esse é um caso raro de retorno de uma comunidade para as terras, tendo em vista que as famílias foram expulsas mediante conluio das classes oligárquicas e do Poder Judiciário estadual, que só foi possível diante da organização do grupo quilombola e também da organização de ações coletivas na justiça para reaver as terras (BUT, 2022; SENE, 2008).

> [...] os mecanismos de expropriação do grupo têm raízes profundas nos pressupostos colonialistas que, escravizando africanos, desprezando a presença negra e promovendo europeus para o alargamento das fronteiras agrícolas, constituíram um projeto de nação que nega a existência de africanos e afro-brasileiros no Paraná. Na contramão desse projeto estão os homens e mulheres da Invernada Paiol de Telha, que podemos considerar importantes engajadores da luta quilombola no sul do país, modelando a emergência do movimento social quilombola neste Estado. (BUT, 2022, p. 531).

Narcisa Borges, uma das herdeiras quilombolas, contesta a ação da Agrária em meados de 1983 e requer o território doado por Balbina há mais de cem anos. Em outubro de 1975, a cooperativa agrária era dona dos direitos sucessórios de todas as áreas da Fazenda Paiol de Telha. Nessa toada, Rafael Palermo But explica que

> Dois anos depois da abertura do processo, Narcisa e seus irmãos se opunham judicialmente à ação alegando que a mesma fosse julgada improcedente, visto jamais terem cedido ou transferido seus direitos hereditários sobre as mes mas. Oito dias antes da contestação de Narcisa, em 26 de maio de 1983, outra herdeira contestava a ação. Na ocasião, Maria Luiza Abibe e suas filhas menores, declarando-se "sucessoras do ex-escravo Ignácio", alegavam não terem vendido ou cedido seus direitos hereditários na Invernada a nenhum daqueles que se intitulavam compradores. Por esta razão contestavam o argumento judicial posto pelo advogado da Cooperativa Agrária. (BUT, 2022, p. 532).

Após dois anos de abertura do processo de usucapião, Narcisa entra na justiça com processo pedindo a nulidade da ação da Agrária, alegando improcedência pois a terra era de direito dos herdeiros. Outra herdeira também contestou a ação no dia 26 de maio de 1983, no caso, Maria Luiza Abibe, ao declararem-se sucessórios dos ex-escravizado Ignácio sob alegação de não terem vendido o direito hereditário a ninguém. No processo pede que a justiça negue a ação da Agrária, como demonstram But (2022) e Sene (2008):

> Estranhamente, além das famílias de Narcisa e Maria, contestava a ação o próprio delegado e mencionado nos autos como o comprador dos direitos possessórios dos herdeiros: Oscar Pacheco dos Santos. O argumento posto por seu advogado, João Cunha, reforçava a tese de que a ação movida pela Agrária não preenchia os três requisitos básicos a serem cumpridos para os fins de usucapião: Em 29 de março de 1989, o caso foi julgado pelo poder judiciário em 1a Instância na Comarca de Pinhão, como favorável à Agrária. (BUT, 2022, p. 532-533).

No caso em voga, não cabia por parte da Agrária a ação por usucapião, visto que havia escravos morando na fazenda e estes nem sequer tinham negociado direito algum, e isso configura processo de expropriação de terras por meio de mecanismos clássicos de grilagens, afetando os ex-escravizados, que receberam o testamento do casal com direito a viver nas terras doadas. Contudo, em 1983 as famílias desistiram da contestação sem motivo aparente ou justificável, e os netos dos libertos Ignácio e Rita formalizaram a desistência e abandonaram a reivindicação via judicial. "Trata-se", afirma But, "de um pedido de impugnação da contestação contra a ação da Cooperativa movida pelo Estado do Paraná assinada pelos próprios advogados Edgard e Edno" (BUT, 2022, p. 533).

Isso quer dizer que os próprios advogados que representaram Narcisa e seus irmãos, no processo de contestação de ação de usucapião, pedem a impugnação indicando vício processual. Anota-se que o advogado Edison Sanches, procurador da Agrária Cooperativa, assina o pedido de impugnação junto ao advogado que representava Narcisa. O juiz da causa do pedido de impugnação era

> [...] José Amoriti Trinco Ribeiro, a época Luiz de Direito da 1ª Vara cível de Guarapuava. José Amoriti era filho de João Trinco Ribeiro, este, apontado pelos herdeiros como responsável por ludibriar os moradores da Invernada e falsificar assinatura no processo que culminou na transferência da posse para Oscar Pacheco dos Santos. (BUT, 2022, p. 533).

Em julgamento feito na comarca de Pinhal em março de 1989, a Agrária teve ganho de causa no processo. O juiz José Fagundes acolhe os argumentos da Agrária por entender que os ex-escravizados cederam os direitos a Oscar. Diz ainda que o proponente adquiriu o direito de todos os herdeiros que contestavam a ação e, portanto, a posse era da Agrária. No julgamento em "[...] outubro de 1991 pelos juízes Duarte Medeiros, e Mendes Silva, no Tribunal de Alçada do Estado do Paraná, como ganho de causa à Agrária a despeito das irregularidades e vícios jurídicos que marcaram o processo" (BUT, 2022, p. 534).

O casal doador era da freguesia de Palmeira, então município de Curitiba. Fixou-se na área rural, onde pôde prosperar no ramo da pecuária; faleceu em meados do século XIX sem deixar filhos. Provavelmente uma das avós de Narcisa, Rita, teria acompanhado os escravizadores nos campos de Guarapuava na condição de escravizados, servindo-os por um longo período. O fato é que Balbina e Manoel tinham vários escravizados, e, na época, Rita tinha 16 anos e já era escravizada pelo casal. Na ocasião, Rita casou-se com José, que era natural de Angola, outro cativo que vivia nos campos de Guarapuava e que passaria a fazer parte do rol de escravizados de Balbina e Manoel (BUT, 2022; SENE, 2008).

Diante disso, pode-se verificar que a mulher e os irmãos que contestaram em 1983 a ação da Agrária sobre as terras que sua avó recebeu de herança são, portanto, "descendentes de um casal de africanos trazidos para o Brasil através do tráfico transatlântico no século dezenove" (BUT, 2022, p. 535). O caso, do ponto de vista histórico, é de bastante importância. Isto porque os herdeiros, antes de tudo, têm ligação direta com os povos nascidos em África. Não obstante, Rita e José eram de Angola, eram outro casal do plantel de escravizados de Manoel e Balbina. Feliciana e Heleodoro eram crioulos. Heleodoro foi batizado na freguesia onde nasceram seus senhores, no município de Palmeira, na mesma época em que Rita. Certamente Heleodoro acompanhou o estabelecimento de Balbina e Manoel nas terras de Guarapuava, prestando-lhes serviços na condição de escravizados, até a morte do referido casal (BUT, 2022; SENE, 2008).

> O testamento de Balbina informava que a invernada denominada "Paiol de Telha" estava localizada na "fazenda Capão Grande, principia[ndo-se] desde o Portão até o Rio da Reserva". Tanto a Invernada quanto as "terras e culturas nela existentes", passavam a pertencer, segundo o documento, "a todos os escravos [...] e às suas famílias, para nele morarem, sem nunca poderem dispor, visto como fica patrimônio dos mesmos". O direito às referidas terras contemplava, na ocasião, 14 dos 16 homens e mulheres que, por diferentes trajetórias impostas pelas dinâmicas do escravismo transatlântico e interprovincial, estavam juridicamente condicionados a servir o casal. (BUT, 2022, p. 534-535).

Testamentos de terras deixados para os ex-escravizados por agentes do colonialismo não eram raros. Entretanto, configura-se em algo anormal, pois as privações dos negros à terra são marcadas pela injusta estrutura fundiária de suas terras. O testamento está longe de garantir direitos à regularização fundiária de suas terras, e isso explica que há séculos dezenas de comunidades quilombolas esperam a legítima titulação de suas terras. Mesmo no pós-abolição, com efetivo desmonte do escravismo, nos moldes de vigência colonial, há um impasse em se reconhecer que grupos quilombolas possam viver com direito de acesso à terra. Para os que foram escravizados por Balbina e Manoel, em se tratando de direitos a cultura e terra, estar no Paiol de Telha era a condição para a liberdade dos que foram, até então, subjugados ao cativeiro (BUT, 2022). A liberdade é sinônimo de acesso à terra, que se faz na experiência tecida na história, na luta por direitos. A esse respeito, Rebeca Campos Ferreira argumenta que

> A noção de territorialidade converge para a delimitação de território étnico determinado, que extrapola as classificações atribuídas pelo Estado, as quais englobam a dimensão simbólica, contendo modos particulares de utilização de recursos naturais e de acesso. [...] toma análise de terras de uso comum, submetidas às variações locais com determinações específicas, conforme a autorrepresentação e autonominação de cada grupo enfatizando condições de coletividade baseada no compartilhamento do território e da identidade. (FERREIRA, 2012, p. 685).

A quilombola, segundo esta autora, abrange uma gama de situações de uso da terra, e isso vai além da dicotomia fuga e resistência, pois, na condição de sujeitos coletivos, os quilombolas "devem ser tomados em sua dinâmica política, entre as quais perpassa a noção de territorialidade" (FERREIRA, 2012, p. 683). O fato é que esse grupo tem, no decorrer da história, ligação com a Invernada Paiol de Telha. O território tradicional simboliza as marcas da história para pessoas como Heleodoro, Rita, Feliciana, José e seus familiares, que, a exemplo de tantos outros em todo o Brasil colonial, viveram experiências do cativeiro. Seria, então, ingênuo supor que os sujeitos negros e seus sucessores tivessem uma vida fácil nas terras da invernada. A extensão territorial de Paiol de Telha, também chamada de Fundão, perfaz uma área de 3.500 alqueires, devidamente registrados em Guarapuava. Em 1997, os irmãos Eugênio Guimaraes e Domingos, bisnetos dos libertos, passaram a pleitear uma forma de retorno ao quilombo legado a Ernesto. Domingos e Eugênio delegaram poderes de representante legal aos advogados Dimas Salustiano da Silva, Daniel Gaio e André Sabóia Martins para promover medidas judiciais visando ao retorno às terras (BUT, 2022; SENE, 2008).

> Em maio de 1995, o mesmo Domingos assinava, conjuntamente com seu irmão Eugênio e outros dois herdeiros (João Maria Rodrigues e Diógenes Marques), um Termo de Declaração no "Centro de Apoio Operacional das Promotorias de Defesa dos Direitos e Garantias Constitucionais", contando a história da Fazenda Invernada Paiol de Telha e reafirmando as versões dos fatos apresentadas no documento de 1994, sobre as ações violentas de Oscar Pacheco dos Santos [...]. (BUT, 2022, p. 543).

A Pastoral da Terra, na figura de advogados como Darci Frigo e Dionísio Vandersen, entra com as primeiras ações para criar uma associação de representantes para as demandas ao poder público, com a intenção de coletivizar as ações judiciais, pois assim acreditava ter mais sucesso de vitórias judiciais. Em novembro de 1995, aconteceu a primeira ação para tratar sobre o testamento de Balbina e sobre a necessidade de se mapear as famílias que têm direito à terra e que por ora estão espalhadas na região. Dessa reunião participaram cerca de 30 herdeiros, os quais, entre agregados e outros, superaram 200 pessoas.

Mais de uma década depois que Narcisa questionou o processo de usucapião movido pela Agrária, o casal Domingos Santeiro e Anália foi acompanhar na área onde sua família morava nas terras de Paiol de Telha; isso se deu em 15 de novembro de 1996. No total, 14 membros das famílias dos herdeiros deram o pontapé inicial à retomada do quilombo. Assim como Narcisa, Domingos Santeiro é neto dos africanos Rita e José, e também neto de Feliciana e Heleodoro, assim como seu cônjuge, Anália. Antes de retornar para as terras, essas famílias viveram por um tempo no Jardim Aeroporto em Guarapuava. Depois trabalharam por 18 anos em uma fazenda próxima, antes de acampar nos barrancos em Fundão, em 1996. Diante do retorno, a Agrária de imediato entrou com pedido de reintegração de posse. Para demonstrar que são donos de Paiol de Telha, levaram uma cópia "da certidão expedida no 1º cartório de Protesto de Títulos e Registros de Títulos da Comarca de Guarapuava, dando conta da alforria e doação feita por Balbina a seus ancestrais libertos com cláusula de inalienabilidade". O documento é a prova do direito ao território; "O oficial de justiça que cuidava da ação, ao lê-la no momento, disse a um dos administradores da Agrária presentes que as terras eram realmente das famílias acampadas" (BUT, 2022, p. 546).

Em 1997, o número de acampados já chegava a 40 famílias, que montaram barracos nas cercanias das terras reconquistadas. Rapidamente, já chega a 150 famílias em Paiol de Telha. A Agrária entra com um novo pedido de reintegração de posse, e os acampados saem de dentro da área e acampam nos barrancos laterais, na beira da estrada. O ato é considerado o auge da luta pela terra quilombola. O grupo passa a enfrentar momentos de muita violência e ameaças de morte por jagunços da Agrária (BUT, 2022; SENE, 2008).

Depois de anos de disputa judicial para reaver as suas terras, a comunidade Paiol de Telha, localizada no município de Guarapuava, região Centro-Sul do Paraná, consegue efetivamente retornar à parte de suas terras, o que efetivamente ocorreu em 2019, quando o Incra emitiu título coletivo de suas terras, fração pequena daquilo que o grupo tem por direito, correspondente à fração

> [...] dos 2,9 mil hectares reconhecidos como território de direito da comunidade. Trata-se 255 hectares no interior da Fazenda Paiol de Telha: pouco, se comparado ao montante a ser regularizado, mas uma conquista grandiosa e histórica para as famílias. (BUT, 2022, p. 550),

Isto será mostrado na imagem a seguir, da mulher com o título emitido pelo Incra em 2019. Acrescente-se aqui que Paiol de Telha tem o processo de regularização fundiária mais avançada de todas as 37 reconhecidas pela Fundação Cultural Palmares.

Figura 20 – Mulher quilombola com o título coletivo do território da comunidade Paiol de Telha/PR

Fonte: But (2022)

O território, até então, estava em disputa judicial com a cooperativa agrária que entrou com processo de usucapião em 1981. A fazenda, no entanto, é fruto da doação feita por Balbina a seus escravizados, com cláusula de inalienabilidade. Como objeto da escravidão, o escravizado não tinha acesso à terra, o que se refere a milhares de pessoas provenientes da diáspora africana. Isso do ponto de vista jurídico. Ocorre que a tal liberdade jurídica não significa direito à regularização fundiária, como é o caso de Paiol de Telha. A privação de direito à terra é uma regra em se tratando de comunidades quilombolas (BUT, 2022; SENE, 2008).

> Treze anos após Narcisa contestar o processo de usucapião movido pela Agrária, o casal Domingos Santeiro e Anália subia em uma caminhonete emprestada de um conhecido para acampar na área de moradia de sua família nas terras da Invernada. Era madrugada do dia 15 de dezembro de 1996. Acompanhava o casal o genro Osvaldo, além de membros da família de Ovídio, totalizando 14 pessoas. Na ocasião, foram estas as duas famílias dos herdeiros a iniciarem o processo de retomada das terras. Domingos Santeiro é, como Narcisa, neta dos africanos Rita e José. É também neto de Heleodoro e Feliciana, assim como sua esposa Anália. (BUT, 2021, p. 545).

Figura 21 – Foto de membros da comunidade Paiol de Telha/PR

Fonte: But (2021)

Até então morando em condições precárias no bairro Aeroporto em Guarapuava, a família de Santiago e Anália, depois de ser expulsa de suas terras e ter vivido na cidade, foi morar próximo a Invernada, tendo permanecido ali por 18 anos, onde trabalhou como empregada para o dono da Fazenda Invernada. Retornaram para Guarapuava em 1996 e depois voltaram para o Fundão. Em 2005, Paiol de Telha recebe documento de autorreconhecimento como comunidade quilombola expedido pela CFP, sendo esta, assim, a primeira do estado do Paraná e ser certificada pelo órgão (BUT, 2022; SENE, 2008).

Em se tratando de Paiol de Telha, foi fundamental a organização da comunidade mediante as associações para fazer frente à omissão do próprio Estado, a qual, mesmo tendo por direito a herança de terras, passou a sofrer ações de latifundiários locais que questionavam o direito constituído em testamento por Balbina. "Para fazer oposição a esses fatos, os herdeiros criaram uma organização que buscou, não somente divulgar o que estava ocorrendo, mas também intervir diretamente nas diretrizes que foram aplicadas para o julgamento do processo" (SENE, 2008, p. 81).

Assim, a luta pela identidade se conecta diretamente com a terra para daí, então, garantir a manutenção da sua história, "sem ruptura imposta pelo processo de expropriação" (SENE, 2008, p. 101).

A resistência desse povo em retomar as suas terras é um fato histórico relevante, tendo a estrutura agrária e o poder do Estado atuando em favor de fazendeiros, no caso, agentes expropriadores. A situação da negação de direitos tradicionais torna-se flagrante na estrutura agrária paranaense, e a Fazenda Fundão passa a ser o lócus de luta pela terra de agentes sociais. Enquanto as famílias permaneciam acampadas nos barrancos, os advogados entraram com uma nova reintegração de posse. A conquista da titulação parcial dessa comunidade só ocorreu 20 anos depois da constituição do primeiro acampamento pela família Santeiro e, a rigor, 30 anos após Narcisa e sua família entrarem com uma contestação de usucapião feita pela Agrária, mais de 50 anos depois que os quilombolas foram expulsos de suas terras (BUT, 2022; SENE, 2008).

4.8 O caso da comunidade negra João Surá, no Vale do Ribeira

No Vale do Ribeira, na extensão geográfica paranaense, vivem 11 comunidades quilombolas. É um número relativamente significativo. Nessa região montanhosa com características de isolamento, existem 29 municípios, sendo 7 no Paraná e 22 em São Paulo. Destes, integram a unidade territorial parcialmente 21 municípios no Paraná e 18 em São Paulo, como será visto no mapa a seguir.

Mapa 5 – Comunidades quilombolas no estado do Paraná, com destaque ao Vale do Ribeira

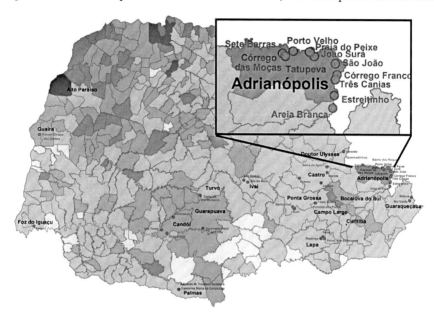

Fonte: disponível em https://www.google.com.br. Acesso em: 24 ago. 2022

Um detalhe que chama atenção é que esse quilombo é protegido pela formação geográfica local. A vegetação densa, os rios e as serras foram importantes e contribuíram com a formação e a permanência das comunidades no local, na medida em que havia acesso fácil aos mineradores que passaram a viver na extensão do Rio Ribeira. Ainda assim, todos sofrem invasões de externos (MOSCAL, 2015).

> No Paraná é recente a disposição de dados abrangentes sobre o contingente de comunidades remanescentes de quilombos. Passados mais de 200 anos da presença de quilombos no estado, o Grupo de Trabalho Clóvis Moura (GT) Clóvis Moura mapeou no Paraná 87 comunidades negras rurais através de ações desenvolvidas de 2005 a 2010. Foi por intermédio de (GT) que 36 comunidades quilombolas foram certificadas pela Fundação Cultural Palmares [...]. (MOSCAL, 2015, p. 145).

A comunidade João Surá, como as demais, tem ao redor área de plantio de pínus, junto a áreas de pecuária extensiva e também agricultura para fins comerciais. No ano 2000, foi promulgado o Sistema Nacional de Unidades de Conservação (Snuc), que reflete, na verdade, as políticas conservacionistas. Isso quer dizer que, no período anterior, havia área de proteção integral, não podendo então haver interferência humana. A criação da Reserva de Desenvolvimento Sustentável (RDS) ocasionou mudança na forma de pensar em relação à preservação de recursos naturais por parte das comunidades tradicionais. Essa reserva abriga em seu espaço territorial comunidades negras diversas, o que se dá em sistemas sustentáveis de extração de recursos naturais que perpassam as muitas gerações, e adaptação a condições ecológicas locais, como a proteção da fauna e da flora local. A comunidade tem ciência da importância ambiental (MOSCAL, 2015).

No entanto, há conflito entre as comunidades e a gestão institucional do território, que está longe de um consenso. Conforme Moscal,

> O poder público muitas vezes pratica uma postura utilitária com as populações residentes no interior e no entorno das UC, pois as condições de como essas deverão ou não pescar, caçar, fazer extrativismo e agricultura tendem a ser impostas através de dispositivos legais e de fiscalização. (MOSCAL, 2015, p. 148).

O problema, aponta a autora, é que se cria uma Unidade de Conservação (UC), há um problema de controle das comunidades locais, que é a negação do direito de uso coletivo de recursos naturais para a geração de renda. A UC alterou a dinâmica do grupo. No passado, os habitantes de João Surá faziam uso de trilhas abertas dentro da mata densa, cujo objetivo era fazer visitas às vizinhanças, em muitos casos, transportar erva-mate da cidade de Bocaiúva do Sul/PR até Iporanga, em São Paulo, para comercialização, assim como para fazer romarias, cerimoniais e festas de casamento. Nesse sentido, é possível aferir que a comunidade tem seu espaço restringido, ora por interesses econômicos, ora por ambientais rígidos.

> Atualmente tem em seu entorno um vasto plantio de pínus entremeados por áreas de pecuária extensiva e agricultura comercial. Muitas famílias praticam a agricultura de subsistência, que vem sendo incrementada por ações de cunho agroecológico com destaque aos sistemas agroflorestais que iniciaram na região a partir de 1998, especialmente através da Cooperafloresta (Associação dos agricultores de Barra do Turvo/SP e Adrianópolis/PR). (MOSCAL, 2015, p. 149).

Conforme a pesquisadora, o Parque Estadual das Lauráceas (PEL) entende-se por cerca de 30 mil hectares de áreas preservadas. É interessante anotar que, por parte do Estado, há preocupação em preservar a área, contudo não se pode dizer o mesmo em se tratando de agentes de fora que têm interesse em explorar a região. Por outro lado, não se tem o mesmo cuidado em reconhecer as comunidades negras que há mais de 200 anos vivem no local. Não se respeita a sua lógica de vida inserida no princípio da agroecologia.

Para Moscal (2015, p. 151), chama atenção que nesse caso o poder público tem um conceito de território inscrito em "códigos geopolíticos do Estado-Nação", cujo pressuposto é de que, por meio da territorialização, se define identidade. Nesse caso específico de criação de parques como unidade de conservação permanente, tem-se a formulação de um agravante para grupos negros quanto aos direitos pelas terras. As unidades de conservação são mais um ingrediente no conflito por terras na vasta extensão do território nacional, envolvendo interesses quilombolas e questões de proteção ambiental.

O problema é o uso da legislação ambiental para a negação de direitos. As regras rígidas empregadas pela administração pública contra as populações quilombolas locais acabam, como no caso de outro exemplo no Norte do país, na região amazônica, por produzir um

> [...] processo de deslocamento compulsório é diretamente oposto ao que designa como "emigração", ou mesmo "migração". Nessas situações de conflitos que observei após a implementação do Parque Nacional do Jaú, tem se registrado todo tipo de violência. (SILVA, 2016, p. 63).

Nota-se que os dois casos, tanto no Sul quanto no Norte, mesmo estando a quilômetros de distância, são semelhantes para as populações quilombolas que vivem nesses locais. No caso emblemático do Vale do Ribeira, tem-se como norte não o respeito ao território quilombola, mas incorporar a este uma perspectiva de um território nacional sob o pretexto de uma suposta consciência ambiental. Há, contudo, uma questão de sobreposição de interesses institucional e local, que se dá pela criação da Unidade de Conservação do Parque Estadual das Lauráceas (UCPEL). As comunidades negras entram, assim, em um processo de isolamento entre si e também perdem acesso à cidade de seu município, no caso em questão, Adrianópolis.

As comunidades quilombolas no entorno do PEL, por razões de isolamento com o estado do Paraná, mantêm relações econômicas com o estado de São Paulo, isso porque há livre trânsito, e a divisão é só territorial — na prática, existe apenas no mapa. Essas comunidades inseridas nesse contexto passam a ter problemas administrativos devido a suas dificuldades políticas, considerando-se as péssimas condições das estradas e a distância que os quilombolas têm de atravessar para acessar o perímetro urbano de Adrianópolis, assim como Bocaiúva do Sul (MOSCAL, 2015). No mapa, é possível identificar a irregularidade do terreno que está sob proteção ambiental.

Mapa 6 – Parque Estadual das Lauráceas, Vale do Ribeira/PR

Fonte: disponível em: https://www.google.com.br/search?q=parque+estadual+das+lau-cacias&hl=pt-BR. Acesso em: 24 ago. 2022

Mapa 7 – Parque Estadual das Lauráceas/PR

Fonte: disponível em: https://www.google.com.br. Acesso em: 24 ago. 2022

Por essa razão de proximidade com Barra do Turvo ou Apiaí, principalmente pelas condições precárias e falta de estradas em território paranaense, não há saída, senão a de buscar serviços de saúde em outras localidades paulistas. Anota-se, antes de tudo, que os membros já falecidos da comunidade negra de João Surá, Córrego do França, Estreitinho e Três Canais, todas localizadas nos limites territoriais de Adrianópolis, foram sepultados em Barra do Turvo/SP. Moscal (2015, p. 153), a respeito disso, escreve que

> Como decorrência de um processo de territorialização política fundiária construído pelo Estado a partir das décadas de 196/70 com incentivos fiscais para a colonização agrária e implementação de políticas de proteção ambiental, tem-se a tutela das terras devolutas visando favorecer interesses

políticos maiores em escala local. Assim, a área de criação do Parque Estadual das Laucáceas ganha nova configuração com sua ocupação por diferentes grupos sociais.

A autora observa uma questão sintomática para esses grupos tradicionais em diversos locais do território paranaense. Os especuladores fundiários e os fazendeiros da região, valendo-se dessa estrutura emblemática, acessaram a terra por meio de estratégias as mais diversas, e foram bem-sucedidos. Lograram êxito em adquiri-las por preços irrisórios, aproveitando-se de métodos e posses individuais, assim como de uma condição econômica altamente favorável, a desvalorização de terras no Vale do Ribeira, por si só meio fraudulentos mais do que suficiente em se tratando do modelo agrário no Brasil. Compram-se terras a baixos preços visando a altos lucros no futuro (MOSCAL, 2015). As regras de proteção ambiental, neste caso em análise, só são rígidas para as comunidades tradicionais que usam a mata para praticar o extrativismo sustentável. É uma situação paradoxal.

Como não poderia ser diferente, os quilombolas relataram a existência de invasores na região, apesar do suposto isolamento geográfico e político. À medida que as pessoas vão deixando o local, por razões conhecidas, deixam um vácuo, alimentando a especulação econômica. O vazio demográfico dirigido está em curso na região especialmente desde a década de 1980, e ocasiona um processo de expulsão de moradores quilombolas, impulsionados principalmente pelo plantio de eucalipto e de pínus, além da pecuária comercial, da cultura de reflorestamento, das aberturas de empresas privadas e da própria criação do PEL. As 11 comunidades que integram essa região vivem processo permanente de expropriação. São quase inexistentes as condições de reprodução material dos grupos que vivem espremidos dentro de seus espaços (MOSCAL, 2015).

No Vale do Ribeira, no lado paranaense, existe um importante percentual de propriedades que apresentam de alguma forma problemas quanto à regularização fundiária. Sem regras, a sucessão familiar em propriedade de pequeno porte ocorreu sem a emissão de posse nem registros em cartórios. As transmissões eram feitas, na sua maioria, "de direito a terra" (MOSCAL, 2015, p. 154). Paradoxalmente, o próprio PEL é composto por empresas de grande porte que atuam no ramo de reflorestamento; com destaque especial à Berneck Reflorestadora e à Arauco do Brasil, e por agentes econômicos pecuaristas que detêm grandes áreas de terra na região. São grupos que mantêm importante atuação em sistemas agroflorestais.

Há também sitiantes que adquirem terras em áreas quilombolas. Grande parte dos moradores que vivem nas imediações das comunidades retira palmitos para fins comerciais. Essa atividade é proibida na região e no estado. Contudo, quando os fiscais flagram tal ação por moradores não negros, ignoram a ação. Nunca é demais afirmar que nessa região há um interesse nas "terras pelo agronegócio para fins de produção de *Commodities*" (MOSCAL, 2015, p. 155).

De acordo com a autora, existe uma contrapartida. As forças econômicas, até certo ponto, aceitam as regras estabelecidas no Sistema Nacional de Unidade de Conservação e no Plano Nacional de Unidade de Conservação de Áreas Protegidas, que asseguram o respeito às áreas extrativistas e às áreas de conservação, mas com a condição de não interferência em seus interesses de expansão, o que, ao mesmo tempo, serve para forjar uma falsa consciência ambiental e uma suposta preocupação com as futuras gerações. Nessa lógica, o que importa é incluir outros sujeitos não quilombolas na lógica de exploração, agentes políticos e econômicos, para acirrar os conflitos e abrir caminho para acelerar a expulsão de comunidades tradicionais.

Para Moscal (2015), o quilombo João Surá vive um drama. Isso se dá em razão de queimadas de pastagens, as quais ameaçam queimar também as casas quilombolas; bloqueio de estradas e caminhos utilizados por eles; construção irregular de cercas que adentram as pequenas áreas de plantação coletiva, o que impede o acesso às roças e às casas; soltura de bovinos nos corredores, o que atrapalha a circulação de crianças até mesmo para tomar o transporte escolar. Essa realidade se estende às comunidades Córrego do Franco, São João, Três Canais e João Surá.

4.9 O trabalho

Em João Surá, as terras ocupadas são de cerca de 10 hectares. Os moradores vivem da agricultura de subsistência, extrativismo, caça, pesca, pecuária em pequena quantidade e extrativismo. Buscam outras atividades para complementar a renda. Trabalham no corte de pínus para fazendeiros locais. Outros se dedicam ao cultivo de terras. Plantam milho, mandioca, arroz, feijão, cana-de-açúcar. Cerca de 75 pessoas trabalham fora como boias-frias, e outras 20 recebem pensão. Apesar de viverem em seu território, é como se não possuíssem terra. Os mais jovens buscam novas estratégias de sobrevivência fora e, de maneira geral, apresentam pouca perspectiva de futuro. Trabalham também para empresários das madeiras nas proximidades. O trabalho é sazonal, pois dura pouco tempo, além do mais, não possuem registro em carteira, o que não lhes garante a proteção social. Por mais paradoxal que possa ser, as madeireiras são um dos principais problemas para a comunidade, uma vez que estão inseridas em uma lógica de degradação ambiental e de expropriação do próprio território (CAMBUY, 2006).

A comunidade está localizada na bacia hidrográfica do Rio Pardo, na divisa entre Paraná e São Paulo. De acordo com Lobo (2010), são 114 pessoas, sendo 69 homens e 45 mulheres, distribuídas em 38 famílias. Acima de 18 anos, somam 73 pessoas; de 7 a 18 anos, 28 pessoas; e 13 pessoas de até 6 anos.

4.10 Sobre a titulação coletiva das terras quilombolas

Os debates a respeito das terras quilombolas tomaram maior dimensão no Brasil a partir do início do século XX. O Estado brasileiro usa historicamente a terminologia "remanescentes de quilombos" em âmbito jurídico, levando-se em conta elementos para a titulação, considerando a relação de territorialidade, ancestralidade e trajetória histórica própria. Na academia, costuma-se usar terminologias diversas. "Comunidades negras rurais", "territórios quilombolas", "territórios de pretos", "quilombo contemporâneo", "território tradicional negro". Cabe ao Incra fomentar políticas públicas e preferir títulos de reconhecimento territorial para fins de orientar procedimentos de pedidos de titulação territorial das comunidades negras devidamente reconhecidas pela FCP (PEREIRA; OLIVEIRA, 2019).

A relação com os antepassados possibilita que grupos negros produzam um discurso para fins de angariação de direitos. É paradoxal o fato de eles terem que acessar a ancestralidade para pressionar o Estado a reconhecer direitos, uma vez que já constam na Constituição de 1988. As autoras supracitadas apontam que esse processo de reconhecimento identitário deve ser retroalimentado de forma constante para as comunidades devido à demora em titular as suas terras. Ao se assumirem como quilombolas, passam a ser discriminados e ao mesmo tempo, de forma positivada, buscam a formulação de políticas públicas, muito embora, como destacamos anteriormente, as africanidades presentes, tão somente, não garantem direitos básicos, como saúde, trabalho e educação. Esse é o caso de uma imensa maioria das comunidades em todo o Brasil (PEREIRA; OLIVEIRA, 2019).

A lentidão e a falta de interesse político por parte dos governantes sobrepõem-se aos direitos à terra.

> Por se tratar de uma ação conjunta com o Incra, com a FCP e os governos municipais e estadual, a política de titulação de terras quilombolas é extremamente burocrática em relação à forma de aquisição das terras brasileiras ao longo do tempo, o que dificulta o andamento do processo. Vários sujeitos que representam o poder no território, em diferentes graus, estão envolvidos, a começar pelos quilombolas, já que o processo de titulação tem início a partir da autodeclaração de suas identidades na maior parte dos casos, devido a sua própria autonomia e consciência que algumas comunidades vêm ganhando ao longo do tempo. (PEREIRA; OLIVEIRA, 2019, p. 155).

O território quilombola é permeado por diversas relações de poder, que operam sobretudo no plano simbólico. Primeiro, deve-se observar a vertente jurídica e política em disputa. Nesse caso em específico, o poder público acaba por assumir o controle sobre as terras e as políticas públicas que devem constar como direitos quilombolas, o que se evidencia na efetiva e irrevogável titulação, mas também por meio de uma relação de legitimação do grupo com o vivido no território, seus vínculos e relação de afeto.

Em Água Morna, por exemplo, a oralidade indica um caráter político da territorialidade e o desejo por reconhecimento jurídico que alimente o direito coletivo. O caráter coletivo, para Pereira e Oliveira (2019), suscita, na verdade, no entorno da terra, maior mobilização dos grupos quilombolas. Contudo, os arranjos burocráticos e políticos das elites agrárias, como já assinalam, acabam se sobrepondo aos direitos. O reconhecimento pela FCP não garante direitos efetivamente. No Paraná ou no Brasil, muitas comunidades não têm direito a educação, trabalho, moradia e saúde. Muitas se encontram em situação de isolamento.

> Desde 2003, ano de publicação do Decreto 4.887, das 1.715 comunidades com processos de titulação, aberto pelo Incra, cerca de 120 foram tituladas (Incra, 2018). Conforme a FCP (2008), entre os anos de 2004 e 2017 foram certificadas 3.051 comunidades em todo o Brasil, tendo sido emitidas 2.547 certidões de reconhecimento para abertura de processo

de titulação no Incra. Nesse contexto, há uma disparidade significativa entre a quantidade de certidões em relação ao número de processos abertos no Incra, pois somente 1.715 das 2.547 comunidades com certidão expedidas estão com processos abertos, boa parte deles estancados no referido órgão. (PEREIRA; OLIVEIRA, 2019, p. 159).

Tomando como referência as comunidades Boa Vista dos Negros e Acuanã, em Roraima, as autoras consideram que a paralisação ou estancamento dos processos de titulação é um problema a ser considerado, porque torna-os ainda mais lentos. Essa tem sido a situação das comunidades quilombolas nas suas mais variadas localidades, sejam quilombolas urbanos, sejam rurais. Dados do Incra (2017) apontam que as terras quilombolas já tituladas têm uma abrangência de somente 0,12% da área total do território brasileiro. Nesse cenário, a expectativa é de que a titulação de todas as comunidades negras não chegue a 1% das terras. Por outro lado, em situação bastante diferente, as propriedades do grande latifúndio correspondem a cerca de 40% do território nacional. Apesar de tudo isso, alimentam expectativas da titulação das terras como uma forma de mudar de vida; apesar das demoras, os quilombolas continuam a esperar que um dia o Estado cumpra o seu dever constitucional. Esperam ter a terra para plantar em uma quantidade maior do que as que sobraram diante da expropriação (PEREIRA; OLIVEIRA, 2019).

4.11 Quilombos no Brasil identificados até o ano 2000

Neste subcapítulo, tem-se a intenção de fazer um rápido levantamento das condições das comunidades nas regiões brasileiras, de suas expectativas, suas dificuldades e seus processos de certificação, titulação territorial e localização geográfica. Ressalta-se que os mapas de identificação não abrangem o novo contexto político a partir de 2003, com a publicação do decreto presidencial 4887/2003, portanto os números são bem abaixo do que consta em dados da Fundação Cultural Palmares.

De acordo com Rafael S. A. dos Anjos (1999), até o ano de 1999, as comunidades quilombolas estavam distribuídas da seguinte forma nas regiões do país: no Sul, existiam 15 comunidades quilombolas, sendo uma 1 no Paraná, 5 em Santa Catarina e 9 no Rio Grande do Sul. No Sudeste,

88, distribuídas assim: em São Paulo, 43; Minas Gerais, 28; Espírito Santo, 11; e Rio de Janeiro, 6. Na região Centro-Oeste, 17: Mato Grosso do Sul, 5; Mato Grosso, 6; Goiás, 7. No Nordeste, o total era 511, com 250 na Bahia; 163 no Maranhão; 23 em Sergipe; 16 em Pernambuco; 16 em Alagoas; 14 no Rio Grande do Norte, 11; na Paraíba, 11 no Ceará; e 7 no Piauí. Na região Norte, total 212: Pará, 196; Amapá, 12. Os estados Amazonas, Rondônia e Acre não apresentaram registros oficiais.

Mapa 8 – Croquis do centro do remanescente de quilombo Jamary, Turiaço/MA

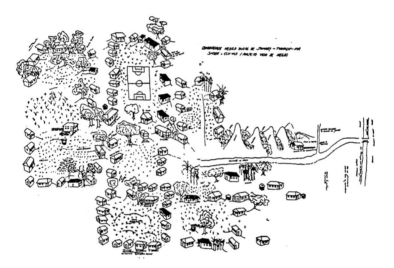

Fonte: Anjos (1999)

Mapa 9 – Croquis de comunidades quilombolas, estado do Amapá

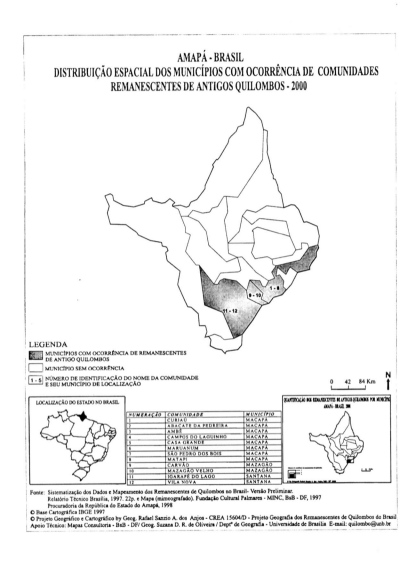

Fonte: Anjos (1999)

Região Nordeste

Mapa 10 – Croquis comunidades quilombolas, estado do Pará

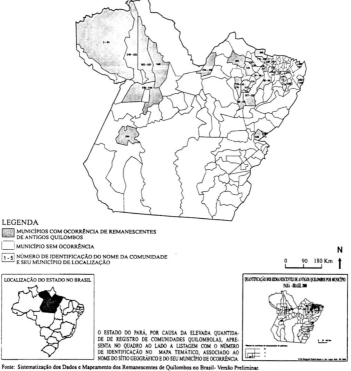

Fonte: Anjos (1999)

Mapa 11 – Croquis comunidades quilombolas, estado do Ceará

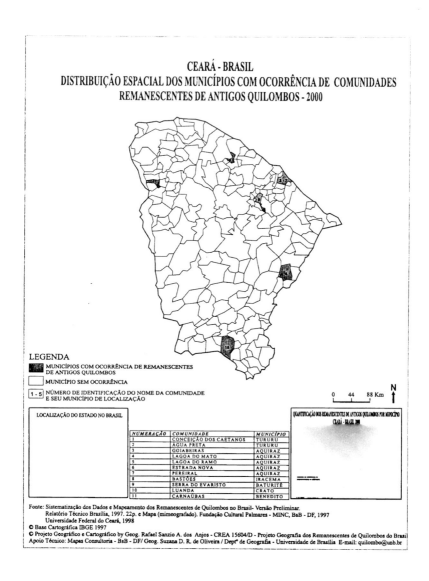

Fonte: Anjos (1999)

Mapa 12 – Croquis comunidades quilombolas, estado do Maranhão

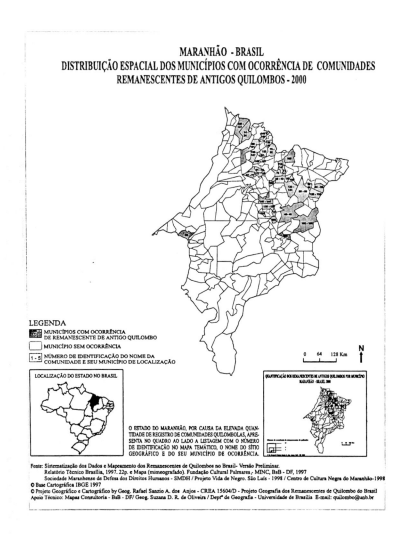

Fonte: Anjos (1999)

Mapa 13 – Croquis comunidades quilombolas, estado de Alagoas

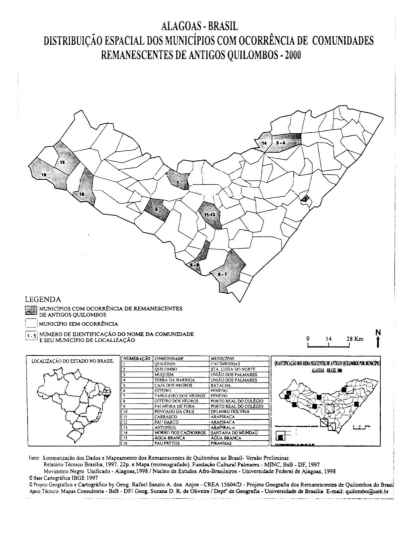

Fonte: Anjos (1999)

Mapa 14 – Croquis comunidades quilombolas, estado da Paraíba

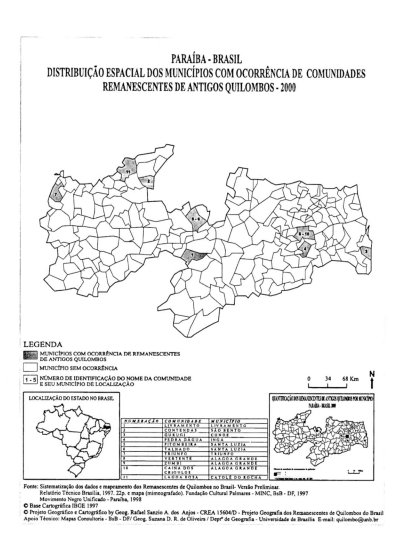

Fonte: Anjos (1999)

Mapa 15 – Croquis comunidades quilombolas, estado do Pernambuco

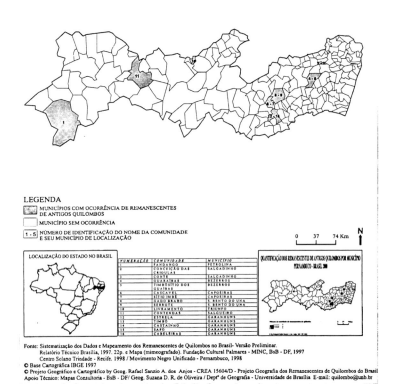

Fonte: Anjos (1999)

Mapa 16 – Croquis comunidades quilombolas, estado do Piauí

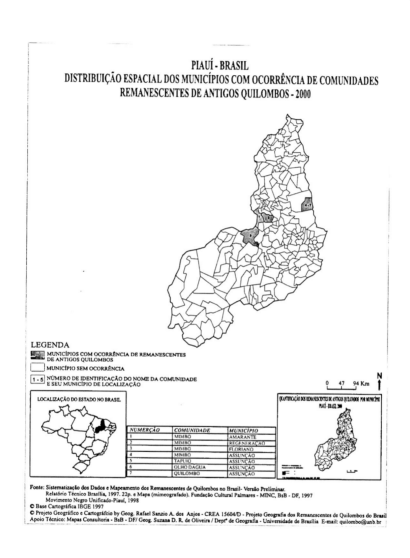

Fonte: Anjos (1999)

Mapa 17 – Croquis comunidades quilombolas, estado do Rio Grande do Norte

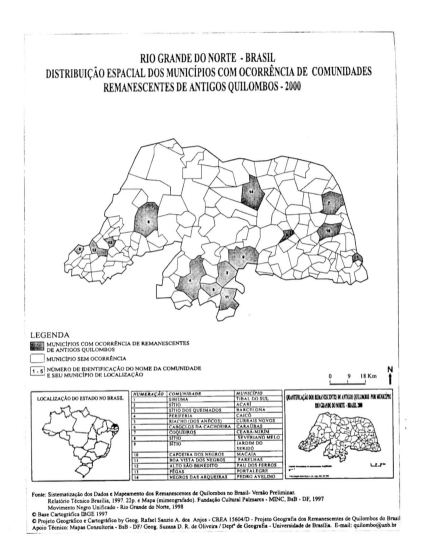

Fonte: Anjos (1999)

A EMERGÊNCIA DOS REMANESCENTES. QUILOMBO ÁGUA MORNA-PR: SUA MEMÓRIA ANCESTRAL E O CONFLITO AGRÁRIO NO TEMPO PRESENTE

Mapa 18 – Croquis comunidades quilombolas, estado de Sergipe

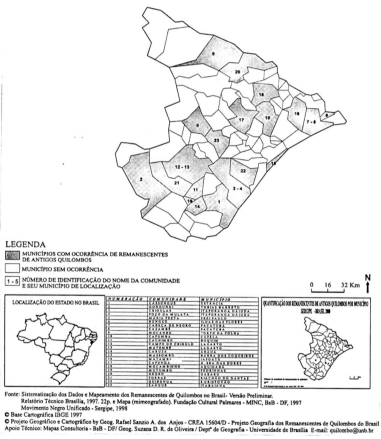

Fonte: Anjos (1999)

Região Centro-Oeste

Mapa 19 – Croquis comunidades quilombolas, estado de Mato Grosso do Sul

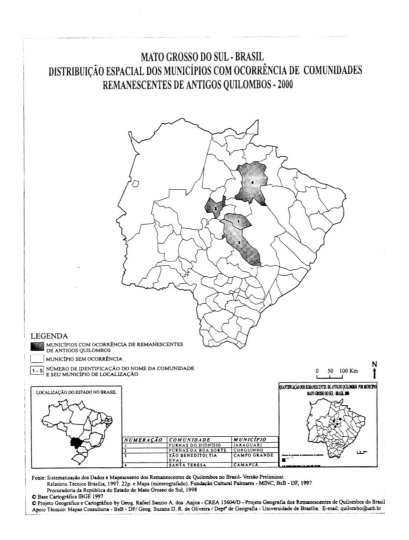

Fonte: Anjos (1999)

Mapa 20 – Croquis comunidades quilombolas, estado de Mato Grosso

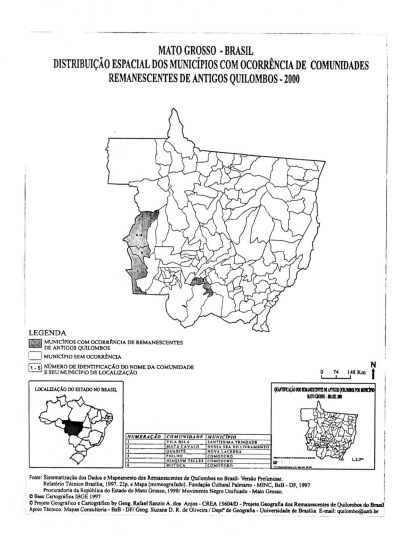

Fonte: Anjos (1999)

Mapa 21 – Croquis comunidades quilombolas, estado de Goiás e Distrito Federal

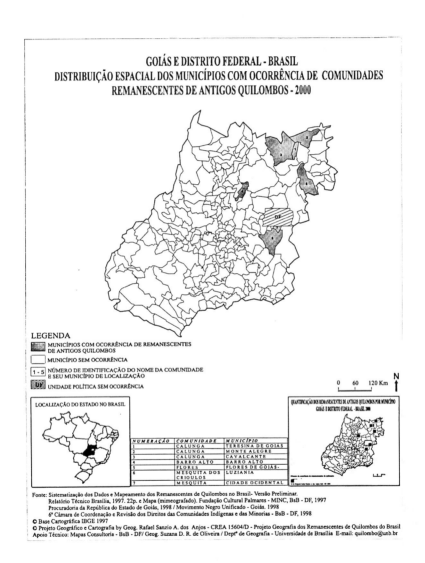

Fonte: Anjos (1999)

A EMERGÊNCIA DOS REMANESCENTES. QUILOMBO ÁGUA MORNA-PR:
SUA MEMÓRIA ANCESTRAL E O CONFLITO AGRÁRIO NO TEMPO PRESENTE

Região Sudeste

Mapa 22 – Croquis comunidades quilombolas, estado de Minas Gerais

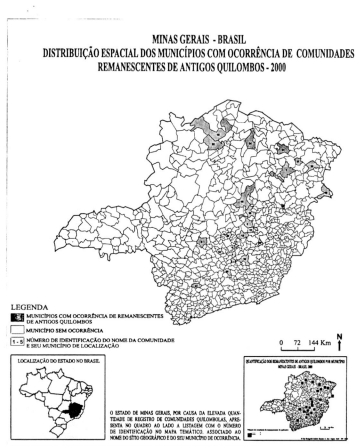

Fonte: Anjos (1999)

Mapa 23 – Croquis comunidades quilombolas, estado do Espírito Santo

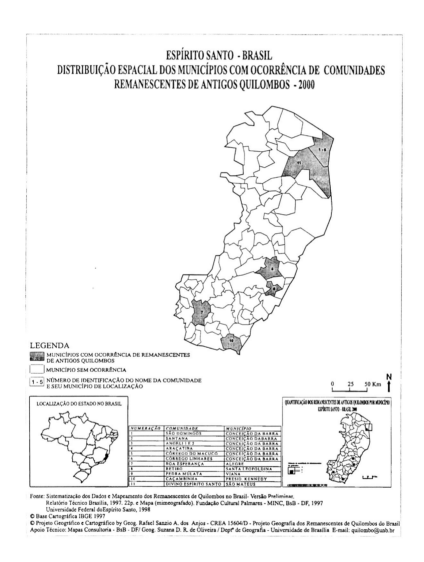

Fonte: Anjos (1999)

Mapa 24 – Croquis comunidades quilombolas, estado do Rio de Janeiro

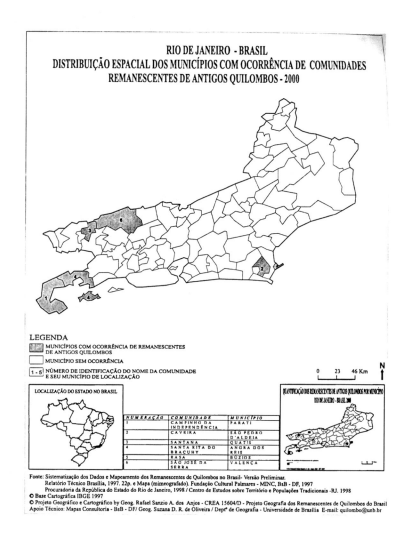

Fonte: Anjos (1999)

Mapa 25 – Croquis comunidades quilombolas, estado de São Paulo

Fonte: Anjos (1999)

A EMERGÊNCIA DOS REMANESCENTES. QUILOMBO ÁGUA MORNA-PR:
SUA MEMÓRIA ANCESTRAL E O CONFLITO AGRÁRIO NO TEMPO PRESENTE

Região Sul

Mapa 26 – Croquis comunidades quilombolas, estado do Rio Grande do Sul

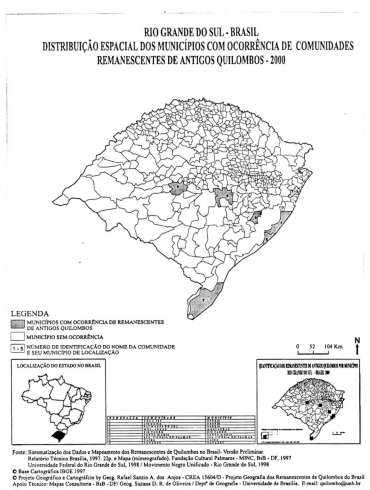

Fonte: Anjos (1999)

Mapa 27 – Croquis comunidades quilombolas, estado do Paraná

Fonte: Anjos (1999)

Mapa 28 – Croquis comunidades quilombolas, estado de Santa Catarina

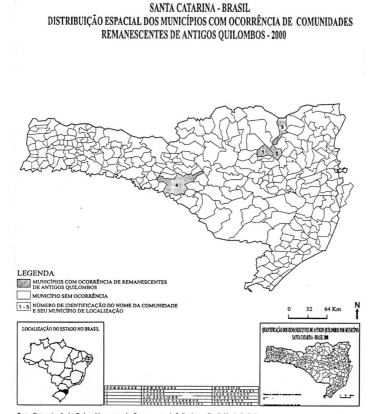

Fonte: Anjos (1999)

4.12 Quilombos identificados e certificados a partir de 2003: trabalho e dimensão econômica

O mapa a seguir mostra o avanço da identificação de 2003 até o ano de 2015, em todos os estados da Federação, e outras com processos abertos pelo Incra. Até o presente momento, são somente 154 comunidades que receberam os respectivos títulos coletivos.

Mapa 29 – Terras quilombolas tituladas e em processo

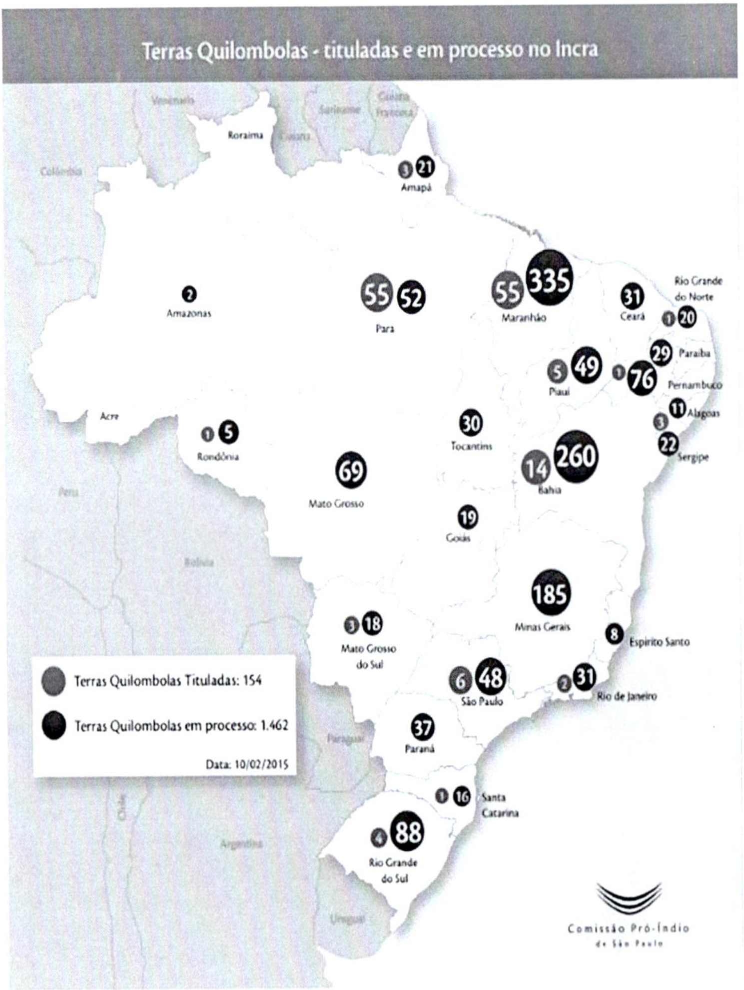

Fonte: Toda Matéria. Disponível em: https://www.todamateria.com.br/quilombos/. Acesso em: 22 jul. 2022

4.13 O quilombo Rosa: economia e trabalho

Analisando a economia do quilombo Rosa, em Volta Redonda, estado do Amapá, David Junior de Souza Silva (2020) assinalou que, no entorno do território, houve um redimensionamento econômico na questão do trabalho, e isso tem alterado as relações intergrupais, no momento que se observou uma transição da economia local. Indica ele que a economia da comunidade gira em torno do extrativismo, com uma parcela reduzida da venda do que sobra.

Observa ainda que há uma certa escassez do extrativismo, em função da pouca oferta do produto, o que se torna um elemento que afeta a comunidade. Nesse sentido, existe preocupação do grupo em relação à escassez de produtos de subsistência extraídos da mata, com o problema da questão ambiental, que é crônico no Brasil. Com o avanço do desmatamento, restam menos recursos naturais para a extração coletiva e, consequentemente, faltam açaizeiros, que produzem o fruto do açaí, como fonte de renda para a comunidade (SILVA, 2020).

Outro grave problema apontado pelo autor é o aumento de pessoas na região e o consequente nível de exploração do açaí, já quase exaurido para a comunidade. Nessa situação, como estratégia de sobrevivência econômica e material, os quilombolas de Rosa iniciam um movimento de dentro para fora em busca de emprego, mas, ainda assim, mantendo os vínculos comunitários. Essa é uma das respostas dadas por eles/as sobre a situação social em que estão imersos. Sobre isso, indica o autor que é mais uma

> [...] estratégia no âmbito funcional econômico do novo processo de territorialização é a ocupação de emprego assalariado. As irmãs Joelma e Josileide vivem na cidade onde têm trabalho assalariados. Joelson também o tem, em fazenda em Tartarugalzinho. Pinduca durante muito tempo também exerceu ofícios assalariados na cidade e no campo, porém retornou para Rosa para se dedicar ao projeto de agricultura comercial. Joice e Joel vivem na comunidade, porém exercendo empregos assalariados nas proximidades. Joel trabalha em uma empresa produtora de água engarrafada, próximo à cidade. (SILVA, 2020, p. 58).

No ano de 2017, em outubro, deram início a um projeto de trabalho na agricultura para fins específicos de comercialização dos produtos visando angariar renda. Essa atividade se dava com comerciantes locais, feirantes e mercadistas dispostos a comprar os produtos. Esse ramo de atividade, no caso específico da comunidade, é da agricultura comercial, com intuito de estabelecer uma produção em escala diversificada, com a produção de legumes, cebolinha, alface, coentro e couve (SILVA, 2020).

O quilombola Jadielson é o líder desse projeto, com outro integrante. Anota-se que tal projeto é orientado por princípios agroecológicos, como o não uso de agrotóxico. Outro aspecto a ser destacado é Jadielson dizer que a intenção do projeto não é acirrar a concorrência, mas fazê-lo de forma cooperativa entre os produtores que desenvolvem atividades semelhantes. Esses agentes, contudo, ainda que estejam inseridos em um contexto de atividade econômica, devem se esforçar para superar as disputas ao adotarem princípios de cooperação. Em dias de feiras, por exemplo, cada agricultor traz produtos diversificados para evitar concorrer com outro que vende o mesmo produto e, além de tudo, evitar a superexploração de preços de produtos. Como se nota, existe atividade de parcerias e cooperação quanto à oferta de produtos na feira. Destaque-se, contudo, os pequenos agricultores no quilombo do Rosa (SILVA, 2020).

Apesar do êxito dessa atividade econômica em âmbito territorial, em se tratando da produção de farinha, dá-se de forma artesanal e requer maior quantidade de pessoas em um trabalho intenso. Isso porque a farinha é a base da alimentação da comunidade e está presente em todas as refeições. O trabalho na produção desse item é cooperativo, pela natureza específica. Trabalham todos os membros das famílias, inclusive crianças, que na ocasião aprendem e se relacionam com os/as mais velhos/as. Na divisão e realização do trabalho da farinha, todos se revezam. A dinâmica desse trabalho dá-se assim:

> [...] os mais jovens lavam a macaxera descascadas; os irmãos mais velhos, Erasmo, operam a máquina de ralar (operação delicada que exige bastante cuidado); Dona Geralda extrai o tucupi (sumo da mandioca já ralada) e separa a massa para ser peneirada e torrada; Josielson e José Carlos fazem o fogo e alimentam de lenha a fornalha para fazer a torra. Após Dona Geralda passar a macaxeira ralada no tipiti e separar o tucupi da goma, o tucupi é armazenado por ela para a fervura, e a goma é peneirada e, em seguida peneirada por Josielson, Erasmo e Pinduca. Os três se revezam no trabalho de peneirar a goma, alimentar de lenha o fogo e torrar a farinha. Após torrada a farinha, esta é posta para esfriar e, em seguida ensacada. (SILVA, 2020, p. 59).

Escolheu-se essa comunidade para demonstrar casos em que grupos negros forjam a própria sobrevivência em comunidade quilombola. É bastante elucidativo o modo de vida tradicional diante do avanço da tecnologia no campo: esses sujeitos mantêm um modo de vida no tempo, um modo de vida assentado na territorialidade, tendo como base o trabalho coletivo interparental. Apesar das dificuldades ocasionadas por projetos advindos de contextos socioeconômicos de fora, desenvolvem maneiras de sobrevivência e mantêm minimamente condições de aquisição de material daquilo que é básico à manutenção comunitária. Assim, a modernização do campo, em certo sentido, consegue manter uma forma de trabalho autônoma. Entretanto, essa realidade não necessariamente faz parte de todos os quilombos no Brasil, que enfrentam adversidades de toda ordem.

Para Silva (2020), essa forma de economia, com esse sentido, não acarreta alterações na dinâmica do grupo, mas uma estratégia que mantém certa tradição aliada à economia em seu sentido de relação de troca. Em outras palavras, seria a manutenção de um modelo de economia tradicional, ao mesmo tempo mantendo o aspecto de vida quilombola, calcada em experiências intergrupais, sem que necessariamente um afete o outro.

O autor escreve que, até o ano de 2002, a comunidade manteve uma relação amistosa com os de fora. No entanto, a partir de então, devido a uma reformulação no mapa do estado do Amapá, o grupo obrigou-se a dar início a outro processo de territorialização até então nunca vivido. Trata-se de buscar proteção jurídica ao território com processo de demarcação. Grupos econômicos iniciaram a expropriação das terras de domínio dos quilombolas. Assim como o de Água Morna, o quilombo Rosa teve inserção de outrem em seu território, com processos diversos de expropriação. O grupo, no entanto, agiu rapidamente, requerendo na justiça o que é de direito.

> Estes atores são de diferentes personificações do capital, com variados poderes econômicos, que agem no cenário amapaense, residentes no estado ou não, e atuando a partir de diferentes escalas, da local ou regional até a nacional e internacional. (SILVA, 2020, p. 60).

O processo de invasão do Rosa foi plural, se deu com a construção de cercas por vizinhos, e mesmo por proprietários rurais que constroem outra cerca. Ao cercar o terreno, empresa do ramo da agropecuária avança sobre o território; posseiros invadem, apropriando-se indevidamente de parte das terras. Áreas ocupadas por indústrias e comércios de minérios, cujo interesse foi depósito de rejeito. Empresas como a Amapá Florestal, que teriam invadido o território para plantar eucaliptos. O quilombo conseguiu reverter o processo de perda territorial ao solicitar reconhecimento da Fundação Cultural Palmares (SILVA, 2020).

4.14 Quilombo São José da Serra, Valença, Rio de Janeiro

É fato que as comunidades não terem títulos de terras acarreta um problema, o que afeta o trabalho dos moradores, os quais, em sua maioria, vivem em condição de miséria. Vendem sua força de trabalho em condições precárias, sem proteção previdenciária, sem nem mesmo registro em carteira. São alvos de fazendeiros locais, geralmente nas proximidades de seus territórios, cujo regime de trabalho não consta na legislação.

A titulação garante a qualquer grupo étnico a garantia do uso autônomo da terra. O reconhecimento, associado a outras políticas públicas, abre caminho mais perspicaz para uma mudança de vida em direção à dignidade. São direitos básicos da existência humana. Dessa forma, cabe observarmos atentamente os processos de exclusão de comunidades quilombolas dentro de seu próprio território.

Não se trata de um olhar generalizante sobre relações de trabalho e etnia negra, tampouco categorizar a exclusão, a qual se encontra em padrões interpretativos endereçados à marginalização de grupos sociais não negros. Daline Lopes, Áurea Dias e Douglas Mansur (2008) advertem que, no que concerne à exclusão de segmento de condições dignas de trabalho, deve ser observada no seu sentido mais específico a fim de evitar eventuais generalizações. Cabe lembrar que nessa relação se impõe o elemento racial. Nesses termos, os autores apelam para a importância da criticidade quando se tem como norte o processo histórico, bem como da história do povo africano e seus descendentes em território brasileiro.

É preciso considerar em que tipo de sociedade as comunidades estão inseridas, como já apontado aqui em mais de uma oportunidade. Na condição de libertos no 13 de maio de 1888, pouca coisa mudou em relação aos grupos quilombolas (LOPES; DIAS; MANSUR, 2008). Para os autores, essa maneira de se organizar em quilombos existe há séculos e remonta ao escravismo. É inquestionável, sob qualquer viés analítico, que os quilombolas adquiriram formas diversas de resistência nos quilombos. As fugas em direção aos quilombos deram sentido à luta que envolve o trabalho na atualidade. Todavia não só, como já indicado.

Na terra, as maneiras diversas de sobrevivência forjam-se na luta por trabalho, tema tão caro às comunidades negras. O fato de a comunidade Água Morna ter surgido da fuga da escravização indica um caminho analítico importante na questão do trabalho: os ancestrais rejeitaram o trabalho escravo e degradante. As narrativas não deixam margem para outra interpretação, a não ser essa.

Um fato a ser considerado é que a marginalização econômica norteia a vida de milhares de afrodescendentes, ao excluí-los dos espaços de consumo, e está em consonância com a exclusão simbólica denegada a esses grupos. Tal marginalização é emanada também, e principalmente, por interesses do capital. A terra quilombola, como sinônimo de trabalho, passa a despertar interesses econômicos (LOPES; DIAS; MANSUR, 2008).

O aparato repressor alimenta-se do suporte econômico quando se nota a invasão de comunidades negras e indígenas. Então, essas formas de violência endereçadas variam ao longo do tempo e do grupo que se pretende atingir. Para ser redundante, não se trata de quaisquer grupos, nem de violência gratuita. Esses autores trazem elementos de reflexão quando falam que durante o escravismo o escravizado tinha enorme valor monetário. Porém, em contradição ao sistema, as comunidades buscam viver fora do aparato opressor. Mesmo após o 13 de maio de 1888, verificou-se a negligência dos poderes públicos instituídos. No entanto, no decorrer do tempo, surgiram outros tipos de violência simbólica e física endereçados aos quilombos. Seus aspectos territoriais passaram a despertar a cobiça de agentes econômicos (LOPES; DIAS; MANSUR, 2008).

Diante do exposto, tem-se que a luta pela terra, e consequentemente a luta pelo trabalho autônomo, é uma questão que aponta para uma perspectiva de futuro. É uma luta individual de cada quilombo, mas circunscrita na dinâmica do movimento social negro, com esses aspectos simbólicos (LOPES; DIAS; MANSUR, 2008).

O quilombo São João da Serra, em análise, em seus aspectos do trabalho, é composto por 200 membros, "a sétima geração desde os primeiros escravos comprados para trabalharem nas lavouras de café da Fazenda São José". Foi com a abolição da escravatura que esse quilombo se transformou, ao ser verbalmente doada "parte da fazenda para os então ex-escravizados" (LOPES; DIAS; MANSUR, 2008, p. 49).

Na ocasião, os quilombolas construíram suas casas, cobertas de sapê, à beira de um pequeno rio, no alto da serra; e posteriormente as gerações reforçariam os laços consanguíneos e enfrentariam crises econômicas na lida com a terra. Foi preciso, apesar de tudo, lidar com a terra e manter laços culturais do grupo.

Esse quilombo teve sucessivas gerações de herdeiros. Estes membros reivindicam um território de 285 hectares da Fazenda São José, onde perfazem seus laços históricos e territoriais. Contudo, em 2006, em processo de reconhecimento iniciado pelo Incra, identificou-se que o tamanho do território a que têm direito é de 476 hectares (LOPES; DIAS; MANSUR, 2008).

O trabalho tem uma importância grande na vida humana e dos sujeitos que desenvolveram formas de sobrevivência, seja na terra, seja nas zonas urbanas. Nas sociedades modernas, o trabalho tem adquirido ainda mais relevância, e os problemas sociais têm sido o centro das atenções, o que entra em pauta também no mundo do trabalho. Vive-se uma verdadeira crise nessa área, e os problemas sociais avolumam-se, pois atingem diversos aspectos da vida humana. Nesse contexto desalentador, é preciso de fato verificar como essas relações interferem em comunidades quilombolas rurais, cuja forma de vida não é igual à de um operário urbano fabril, mas não é isolada dos demais segmentos sociais. É preciso, portanto, pensar nessa categoria dentro desse contexto mais abrangente do mundo do trabalho (LOPES; DIAS; MANSUR, 2008).

Por dedução, o trabalho é uma categoria determinante do mundo dos seres humanos, porque é pelo trabalho que se realiza o "salto ontológico que retira a existência humana das determinações biológicas" (LOPES; DIAS; MANSUR, 2008, p. 50). Para os autores, não se pode imaginar a existência social desconectada do trabalho. As terras quilombolas são de uso comum, portanto em nenhuma hipótese podem ser hipotecadas por dívidas adquiridas por seus membros. Nesse sentido, ao ser titulada, perde seu caráter meramente econômico, porque não é de uso individual, e sim coletivo. O território tradicional passa a ser inalienável, razão mais do que necessária para se fazer avançar processos de demarcação. É preciso destravar a morosidade e a burocracia, fazendo com que agentes políticos e jurídicos assegurem esse direito elementar, pois, quanto mais se retarda o processo, mais se contribui para o agravamento do mundo do trabalho para dentro da realidade onde vivem os quilombos, com intuito de superar a marginalização histórica e as diversas formas de violação de direito ao trabalho que acomete grupos negros, e por serem as comunidades quilombolas ligadas ao mundo rural.

4.15 O quilombo Mocambo, Sergipe

Não diferente das demais, a situação das cem famílias do quilombo Mocambo, no estado de Sergipe, entre os latifundiários na região, os kalunga, em Goiás, espalhadas nos municípios de Cavalcante, Monte Alegre e Terezinha de Goiás, é de violência, de forma que inundará 50% de suas terras, onde estão as roças dessas comunidades, isso com o fim de encher o lago da usina hidrelétrica em construção. Os megaprojetos estão presentes e afetando o território, demarcando ainda mais uma situação de dificuldade.

> Até pouco tempo, atrás, só era possível chegar aos núcleos onde vivem os Kalunga de Goiás por meio de uma longa viagem em lombo de burro por caminhos difíceis, ao longo de um terreno acidentado. Algumas pessoas idosas nunca deixaram o antigo quilombo para conhecer a cidade. Porém, a população jovem já começa a se interessar pelo mundo fora do núcleo. Somente a partir de 2003, os grupos étnicos tradicionais passaram a ser tratados pelo poder público com sujeitos de direitos no texto Constitucional, simbolizando a resistência aos regimes escravocratas. Até então, em regime de isolamento, eram vistos como potencial ameaça ou um "inimigo" dentro do território nacional, em uma perspectiva de isolamento e marginalização. (SILVA; FERRAZ, 2012, p. 80-81).

O Estado tem uma dívida histórica com essas comunidades, que ao longo do tempo se viram sem as menores condições de dignidade no campo, em sua maioria sem água potável, nem transporte, posto de atendimento à saúde, energia elétrica, moradia. Apesar de terem saído da posição de invisibilidades, as mudanças, apesar de importantes, estão muito aquém das necessidades prementes. Contudo, o processo de grilagem persiste, assim como o silenciamento social.

De acordo com Silva e Ferraz (2012), no território brasileiro, por volta de 4,5 milhões de pessoas vivem em comunidades tradicionais, ocupando 25% do território nacional. Não obstante, no quesito reconhecimento pela CF de 1988, o termo "quilombo" está ligado a uma situação complexa do ponto de vista histórico, em se tratando dos direitos. Contudo, é difícil precisar o número de comunidades quilombolas, mas são certamente mais de 2 mil, sendo rurais e urbanas. Cerca de 2 milhões moram em territórios quilombolas, o que abrange uma área equivalente ao tamanho do estado de São Paulo. Contudo, esse número pode ser ainda maior. Segundo a FCP, já foram mapeadas 3.524 comunidades quilombolas. Destas 1,1% no ano de 2008, já se encontravam certificadas. Entres os/as pesquisadores/as, no entanto, há um consenso de que esse número pode representar mais de 5 mil territórios quilombolas.

Cabe observar que, sem o reconhecimento da Fundação Cultural Palmares, inexistem possibilidades de êxito judicial desses territórios. Por isso, é fundamental a certificação por essa entidade representativa. Os estudos antropológicos dependem inicialmente de tal procedimento e da consequente titulação. Os documentos são fundamentais, visto que atestam, perante o Estado e o escopo jurídico, a existência oficial desses grupos (SOUZA; FERRAZ, 2012).

Tabela 10 – tabela geral por região

N	UF	N.º CRQs Certidões	Nº CRQs Comunidades
1	Norte	300	369
2	Nordeste	1.739	2.208
3	Centro-Oeste	151	169
4	Sudeste	472	569
5	Sul	191	193
TOTAL		2.840	3.945

Fonte: adaptado pelo autor, com base em dados da Fundação Cultural Palmares. Disponível em: https://www.palmares.gov.br. Acesso em: 31 jul. 2022

Florestan Fernandes (2007) esclarece que, diante da exclusão da cidadania sofrida por afrodescendentes, torna-se necessário pensar na reforma agrária, considerando antes a questão racial, de modo que sem isso o debate sobre as desigualdades entre negros e não negros torna a compreensão do processo de conflito agrário vaga, superficial e enviesada. Em uma sociedade de classes, como é o caso, a pobreza tem lugar e tem cor.

Já foi dito, em mais de uma ocasião, que os quilombos, desde a escravização, têm adquirido um relevante contorno político quando da resistência, ao apontarem na atualidade as formas análogas à escravização, que ainda perpassam as relações sociais do Brasil contemporâneo.

Como se intentou indicar anteriormente, a ressemantização do conceito de quilombo pelo movimento social negro, na segunda metade do século XX, transformou-o, antes de tudo, em uma bandeira de luta. A nosso juízo, tomando os preceitos de Fernandes como base, para se pensar o contexto sociopolítico em que a comunidade Água Morna está imersa, cabe talvez analisar, pelo prisma da emergência que se requer para acessar direitos em uma dimensão econômica e social de desvantagens, ocupada por agentes sociais que historicamente buscam reafirmar as suas diversas formas de lutas diante de um contexto sócio-histórico complexo. Falar em conflitos fundiários que envolvem comunidades de remanescentes de quilombos no Brasil é falar do passado e do presente, em uma dupla dimensão, e de perspectivas historiográficas.

No âmbito do conflito agrário, resta saber qual é o papel dessa comunidade historicamente expropriada diante de um contexto de ampliação da lógica de mercado na estrutura fundiária no Brasil do século XX, mas que tem relação direta com o período da escravização. Para Machado (2018, p. 161), "Apesar de toda a luta dos camponeses sem terra e com pouca terra, o Brasil continua sendo o país do latifúndio".

Tabela 11 – Evolução por ano de certificação e identificação em todo o país de 2004 até 15 de setembro de 2020

Certidões emitidas	Números de comunidades identificadas
Ano: 2004	
92 certificadas	268
Ano: 2005	
227 certificadas	383
Ano: 2006	
393 certificadas	408
Ano: 2007	
148 certificadas	191
Ano: 2008	
126 certificadas	134

Certidões emitidas	Números de comunidades identificadas
Ano: 2009	
99 certificadas	101
Ano: 2010	
228 certificadas	251
Ano: 2011	
200 certificadas	234
Ano: 2012	
121 certificadas	144
Ano: 2013	
263 certificadas	192
Ano: 2014	
154 certificadas	167
Ano: 2015	
75 certificadas	97
Ano: 2016	
78 certificadas	206
Ano: 2017	
130 certificadas	152
Ano: 2018	
168 certificadas	204
Ano: 2019	
70 certificadas	91
Ano: 2020	
29 certificadas	33
Ano: 2021	
39 certificadas	39
Ano: 2022	
13 certificadas	13
Total 2.840	**3.495**

Fonte: adaptado pelo autor, com base em dados da Fundação Cultural Palmares. Disponível em: https://www.palmares.gov.br. Acesso em: 31 jul. 2022

Cabe destacar, como indica o sociólogo Florestan Fernandes (2007), que, na sociedade escravagista, as relações entre escravizados e os assim chamados senhores de engenho eram antagônicas, pois as fugas para os quilombos em busca pela liberdade eram, antes de tudo, a negação da vida em cativeiro, portanto do próprio sistema escravista. De acordo Clóvis Moura (2001), seria, portanto, desproporcional, por esse prisma, supor que houve, da parte destes, certa condescendência com o escravismo. Pelo contrário, a formação dos quilombos coloca a liberdade na ordem do dia, e, nesse contexto, perpassa o passado e o presente por processos de racialização contra a ordem vigente. Liberdade aqui entendida não só fisicamente, mas de uma ação de um grupo que perpassa a alteridade, e o direito de estar, e de permanecer na terra, e nos quilombos se forjavam formas de vida insurgentes alicerçadas na rebeldia contra uma ordem social.

Segundo José de Souza Martins (1996, p. 90), "a propriedade fundiária surgia com fundamento nas desigualdades econômicas entre fazendeiros e o colono". O cerco imposto aos colonos por fazendeiros, por meio de regras rígidas no que se refere à formalização do monopólio sobre a terra e valendo-se da capitalização do território, aguçava as péssimas condições entre os capitalistas e os colonos. Tratava-se, assim, do monopólio sobre a terra. Os colonos não viam alternativa, senão a de sujeitar sua força de trabalho à exploração.

É certo que as fazendas de café no contexto do capitalismo do século XX se transformaram em um elemento de conversão do trabalho em mercadorias, e foi nesse contexto que se deu a produção e reprodução do capitalismo. A economia cafeeira convertia-se, assim, em instrumento da mais-valia, que se incorporava a um trabalho frenético de exploração do pequeno agricultor. Como se faz notar, na cafeicultura está a reprodução do capital, que deveria ocorrer sob forma de reprodução intensiva do território perpassada por elementos especificamente econômicos, ignorando, por outro lado, as lógicas camponesas que se desenvolvem na terra (MARTINS, 1996).

Nesse sentido, analisando a expansão do capitalismo na Amazônia, especialmente no estado do Pará, o cerne do conflito agrário, segundo o sociólogo Octavio Ianni, está "na base da luta pela terra, é o antagonismo entre a empresa capitalista e o campesinato" (IANNI, 1981, p. 180). Para o autor, o problema perpassa a monopolização do uso da terra pelo capital, que a transforma em mercadoria, em propriedade de uso privado, objeto de valores e de trocas, minimizando, assim, o conceito de terra para os posseiros que mantêm outros atributos à posse do território. Para os fazendeiros que disputam o controle da terra com as comunidades negras, campesinas, indígenas e posseiros, a terra deve seguir a lógica unilateral da reprodução do capital. Nisso reside de fato um choque, uma contradição. Assim, a relação entre fazendeiros e camponeses, assim como com as comunidades negras em geral, é marcada por interpostos, pistoleiros, grileiros, jagunços e até mesmo agentes governamentais.

No conflito fundiário, no espaço físico da terra, são raras as vezes em que se nota a presença dos fazendeiros. Eles são representados no campo jurídico por advogados e agentes políticos com forte influência econômica sobre a propriedade da terra. Por outro lado, o camponês e o quilombola, cuja terra é o principal meio de reprodução, na maioria das vezes são analfabetos, despossuídos do título da terra e sem acesso à defensoria pública, o que os torna ainda mais vulneráveis ao sofisticado discurso jurídico imposto por representantes dos latifundiários locais (IANNI, 1981). Diante do quadro de violência simbólica e física, torna-se ainda mais intenso o conflito agrário, que muitas vezes recorre à prática de guerrilha armada por parte de posseiros como única solução para mitigar o problema. Não por mera coincidência, as áreas de maior tensão fundiária estão nas margens das rodovias, construídas, na maioria das vezes, em terras férteis e virgens, invadindo comunidades indígenas e quilombolas, o que contribui para o avanço sobre áreas cobertas por vegetação densa, ocasionando a exploração clandestina de madeira de lei, além da poluição de rios que abastecem comunidades tradicionais.

No contexto em que há exploração privada da propriedade da terra, sobretudo em áreas em conflito fundiário, como é o caso, naturalmente as relações sociais e econômicas se estranham. Da mesma forma, há um estranhamento entre os agentes envolvidos e entre o camponês e a terra, pois estes não a veem na dimensão da exploração capitalista. A falta do título da terra por parte de comunidades campesinas é um problema apontado como elemento de estranhamento deste grupo com a terra.

Quando se trata de comunidades remanescentes de quilombos, cuja trajetória histórica específica encontra respaldo no texto constitucional de 1988, no âmbito do conflito agrário, a memória coletiva é acionada como um mecanismo de contenção da possível diluição da identidade com a terra. Nesse ínterim, reelabora-se, das lembranças, um enredo de reivindicação do vínculo com o território assentado na ancestralidade negra. Em se tratando da comunidade Água Morna, conforme Eduardo David de Oliveira (2006), a territorialidade remonta ao casal ancestral Benedita e Maurício, que no plano simbólico continua vivo, à procura do território. Na perspectiva da história do tempo presente, esse é o elo entre a comunidade e a terra.

Que protagonismo tiveram os agentes externos nesse processo? Diante de algumas indagações, acredita-se, de forma provisória, que o quadro socioeconômico complexo dá subsídio para compreender a realidade da comunidade de Água Morna; e, ao mesmo tempo, torna-se importante a sua demarcação por parte do poder Estado brasileiro.

A este respeito, o quadro apontado pela pesquisadora Liliana de Mendonça Porto (2011) não é nada alentador. A ideia de território, nesse caso concreto, consiste em dois eixos fundamentais: o processo de sacralização e o processo de construção de território. Estes estão ligados aos valores religiosos e sociais como elemento central. O acesso permanente à terra garante, em certo sentido, a reprodução ou a manutenção de um modo de vida tradicional, no qual se circunscreve a ideia de uma visão de mundo peculiar, específica. Não se trata de um passado estagnado, mas revivido na atualidade, em uma perspectiva coerente que caracteriza o jeito de viver dessa comunidade, com uma perspectiva ancorada na manutenção dos valores que se contrapõem ao processo de dominação colonial (PORTO, 2011).

4.16 A questão fundiária e o trabalho

Para diversas categorias, o tempo tem sido uma das reivindicações do mundo do trabalho, tendo em vista que é um mecanismo que se opõe à retirada da mais-valia e do sobretrabalho, impressos pelo capital desde a ascensão das classes burguesas na Revolução Industrial. A redução da jornada de trabalho constitui-se em um espaço de emancipação do próprio capitalismo na sua gênese da exploração. Portanto, da parte do trabalhador, há um estranhamento em relação à dominação do capital sobre a vida. A mercadoria, força do trabalho, contrapõe-se ao estranhamento da classe trabalhadora. Nesse sentido, a questão do tempo configura-se em uma forma de dominação do capital sobre o trabalho, e mesmo sobre suas relações sociais, de modo que estão em contraposição ao tempo da vida dos sujeitos, ao tempo que o capitalismo imprime a sua marca no sentido de produção de mercadorias, observa Ricardo Antunes (2009).

No mundo fabril e industrial, o tempo para o trabalho soa como opressivo a indivíduos desprovidos de recursos materiais. Isso porque, quanto mais tempo se passa no trabalho, mais mercadorias se produzem e menos humano se torna o trabalhador. No caso aqui mencionado, busca-se a emancipação fora do universo do trabalho como forma de luta social de movimentos e, por que não dizer, de grupos negros que lutam pela terra. Nesse sentido, busca-se atribuir outro sentido à vida, que não é materializado. Aqui se pensa no trabalho como forma de emancipação que se distancia, por óbvio, da lógica capitalista.

> [...] o direito ao trabalho é uma reivindicação necessária não porque se preze ou se culte o trabalho assalariado, heterodeterminado, estranho e fetichizado (que deve ser radicalmente eliminado como fim do capital), mas porque estar fora do trabalho no universo capitalista vigente, particularmente para a massa de trabalhadores e trabalhadoras (que totalizam mais de dois terços da humanidade) que vivem no chamado Terceiro Mundo, desprovidos completamente de instrumentos verdadeiros de seguridade social, significa uma desefetivação, desrealização e brutalização ainda maiores do que aquelas já vivenciadas pela classe que vive do trabalho. (ANTUNES, 2009, p. 175-176).

O trabalho deveria ser aquele que atendesse às atividades humanas na sua realização social efetiva, portanto fora dos ditames do capital. O sentido do trabalho dever-se-ia voltar à efetivação das necessidades humanas, em que o seu fazer atenda de fato aos anseios humanos, em que o seu exercício seja o de autorreatividade considerando o tempo que resta como parte integrante da vida social. Para o autor, as relações de natureza puramente econômica provenientes do capitalismo são absolutamente desprovidas de qualquer orientação humana, e, sendo assim, convertem-se em um sistema que tem por finalidade executar o controle sobre os sujeitos valendo-se da subordinação do valor de uso sob a égide do capital na sua relação de poder. O valor, então, submete-se aos interesses de reprodução de mercadorias (ANTUNES, 2009).

O que está em voga, nesse caso, é a completa subordinação dos interesses sociais coletivos ao valor de troca, quando, na verdade, a produção da riqueza deveria atender as necessidades reais de uso, tão somente os grupos sociais com base na prioridade humana, que se contrapõe aos interesses econômicos. Dessa forma, está se questionando a forma de exploração do trabalhador no contexto pós-industrial. É a reafirmação do sentido do trabalho como pano de fundo. Há uma dicotomia entre o trabalho enquanto reprodução social e este enquanto reprodução de mercadorias como valor de troca, adverte o autor. Na escala global, desenha-se a nova morfologia do trabalho em dimensões globais (ANTUNES, 2009).

 O autor concebe o trabalho em uma esfera multifacetada, nos seus vários ramos de atividades e setores produtivos, seja nas fábricas, seja nos serviços ou na agroindústria. Ou seja, na tendência homogênea, pelo contrário, ele se converte em sua forma heterogênea, delineando as diversas formas de exploração em qualquer lugar onde o capital imprime a sua marca de exploração. Nesse sentido, o estranhamento faz-se presente diante de inúmeros segmentos de trabalhadores em todo o mundo. Em face disso, especialmente nos anos de 1970, o capitalismo na sua crise se reinventa sob as dimensões ainda mais exploradoras ao avançar sob a égide das novas tecnologias, especialmente por meio de atividades de especulação financeira e flexibilização do trabalho e dos direitos sociais. Nesses termos, há interferência na individualidade dos sujeitos, convertendo-os em máquinas. A desumanização emerge das suas crises. Assim, o trabalho perde a sua dimensão humana (ANTUNES, 2009).

 Para a comunidade Água Morna, que se insere em uma lógica anti-hegemônica ao reclamar o direito ao território, esse tipo de trabalho é uma forma de opressão. Para o grupo quilombola, não há de se falar em extração da mais-valia e da coisificação do trabalho. Trata-se, portanto, de uma concepção do trabalho que não orbita na lei da selva da lógica de exploração do capital sobre o homem. Para os que deixaram a comunidade em busca de trabalho e se deslocam dezenas de quilômetros para prover a sobrevivência, mesmo com um trabalho precário, tem-se aqui a categoria de trabalho como uma forma de opressão do trabalhador. Conforme enumera Antunes (2009), o trabalho deve estar a serviço da emancipação do trabalhador enquanto um ser social. Portanto, adota uma posição anti-hegemônica de interpretação. Para ele, o fundamental é entender como a classe trabalhadora está organizada na atualidade, considerando a crise do tempo do capitalismo como forma de produção de bens de consumo. Do sobrevalor e da essência da definição do valor.

 A classe trabalhadora sobrevive de salário do trabalho realizado no interior do espaço de produção. Nesse sentido, defende Antunes,

> [...] eu diria que a classe trabalhadora hoje não se restringe somente aos trabalhadores manuais diretos, mas a classe trabalhadora hoje incorpora a totalidade do trabalho social, a totalidade do trabalho coletivo que vende a sua força de trabalho em troca de salário. (ANTUNES, 2009, p. 195).

Ela é composta por aqueles despojados de sua condição humana, os quais são endereçados, dia a dia, a produzir as riquezas sob a forma da lógica do lucro. Isso é, para o autor, um elemento fundante para se compreender o sentido do mundo do trabalho, para se pensar o valor na sociedade capitalista. A classe trabalhadora é, portanto, um proletariado industrial. Ainda, o autor conceitua "trabalho improdutivo" como aquele que não produz diretamente a mais-valia, ou seja, que não gera lucro imediato. Não tem valor de troca, portanto não tem um valor vivo de produção. Nesses termos, tem-se os serviços públicos como exemplo.

CONSIDERAÇÕES FINAIS

A formação das comunidades quilombolas no Brasil tem no processo histórico a busca por liberdade contra o colonialismo e a escravização, negando, assim, o trabalho compulsório característico do período colonial brasileiro. Não obstante, as fugas formam uma constante durante os mais de três séculos em que perdurou o sistema escravista. Anos nos quais vigorou o chamado período do escravismo, em que milhares de pessoas descendentes de África vieram para cá na condição de escravizados.

Diante do processo hierárquico que teve como objetivo a consolidação de uma sociedade baseada em rígidos padrões raciais, o surgimento dos quilombos foi um fato histórico de grande relevância, caracterizando, como indica Clóvis Moura (1988), um processo abrangente de aquilombagem, desencadeando uma luta contínua até o fim do escravismo como tal. Os diversos quilombos, ao mesmo tempo que apresentavam características comuns na geografia colonial de negação à ordem estabelecida, mantinham relações com a sociedade local. Não se trata, então, de um fenômeno aleatório, mas de um protesto organizado, que faz parte da história brasileira (GOMES, 1996; MOURA, 1988).

O combate aos quilombos tinha motivação econômica clara, impedir que outros surgissem a ponto de questionarem o sistema e colocarem em risco o trabalho nas fazendas e nos engenhos. No quilombo se assentava uma forma de vida diferente daquela que os portugueses estabeleceram como certa, e por isso ele gerava um grande medo no colonizador; combatê-lo era uma tarefa de honra, portanto.

Assim, suas terras eram invadidas, e na maioria das vezes tinham que rumar para outro lugar. Caso da comunidade Água Morna, que teve as suas terras invadidas a partir do processo de expropriação de seu território ancestral, de forma lenta e gradual, tendo seu ápice no transcurso do século XX com a chamada expansão da fronteira agrícola no estado do Paraná, bem como no Brasil inteiro. Dessa forma, também difere dos quilombos passados, os quais eram invadidos porque se tinha interesse no processo de escravização de negros fugitivos.

Ao longo do tempo, o termo "quilombo" foi objeto de intensos debates acadêmicos e políticos, porque, apesar de o Estado ao longo do tempo não promover efetivamente condições de acesso a políticas públicas para as comunidades quilombolas, o termo ganhou destaque especialmente com a Constituinte de 1988, quando o movimento social negro associou o quilombo à luta contra o racismo, em clara percepção de que não houve abolição da escravatura, como apontado pelas elites econômicas, especialmente após a assinatura da chamada Lei Áurea, de 13 de maio de 1888. Vimos também que nessa seara as desigualdades raciais promovem desigualdades econômicas. Milhares de descendentes de escravizados nem sequer tiveram seus direitos respeitados. Assim, o quilombo a Constituinte adentra como categoria política e jurídica para angariar direitos a terra e igualdade racial e territorial.

Em janeiro de 2003, foi editado decreto presidencial pelo então presidente, Luiz Inácio Lula da Silva (2003-2010), um documento importante, porque, diferentemente do Decreto 3.912/2001, do presidente Fernando Henrique Cardoso, garantiu o autorreconhecimento de pessoas quilombolas por parte de membros que vivem no território há anos. Ou seja, a autodeclaração, a ancestralidade e a trajetória histórica contra a opressão são razão mais do que suficiente para acessar os direitos à terra. Há de se considerar que a permanência ininterrupta na terra deixa de ser importante, por isso o Decreto 3.912/2001 é revogado, abrindo uma possibilidade maior de perspectiva de titulação efetiva por meio de reconhecimento por parte do poder público constituído.

Nesse novo contexto político, houve uma corrida por acesso à certificação territorial por meio da Fundação Cultural Palmares, que até o momento já identificou 3.945 comunidades em todo o país, e destas 2.840 já estão certificadas pelo mesmo órgão — 154 devidamente com seus territórios reconhecidos e titulados. Mas é pouco, considerando a demanda existente por comunidades que anseiam historicamente o direito a terras.

O quilombo Água Morna faz parte do mundo rural brasileiro e está situado no município de Curiúva, estado do Paraná. Sua trajetória histórica está ligada ao casal ancestral fundador do território, por meio de doação da Fazenda Pinhal, a título de legitimação de posse a Maurício Carneiro do Amaral em 1944. Sendo ambos descendentes de escravizados, o casal formou-se a partir da união na estrada, tendo passado um tempo no município de Castro, depois seguiu até chegar a Água Morna. A presença da memória da comunidade dá conta de que Romana, a mãe de Maurício, e Francisca, a mãe de Benedita, teriam morrido na estrada em função das péssimas condições de viagem. Da mesma forma, nenhuma delas suportou as condições adversas do longo caminho até a chegada ao território de Curiúva, na época considerado vazio demográfico (PORTO, 2011).

A situação das comunidades em todo o país é bastante semelhante, visto que os processos de perda de seus territórios dão-se de forma contínua, o que garante uma espécie de expulsão e até mesmo isolamento dentro de seus territórios, como é o caso de Água Morna, que foi sofrendo processo de expropriação, ocasionando até mesmo a saída de membros para as cidades locais em busca de melhores oportunidades de vida e de trabalho.

Mesmo que o Decreto Presidencial 4.887/2003 tenha sido importante, ainda existe a morosidade emanada do próprio poder público e do Poder Judiciário em promover a titulação coletiva desses territórios para que comunidades quilombolas possam se desenvolver sem a interferência de agentes que não necessariamente têm a ver com seu modo de vida, cultura e ancestralidade.

Por outro lado, é necessário pensar que a perda contínua de seus territórios, sobretudo até o ano de 2003, deve ser analisada pelo prisma da hierarquia da estrutura agrária no Brasil. Esta tem sua origem no colonialismo, agravando-se com a promulgação da Lei de Terras de 1850 e tendo as suas consequências nos dias atuais, impactando sobremaneira os territórios tradicionais.

As fontes bibliográficas e as entrevistas orais realizadas em lócus na comunidade Água Morna indicam que se fazem urgentes as medidas governamentais direcionadas à resolução de conflitos fundiários, quando se trata de povo que tem a sua origem ligada à escravização pelo colonialismo. A comunidade Água Morna relata a história com base nos seguintes eixos interligados: o território e a inscrição e, simultaneamente, o processo de sua sacralização, que é muito ampla e vai além de um discurso sobre a terra, traduzindo uma visão de mundo das relações sociais, de acesso à terra, que torna possível a concretização desse projeto. Valorizam as formas de resistência a um processo de dominação e expropriação como elemento dinâmico dentro de uma região marcadamente de fronteira agrícola (MARTINS, 1996).

No estado do Paraná, foram identificadas pelo Grupo de Trabalho Clóvis Moura, entre os anos de 2005 e 2010, 87 comunidades espalhadas em todo o território, porém estão devidamente certificadas pela Fundação Cultural Palmares apenas 37 comunidades; as demais estão em processo de certificação pelo órgão. No Brasil, a perspectiva é de que o número de quilombos "remanescentes" gire em torno de mais de 5 mil, no território nacional. Contudo, a titulação definitiva e o reconhecimento público de seus territórios continuam a passos lentos. A titulação de Água Morna e das demais é fundamental para a manutenção de um modo de vida, da reprodução de seus costumes, memórias e ancestralidades.

Não obstante, parece que a lógica se inverte no que refere à resolução de problemas fundiários, e os interesses de fazendeiros encontram guarida no seio do Poder Judiciário, que não tem nenhum constrangimento em burlar o princípio constitucional da função social da terra. Essa ação enviesada e hierarquizada em nada contribui para solucionar a questão agrária no país e os diversos conflitos nos mais longínquos da geografia nacional. Ações em defesa de fazendeiros geram uma sensação de injustiça para com aqueles que reclamam o legítimo direito de estar na terra. Em tese, não seriam os tribunais, nem mesmo a mão armada do latifúndio, os responsáveis por equacionar essa questão, e sim políticas públicas que visam à justa distribuição agrária (RAMOS FILHO; MITIDEIRO JUNIOR; SANTOS, 2016).

Em âmbito nacional, a situação das comunidades é, em larga medida, parecida, em se tratando de processo de expropriação. Vivem processo de fragmentação de suas terras permanentes, evasão de jovens em busca de emprego, além de, em quase todos os casos, não terem nem mesmo acesso a serviços públicos como educação, saúde, trabalho e moradia. Os agentes expropriadores vão desde pequenos posseiros moradores das redondezas que adentram as suas cercas sobre as divisas das comunidades, até casos de parques e unidades de conservação que são, também, a exemplos de fazendeiros, uma ameaça ao território, ocasionando diversas formas de restrição.

Assim, é certo imprimir que esta pesquisa identificou que, mesmo diante de tantas privações em se tratando de perdas de suas terras, e diante de contextos de violências explícitas ou implícitas, Água Morna e os quilombos no geral buscam manter uma relação de boa vizinhança, mesmo em casos de ameaça de morte, como se verifica quando buscam acessar estudos de caracterização antropológica e histórica de seus territórios, visando ao processo de regularização fundiária.

REFERÊNCIAS

"QUILOMBOLA não serve nem para procriar". **Congresso Em Foco**, Brasília, 5 abr. 2017. Disponível em: https://congressoemfoco.uol.com.br/especial/noticias/bolsonaro-quilombola-nao-serve-nem-para-procriar/. Acesso em: 5 abr. 2021.

ALMEIDA, Alfredo Wagner Berno de *et al.* (org.). **Manaus**: Projeto Cartografia Social da Amazônia; UEA Edições, 2010, v. 1, n. 2.

ALVES, Robinson Fernando. O monge João Maria de Agostinho em Campestre, Santa Maria: aspectos históricos. **Debates do NER**, Porto Alegre, ano 2, n. 17, p. 35-64, jan./jun. 2010.

ANJOS, Rafael Sanzio Araújo dos. **Territórios das comunidades remanescentes de Antigos A599 Quilombos no Brasil**: primeira configuração espacial. Brasília: Edição do autor, 1999.

ANTUNES, Ricardo. **O caracol e sua concha**: ensaios sobre a nova morfologia do trabalho. São Paulo: Boitempo, 2005. (Coleção Mundo do trabalho).

ANTUNES, Ricardo. **Os sentidos do trabalho**: ensaio sobre a afirmação e a negação do trabalho. 2. ed. São Paulo: Boitempo, 2009.

ARRUTI, José Maurício Andion. A emergência dos "remanescentes": notas para o diálogo entre indígenas e quilombolas. **Mana**, [*S. l.*], v. 3, n. 2, p. 17-38, 1997.

ARRUTI, José Maurício *et al.* **Diversidade e desigualdade**: contribuição metodológica ao estudo demográfico da população quilombola no Brasil. Trabalho apresentado ao Encontro Nacional de Estudos Populacionais, Abep, 19., 24 a 28 de novembro de 2014, São Pedro, SP.

BARCELLOS, Deisy. Relatórios técnicos de identificação étnica e territórios tradicionais: o caso de Morro Alto – Miniqué/RS. *In*: LEITE, Ilka Boaventura (org.). **Laudos periciais antropológicos em debate**. Florianópolis: Nuer; ABA, 2005. p. 81-89.

BATISTA, Paula Carolina. O quilombismo em espaços urbanos: 130 anos após a abolição. **Extraprensa**, São Paulo, v. 12, n. esp., p. 397-419, set. 2019.

BEDARIDA, François. Tempo presente e presença da história. *In*: FERREIRA, Marieta de Moraes; AMADO, Janaína (org.). **Usos e abusos da história oral**. Rio de Janeiro: FGV, 2006.

BENTO, Maria Aparecida Silva; CARONE, Iray (org.). **Psicologia social do racismo**: estudos sobre branquitude e branqueamento. 5. ed. Petrópolis: Vozes, 2012.

BOTEGA, Gisely Pereira. **Relações raciais nos contextos educativos**: implicações na constituição da autoestima das crianças negras moradoras da comunidade de Santa Cruz do município de Paulo Lopes/SC. Dissertação (Mestrado em Educação) — Universidade Federal de Santa Catarina, Florianópolis, 2006.

BRASIL. [Constituição (1988)]. **Constituição da República Federativa do Brasil**. Brasília: Senado Federal, 1988.

BRASIL. Decreto 3.912, de 10 de setembro de 2001. **Diário Oficial da União**, Brasília, 11 set. 2001.

BRASIL. Decreto Presidencial 4.887, de 20 de novembro de 2003. **Diário Oficial da União**, Brasília, 21 nov. 2003.

BRITO, Flavia Lorena; PERIPELLI, Odimar João. Origem do capitalismo no campo: uma discussão para além dos números. **Revista Nera**, Presidente Prudente, ano 20, n. 40, p. 39-60, set./dez. 2017.

BULHÕES, Dávila Bento. **O Incra e os desafios para a regularização fundiária dos territórios quilombolas**. Brasília: MDA; Incra, 2006.

BUT, Rafael Palermo. A forma jurídica e a forma retomada: engajamentos de luta pela terra em uma comunidade quilombola paranaense (Paiol de Telha). **História dos Movimentos Sociais de Luta pela Terra no Sul do Brasil (1940 – 1980)**. 2021. p. 529-554.

CAMBUY, Andréia Oliveira Sancho. **Perfil alimentar da comunidade quilombola João Surá**: um estudo etnográfico. 2006. Projeto de conclusão de curso (Graduação em Nutrição) – Universidade Federal do Paraná, Curitiba, 2006. Disponível em: https://direito.mppr.mp.br/arquivos/File/Perfil_Alimentar_JoaoSura.pdf. Acesso em: 30 jul. 2022.

CANDAU, Joel. **Memória e identidade**. Tradução de Maria Letícia Ferreira. São Paulo: Contexto, 2016.

CARVALHO, Gildene Soares. Regularização fundiária dos territórios quilombolas: direito de propriedade, titulação e permanência na terra da população negra do estado do Tocantins. **Escritas**, [S. l.], v. 3, p. 103-119, 2011.

CARVALHO, José Murilo de. **Cidadania no Brasil**: o longo caminho. 15. ed. Rio de Janeiro: Editora Civilização Brasileira, 2012.

CHAGAS, Fátima Miriam de. A política de reconhecimento dos remanescentes das comunidades dos quilombos. **Horizonte Antropológico**, Porto Alegre, ano 7, n. 15, p. 209-235, 2011.

CHAGAS, Miriam Fatima de. Estudos antropológicos nas comunidades de quilombos: sinais que ampliam a luta por uma vida histórica, vida jurídica. *In:* LEITE, Ilka Boaventura (org.). Laudos periciais antropológicos em debate. **Horizonte antropológico**. Florianópolis: Nuer; ABA, 2005. p. 71-79.

CUNHA JUNIOR, Henrique. Introdução ao pensamento filosófico bantu. **Educação em Debate**, Fortaleza, ano 32, v. 1, n. 59, 2010. Disponível em: https://repositorio.ufc.br/bitstream/riufc/15998/1/2010_art_hcunhajunior.pdf. Acesso em: 30 jul. 2022.

DOSSE, François. História de tempo presente e historiografia. **Tempo e Argumento**, [S. l.], v. 4, n. 1, p. 5-22, jan./jun. 2012.

ESTRADA do Cerne primeiro corredor de exportação. **Gazeta do Povo**. Disponível em: https://especiais.gazetadopovo.com.br/gpbc-ccr-rodonorte-arteria-do-parana/o-impacto-da-rodovia-nas-cidades/. Acesso em: 18 maio 2021.

FELIPE, Delton Aparecido. A presença negra na história do Paraná (Brasil): a memória entre o esquecimento e a lembrança. **Dossiê**: Revista História EUG, Porangatu, v. 7, n. 1, p. 156-171, jan./jun. 2018.

FERNANDES, Florestan. **O negro no mundo dos brancos**: a apresentação de Schwartz. 2. ed. São Paulo: Revista Global, 2007.

FERREIRA, Marieta de Moraes. História do tempo presente: desafios. **Cultura Vozes**, Petrópolis, v. 94, n. 3, p. 111-124, maio/jun. 2000.

FERREIRA, Rebeca Campos. Laudos antropológicos, situação de perícia e interface de saberes: dilemas a partir dos casos remanescentes de quilombos. **Dilemas**: Revista de Estudos de Conflito e Controle Social, [S. l.], v. 5, n. 4, p. 687-704, out./dez. 2012.

FERREIRA, Simone Raquel Batista. *In*: CRUZ, Valter; OLIVEIRA, Denilson (org.). **Geografia e giro descolonial**: experiências, ideias e horizontes de renovação do pensamento crítico. Rio de Janeiro: Letra Capital, 2017.

FIABANI, Adelmir. **Mato, palhoça e pilão**: o quilombo da escravidão às comunidades remanescentes [1532-2004]. São Paulo: Expressão popular, 2005.

GOMES, Flávio Santos dos. **Mocambos e quilombos**: uma história do campesinato negro no Brasil. São Paulo: Claro Enigma, 2015.

HARACENKO, Adélia Aparecida de Souza. *In*: **ENCONTRO DE GEÓGRAFOS DA AMÉRICA LATINA**, 10., 20 a 26 de março de 2005, Universidade de São Paulo.

IANNI, Octavio. **A luta pela terra**: história social da terra e da luta pela terra numa área da Amazônia. 3. ed. Rio de Janeiro: Vozes, 1981.

JACCOUD, Luciana. **A construção de uma política da igualdade racial**: uma análise dos últimos 20 anos. Brasília: Ipea; Governo Federal, Secretaria de Assuntos Jurídicos, 2009.

KARSBURG, Alexandre Oliveira de. **O monge João Maria na tradição religiosa do Planalto meridional do Brasil**. Trabalho apresentado ao Encontro de Pesquisas Históricas, EPHIS, 1., 27 a 29 de maio de 2014, PUCRS, Porto Alegre.

LACOUTURE, Jean. A história Imediata. *In*: LE GOFF, Jacques (org.). **A história nova**. São Paulo: Martins Fontes, 1990. p. 215-240.

LEITE, Ilka Boaventura (org.). **Laudos periciais antropológicos em debate**. Florianópolis: Nuer; ABA, 2005.

LEITE, Ilka Boaventura. O projeto político quilombola: desafios, conquistas e impasses. **Estudos Feministas**, Florianópolis, v. 16, n. 3, p. 965-977, set./dez. 2008.

LEWANDOWSKI, Andressa. **Agentes e agências**: o processo de construção do Paraná negro. 2009. Dissertação (Mestrado em Antropologia Social) — Universidade Federal do Paraná, Paraná, 2009.

LOBO, Glauco Souza. **Relatório do Grupo de Trabalho Clóvis Moura (2005-2010)**: relatório complementar publicado em 2005-2008. Curitiba: [s. n.], 2010.

LOBO, Glauco Souza. **Terra e cidadania**: terras e territórios quilombolas. Grupo de Trabalho Clóvis Moura. Relatório 2005-2008. Curitiba: [s. n.], 2008.

LOMBA, Mayer Roni *et al.* (org.). **Conflito, territorialidade e desenvolvimento**: algumas reflexões sobre o campo amapaense. Dourados: UFGD Editora, 2014.

MACHADO, Roniery Rodrigues. **Conflitos agrários e direito**: a luta pela terra e a perspectiva do pluralismo jurídico. Rio de Janeiro: Editora Lumen Juris, 2018.

MARTINS, Jeferson Vaz. **Identidade camponesa no movimento dos pequenos agricultores do Brasil**: perspectivas desde a história oral. 2019. Dissertação (Mestrado Interdisciplinar em Estudos Latino-Americanos) — Universidade Federal Latino-Americana, Foz do Iguaçu, 2019.

MARTINS, José de Souza. **O cativeiro da terra**. 6. ed. São Paulo: Hucitec, 1996.

MATTOS, Regiane Augusto de. **História e cultura afro-brasileira**. 2. ed. São Paulo: Contexto, 2012.

MAUAD, Ana Maria. Dimensões do presente: palavras e imagens de um acontecimento, os atentados do World Trade Center e o Pentágono, em 11 de setembro de 2001. *In*: PORTO JUNIOR, Gilson (org.). **História do tempo presente**. São Paulo: Edusc, 2007.

MIRANDA, Shirley Aparecida de. **Educação escolar quilombola em Minas Gerais**: entre ausências e emergências. [*S. l.*], 2012.

MOSCAL, Jandira dos Santos. Territórios tradicionalmente ocupados: um retrato do entorno quilombola do Parque Estadual das Lauraceas no Vale do Ribeira-PR. **Revista do Programa de Pós-Graduação em Geografia**, Maringá, v. 7, n. 1, p. 139-159, 2015. Disponível em: https://periodicos.uem.br/ojs/index.php/Geoinga/article/view/49295/751375140417. Acesso em: 30 jul. 2022.

MOURA, Clóvis (org.). **O quilombo na dinâmica social do Brasil**. Maceió: Editora Edufal, 2001.

MOURA, Clóvis. **Dialética radical do Brasil negro**. 2. ed. São Paulo: Fundação Maurício Grabóis; Anita Garibaldi, 2014.

MOURA, Clóvis. **Quilombos**: resistência ao escravismo. 2. ed. São Paulo: Ática, 1989.

MOURA, Clóvis. **Rebeliões da senzala**: insurreições e guerrilhas. 4. ed. Porto Alegre: Mercado Aberto, 1988.

NASCIMENTO, Abdias do. **O genocídio do negro brasileiro**: processo de um racismo mascarado. 3. ed. São Paulo: Perspectivas, 2016.

NASCIMENTO, Abdias do. **O quilombismo**. 2. ed. Brasília; Rio de Janeiro: Fundação Cultural Palmares; Or Produtor Editor, 2002a.

NASCIMENTO, Abdias do. **O quilombismo**: documento de uma militância pan-africana. Brasília: Editorial independente; Fundação Cultural Palmares Or Proc. Tor., 2002b.

NETO, C. S. **Comunidades negras tradicionais do Paraná**: relatório de trabalho realizado pelo Grupo de Trabalho Clóvis Moura. Curitiba: Secretaria de Cultura do Estado do Paraná, nov. 2006.

NORA, Pierre. O acontecimento e o historiador do presente. *In*: LE GOFF, Jacques; NORA, Pierre (org.). **História**: novos problemas. Rio de Janeiro: Francisco Alves, 1988.

OLIVEIRA, Eduardo David de. **Cosmovisão africana no Brasil**: elementos para uma filosofia afrodescendente. 2. ed. Curitiba: Gráfica Popular; Ipad, 2006.

OLIVEIRA, Eduardo David de. Filosofia da ancestralidade como filosofia africana: educação e cultura afro-brasileira. **Revista Sul-Americana de Filosofia e Educação**, [*S. l.*], n. 18, p. 28-47, maio/out. 2012.

OLIVEIRA, Osvaldo Martins. **Direitos quilombolas e dever do Estado em 25 anos da Constituição federal de 1988**. Rio de Janeiro: Associação Brasileira de Antropologia, 2016.

PEREIRA, Camila Silva da; OLIVEIRA, Alexandra Maria de. A titulação coletiva de terras quilombolas e os desafios por direitos territoriais no estado do Rio Grande do Norte, Brasil. **Revista Ateliê Geográfico**, Goiânia, v. 13, n. 1, p. 150-169, abr. 2019.

PEREIRA, Neuton Damásio. **A trajetória histórica dos negros brasileiros**: da escravidão a aplicação da Lei 10639 no espaço escolar. 2015. Monografia (Especialização em Educação das Relações Étnico Raciais) — Universidade Federal do Paraná, Curitiba, 2015.

PINSK, Jaime. **A escravidão no Brasil**: as razões da escravidão. Sexualidade e vida cotidiana. As formas de resistência. 5. ed. São Paulo: Editora Contexto, 2020.

POLLAK, Michael. Memória, esquecimento e silêncio. **Estudos Históricos**, Rio de Janeiro, v. 2, n. 3, p. 3-15, 1989.

PORTO, Liliana. **Relatório técnico de identificação e delimitação do território da comunidade quilombola de Água Morna - Curiúva PR**. Curitiba: UFPR, 2011.

PORTO, Liliana; KAISS, Carolina; COFRÉ, Ingeborg. Sobre o solo sagrado: identidade quilombola e catolicismo na comunidade Água Morna (Curiúva, PR). **Religião e Sociedade**, Rio de Janeiro, v. 1, n. 32, p. 39-70, 2012.

RAMOS FILHO, Eraldo da Silva; MITIDIERO JUNIOR, Marco Antonio; SANTOS, Laiany Rose Souza (org.). **A questão agrária e conflitos territoriais**. São Paulo: Outras Expressões, 2016.

RANGEL, Katia de Souza *et al*. **Conflito, territorialidade e desenvolvimento**: algumas reflexões sobre o campo amapaense. Cdd-38 333-38. Dourados: UFGD Editora, 2014.

REIS, João José; GOMES, Flávio dos Santos (org.). **Liberdade por um fio**: história dos quilombos no Brasil. 6. ed. São Paulo: Companhia das letras, 1996.

SABOYA, Vilma Eliza Trindade de. A Lei de Terras (1850) e a política imperial: seus reflexos na província de Mato Grosso. **Revista Brasileira de História**, São Paulo, v. 15, n. 30, p. 115-136, 1995.

SACRAMENTO, Elionice Conçeição; SILVA, Ana Tereza Reis da. Águas de fevereiro e março: expropriação territorial e marés de luta na comunidade pesqueira e quilombola Conceição de Salinas – BA. **Mares**: Revista de Geografia e Etnociências, [*S. l.*], v. 1, n. 1, 2019.

SANTOS, Ana Paula dos. **Educação escolar quilombola no Cariri Cearense**: africanização da escola a partir da pedagogia do quilombo. 2018. Dissertação (Mestrado em Educação) — Universidade Federal do Ceará, Fortaleza, 2018.

SANTOS, Davi dos. **Diário de campo**. Curiúva: [*s. n.*], 2021-2022.

SANTOS, Gevanilda. A cultura política da negação do racismo institucional. *In*: SANTOS, Gevanilda; SILVA, Maria Palmira da (org.). **Racismo no Brasil**: percepção da discriminação e do preconceito racial no século XXI. São Paulo: Ed. Perseu Abramo, 2005. p. 38-54.

SANTOS, Joel Rufino dos. **Como eu ensino a escravidão no Brasil**. São Paulo: Melhoramentos, 2013.

SANTOS, Maria Priscila Miranda dos. **Conflitos territoriais e identitários da comunidade quilombola Onze Negras – Cabo de Santos Agostinho-PE**. 2019. Tese (Doutorado em Geografia) – Universidade Federal de Pernambuco, Recife, 2019.

SCHAFF, Adam. **História e verdade**. São Paulo: Martins Fontes, 1995.

SENE, Roberto Revelino. **Caso Paiol de Telha**: uma história dos descendentes de negros escravizados frente à expropriação de terras em Guarapuava, PR. 2008. Dissertação (Mestrado em Ciências Sociais Aplicadas) — Universidade Estadual de Ponta Grossa, Ponta Grossa, 2008.

SENSATO, Oliveira, Andressa Rodrigues. **(Re)construção identitária da comunidade quilombola Guajuvira de Curiúva- PR a partir de processo de certificação quilombola em 2005**. 2019. Dissertação (Mestrado em Geografia) — Universidade Estadual de Londrina, Londrina, 2019.

SERRA, Elpídio. Extremo Noroeste do Paraná: dos conflitos pela posse da terra aos conflitos pela reforma agrária. *In*: ENCONTRO DE GEOGRAFIA DA AMÉRICA LATINA, 10. **Anais** [...]. São Paulo: Universidade de São Paulo, 20 a 26 mar. 2005.

SILVA, David Júnior de Souza. O processo de territorialização do quilombo Rosa. **Amazônia**: Revista de Antropologia, [*S. l.*], p. 49-85, 2020. Disponível em: https://www.palmares.gov.br/wp-content/uploads/2016/06/COMUNIDADES-CERTIFICADAS.pdf. Acesso em: 31 jul. 2022.

SILVA, Nelson do Valle. Educação e as diferenças raciais na mobilidade ocupacional no Brasil. *In*: ENCONTRO ANUAL DA ANPOCS, 22., 27 a 31 de outubro de 1998. **Anais** [...]. GT Desigualdades Sociais.

SIQUEIRA, Rosângela Bujokas de; LUIZ, Danuta Estrufiska Cantóia. Rede Puxirão de povos e comunidades tradicionais: articulação política dos grupos sociais étnicos subalternos no Paraná como estratégia de disputa por hegemonia. **Revista Práxis e Hegemonia Popular**, [*S. l.*], ano 4, n. 4, p. 102-117, jan./jul. 2019. Disponível em: https://pt.wikipedia.org. Acesso em: 30 maio 2022.

SOUZA, Bárbara Oliveira. **Aquilombar-se**: panorama histórico, identitário e político do movimento quilombola brasileiro. 2008. Dissertação (Mestrado em Antropologia Social) — Universidade de Brasília, Brasília, 2008.

SOUZA, Josiel; FERRAZ, José Maria Gusman. Questão fundiária: a terra como necessidade social e econômica para a reprodução quilombola. **GeoTextos**, [*S. l.*], v. 8, n. 1, p. 73-96, jul. 2012.

SOUZA, Neuza Santos. **Tornar-se negro**: as vicissitudes da identidade do negro. 2. ed. Rio de Janeiro: Graal, 1983.

THEODORO, Mário (org.). **As políticas públicas e a desigualdade racial no Brasil, 120 anos após a abolição**. 2. ed. Brasília: Ipea, 2008.

WAHOWISCZ, Rui. **Revista Paraná**, [S. l.], n. 83, p. 85-97, set./dez. 1994.

Disponível em: https://www.google.com.br/search?q=concei%C3%A7%C3%A3+a-raguaia+no+mapa+do+brasil&tbm=isch&ved=2ahUKEwjO1pypu9v7AhVmN7k-GHVT8CwoQ2-cCegQIABAA&oq=concei%C3%A7%C3%A3+araguaia+no+mapa+do+brasil&gs_lcp=CgNpbWcQAzoECCMQJ1DjBVjRKGC5LmgAcA. Acesso em: 2 dez. 2022.

Disponível em: https://www.google.com.br/search?q=MAPA+DE+QUERENCIA+-DO+NORTE+PARANA&tbm=isch&ved=2ahUKEwil7_C7u9v7AhXrBNQKHTl5AosQ2-cCegQIABAA&oq=MAPA+DE+QUERENCIA+DO+NORTE+PARANA&gs_lcp=CgNpbWcQAzoECCMQJzoFCAAQgAQ6BAgAEEM6CAgAEIAEELEDOgcIIxDqAhAnOgcIABCxAxBDOgQIABAeOgcIABCABBAYUIgGWPB8YK-BAWgCcA-B4AYABoweIAc_OAZIBBDYtMzOYAQCgAQGqAQtnd3Mtd2l6LWltZ7ABCsABAQ&sclient=img&ei=lzaKY-XHCuuJ0Aa58onYCA&bih=649&biw=1366&hl=pt-BR. Acesso em: 2 dez. 2022.

Disponível em: https://www.ibge.gov.br/cidades-e-estados/pr/curiuva.html. Acesso em: 12 dez. 2022.

Disponível em: https://www.palmares.gov.br/wp-content/uploads/2016/06/COMUNIDADES-CERTIFICADAS. Acesso em: 5 jun. 2022.

Disponível em: https://www.palmares.gov.br/wp-content/uploads/2015/07/tabela-crq-completa-certificadas-20-01-2022. Acesso em: 6 jun. 2022.

Disponível em: https://pt.wikipedia.org. Acesso em: 30 maio 2022.

Disponível em: https://www.cidade-brasil.com.br/municipio-curiuva.html. Acesso em: 30 maio 2022.

Disponível em: https://www.academia.edu/15666089/Ra%C3%ADzes_do_Brasil_a_passadidade_do_passado_agr%C3%A1rio_como_heran%C3%A7a_rural_?auto=download&email_work_card=download-paper. Acesso em: 1 jul. 2022.

Fonte: https://www.google.com.br/search?q=concei%C3%A7%C3%A3+araguaia+no+mapa+do+brasil&tbm=isch&ved=2ahUKEwjO1pypu9v7AhVmN7k-GHVT8CwoQ2-cCegQIABAA&oq=concei%C3%A7%C3%A3+araguaia+no+mapa+do+brasil&gs_lcp=CgNpbWcQAzoECCMQJ1DjBVjRKGC5LmgAcA. Acesso em: 2 dez. 2022

Fonte: adaptado pelo autor (2022), com base em http://www.global.org.br/blog/direito-a-terra-das-comunidades-remanescentes-de-Quilombos-olongo-e-tortuoso-caminho-da-titulacao/. Acesso em: 30 jun. 2022.

Fonte: adaptado pelo autor (2022), com base em Incra. Disponível em: https://www.palmares.gov.br/wp-content/uploads/2015/07/tabela-crq-completa-certificadas-20-01-2022. Acesso em: 6 jun. 2022.

Fonte: http://www.guiageo-parana.com/mapas/quilombolas.htm. Acesso em: 27 jul. 2022.

Fonte: https://especiais.gazetadopovo.com.br/gpbc-ccr-rodonorte-arteria-do-parana/o-impacto-da-rodovia-nas-cidades/. Acesso em: 20 maio 2021.

Fonte: https://www.google.com.br. Acesso em: 24 ago. 2022.

Fonte: https://www.google.com.br/search?q=parque+estadual+das+laucacias&hl=pt-BR. Acesso em: 24 ago. 2022.

Fonte: https://www.google.com.br/search?q=parque+estadual+das+laucacias. Acesso em: 24 ago. 2022.

Fonte: Toda Matéria. Disponível em: https://www.todamateria.com.br/quilombos/. Acesso em: 22 jul. 2022.

Fonte: adaptado pelo autor, com base em dados da Fundação Cultural Palmares. Disponível em: https://www.palmares.gov.br/wp-content/uploads/2015/07/quadro-geral-por-estados-e-regioes-30-06-2022.pdf. Acesso em: 31 jul. 2022.

Fonte: adaptado pelo autor, com base em dados da Fundação Cultural Palmares. Disponível em: https://www.palmares.gov.br/wp-content/uploads/2016/06/COMUNIDADES-CERTIFICADAS.pdf. Acesso em: 31 jul. 2022.